Social Governance in the Process of New Urbanization

新型城镇化过程中的社会治理

张 静 张劲松 著

中国社会科学出版社

图书在版编目（CIP）数据

新型城镇化过程中的社会治理 / 张静，张劲松著．
北京：中国社会科学出版社，2024．12．-- ISBN 978-7-5227-4236-6

Ⅰ．D63

中国国家版本馆 CIP 数据核字第 2024K3Z904 号

出 版 人　赵剑英
责任编辑　郭曼曼
责任校对　刘　娟
责任印制　李寡寡

出　　版　中国社会科学出版社
社　　址　北京鼓楼西大街甲 158 号
邮　　编　100720
网　　址　http://www.csspw.cn
发 行 部　010-84083685
门 市 部　010-84029450
经　　销　新华书店及其他书店

印　　刷　北京明恒达印务有限公司
装　　订　廊坊市广阳区广增装订厂
版　　次　2024 年 12 月第 1 版
印　　次　2024 年 12 月第 1 次印刷

开　　本　710×1000　1/16
印　　张　19.75
字　　数　316 千字
定　　价　108.00 元

凡购买中国社会科学出版社图书，如有质量问题请与本社营销中心联系调换
电话：010-84083683

前　言

一

《新型城镇化过程中的社会治理》是笔者在研究中国工业化、现代化进程中乡村社会治理问题的成果总结。

1984 年，中国的改革从农村走向城市，推进城镇化是中国发展的一个大方向。进入 21 世纪，城乡矛盾是经济发展过程中的深层次矛盾，中央实时提出城镇化战略，2000 年 10 月，党的十五届五中全会提出“要不失时机地实施城镇化战略”。两年之后，党的十六大进一步明确了中国推进城镇化的根本方向，即“坚持大中小城市和小城镇协调发展，走中国特色的城镇化道路”。党的十八大之后，“中国开启了新型城镇化道路。《国家新型城镇化规划（2014—2020 年）》提出推进以人为核心的新型城镇化，其核心思想是全面提高城镇化质量”①。要求“按照统筹城乡、布局合理、节约土地、功能完善、以大带小的原则，促进大中小城市和小城镇协调发展”。这标志着新型城镇化已经成为今后城镇化发展的新战略定型。党的十八届三中全会通过的《中共中央关于全面深化改革若干重大问题的决定》进一步明确了新型城镇化道路，指出：“坚持走中国特色新型城镇化道路，推进以人为核心的城镇化，推动大中小城市和小城镇协调发展、产业和城镇融合发展，促进城镇化和新农村建设协调推进。”这是中国发展新型城镇化的主要历程。

---

① 钱振明：《公共服务新发展：走向共同富裕的新型城镇化质量提升政策支持》，《苏州大学学报》（哲学社会科学版）2022 年第 4 期。

中国新型城镇化道路，重点解决农民从农村转移到城镇后城镇发展的问题，这是中国走上工业化、现代化的一个重要阶段。当中国新型城镇化解决了中国农民进城的问题后，中国城市和中国工业将向何处去？这个难题考验着党和政府，“中国在追赶西方现代化的道路上，……中国面临的代价是五千年文明史将被中断。因为近代以来崛起的西方文明，是以城市为载体、以资产阶级为主体创立的文明。”① 中国五千年文明，是以乡村为载体的文明，它依赖农业实体经济的发展，它与工业化、现代化的资本和城市为中心的文明有着较大的张力。

据国家统计局数据，2021 年末中国常住人口城镇化率为 64.72%（如图 1 所示）。2017—2021 年中国的城镇化率增长速度快、总量高，中国已经从传统的农业国转向工业国。在新型城镇化目标的指引下，中国的这个转化速度快、过程短。在城镇化过程中的问题还没有完全解决时，中国又

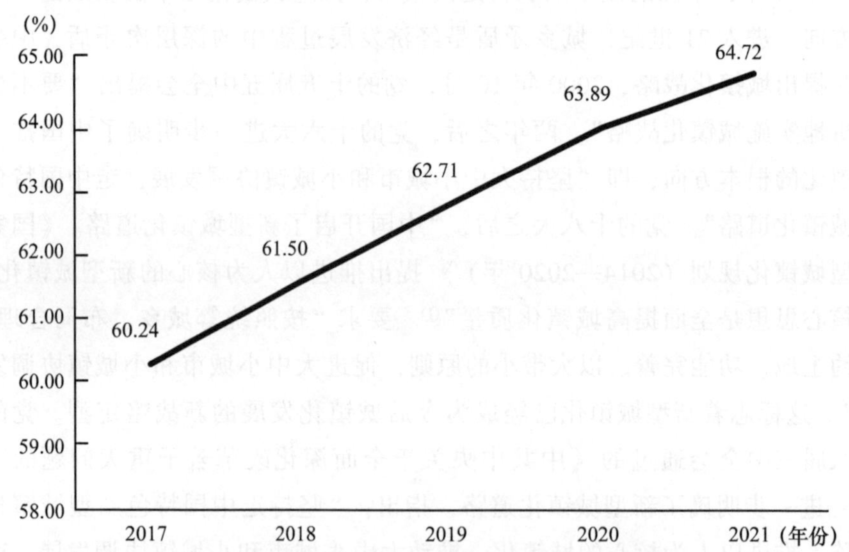

图 1　2017—2021 年常住人口城镇化变化趋势

资料来源：《中华人民共和国 2021 年国民经济和社会发展统计公报（［1］)》，《人民日报》2022 年 3 月 1 日第 10 版。

① 张孝德：《大国之本：乡村振兴大战略解读》，东方出版社 2021 年版，第 3 页。

叠加上城市工业化、现代化的问题。这就是中国特色：旧的问题还没有解决，新的问题又出现，新旧问题滚动往前。中国人的智慧体现在坦然应对，兵来将挡，水来土掩。当前，中国进入了新型城镇化任务初步完成、新型工业化难题又现的时期。在这个时期，新型城镇化建设还在继续，发展的任务又要提升到更高层次的新型工业化。任务重叠，压力更大，标准更高。

二

党的十八大以来，新型城镇化进程中中国农村社会治理发生了巨大的变化，我们见证了这个变化过程，笔者也在这个过程中持续关注并不断发表相关成果。本书就是在这个过程形成的，其中有些内容见证了当时中国社会治理的相关问题。中国社会发展有一个显著的特点，即：问题的存在及解决问题大约以五年为一个周期。五年前的问题，可能在五年后就得到了较好的解决；或者，过了五年，当时存在的问题或矛盾不再是主要问题或主要矛盾了。乡村社会治理变化迅速，社会科学的研究始终追之不及，成果“滞后”于实践也是必然。但记录和存留不同时段的成果，则对社会科学研究过程的“回溯”有一定的意义。本书研究的小部分成果从成稿到出版已经有几年时间了，笔者努力追赶社会发展的“最新”，即发现存在一个永远不变的结果：理论研究总是“滞后”实践的发展。

（一）在新型城镇化进程中社会治理研究的创新与理论总结

其一，新型城镇化视角下社会体制改革的措施会不同程度地涉及政府与市场之间、中央与地方之间、政府与个人之间等各种关系的深刻调整，本书研究这一转变过程置身于“中国式现代化”转型这一更宽阔的视角，以便能更好把握这种转变的性质、逻辑和趋势，从而找到维护社会稳定的长效机制。

其二，本书以利益分析为主要研究方式，首先对原有城镇化模式下的社会体制安排展开深入分析，理清相关的利益链条，分析相关利益的产生、分配，利益机制又是如何维持运转和循环强化的，最后在深入分析原有模式下利益格局的基础上，找准改革的逻辑起点和突破口进行相关制度的调整和创新，以形成一套新的更为公平和可持续的利益分配格局，实现社会的长期稳定。

其三，当前已有很多研究关注中国现有城镇化下社会体制的各种弊端，并提出了各种各样的改革建议，但多局限于单个政策领域的探讨，较少关照到不同政策领域的关联性，本书研究致力于深入分析原有模式下的利益格局，弄清哪些才是可以推动其发生改变的环节。找准改革的逻辑起点和突破口并明确改革的未来方向和推进各项改革的先后次序，进行相关制度的调整和创新。社会稳定将是长期的工作，社会稳定的长效机制建立是深入社会体制改革的必要条件。

其四，本书研究将置身于中国全面深化改革的大背景中，走新型城镇化道路，是持续推进中国经济发展的可行之路。持续 40 多年的改革开放，中国能改的地方已不多了，深化改革找到未来仍可持续发展的道路，对转型升级的中国来说极为重要。新型城镇化道路就是一个突破口，从此处突破势在必行。在全面城镇化格局下，社会长期稳定的机制越来越重要。本书研究将在即将全面推进城镇化的过程中，有先见性地提出建立新型的社会稳定长效机制，这是城镇化进程中社会体制建设的一大创新。

其五，多学科交融、理论与实际相结合是本书研究的一大特点。社会治理的复杂性，决定了该领域的研究必须运用政治学、公共管理学、经济学、社会学、心理学、生态学、人类学、环境科学等多学科理论与方法。政治学对政府管理体制，公共管理学涉及多元治理，法学则重在规范研究，经济学的分析模型、社会体制涉及社会均衡等。这种多学科的交融有助于我们全面分析乡村建设中存在的各种困难。本书以社会治理过程中政府与多元主体的合作为主线，运用新制度经济学博弈论，分析多方共同参与治理的可能性和可行性，为地方政府决策提供必要的参考。

其六，促进政府社会治理中的多方合作是本书研究的一个全新视角。城镇化进程中的社会治理是一种多元参与的治理。随着经济的发展，社会主体越来越多样化，利益格局也表现出多元性。因此，社会治理是一种多元主体共同参与的治理。这些主体包括政府、非政府组织、社会中介组织、民间组织、公民以及企业等。治理的主体既可以是公共机构，也可以是私人机构。治理是国家与社会的合作、政府部门与非政府部门的合作、公共机构与私人机构的合作、强制与自愿的合作。同时，我们需要创造出适合公民参与的制度。这种制度既能让我们作为个体加以接受，又能让我们产生社群意识并重新体验社区参与的民主。参与需要重新唤起公民意识，需要强调社群的共同利益，也需要遵循民主过程解决冲突。因此，政府职能需要作出相应调适，政府在社会治理中起主导作用，但不局限于政府单方面发挥作用，充分调动多元主体的参与，既是社会发展的需要，也是考验政府能力的重要标志。我们在研究政府社会治理职能的同时，从一个全新的视角，重视政府之外各方的参与。

（二）在新型城镇化进程中研究社会治理的价值

本书从博弈论角度提出了一个在新型城镇化进程中社会体制改革及维护社会稳定的长效机制的研究框架，有助于更加清晰、系统地认识新型城镇化进程中的社会稳定问题。本书借助于治理理论，明确了社会治理的主体结构，并以此为基础对城镇化进程中各主体的利益诉求和博弈行为进行分析，从中找出其制度性缺陷，进而建构了一个针对性的制度体系。通过这一个理论框架的建构，可以清晰地看到新型城镇化进程中进行社会体制改革和社会问题治理的利益主体、利益诉求、博弈过程和制度努力。

本书有助于认识新型城镇化进程中社会治理的特殊性。新型城镇化是人口和经济社会活动由农村地区向城镇地区过渡的过程，具有典型的过渡性、落后性和市场化特征。通过对新型城镇化进程中社会治理主体之间的互动博弈，可以发现这些特征在地方政府、乡镇企业以及农民身上也会有不同程度的体现，如短视行为、落后的思想和素质、更强的逐利性等，这就决定了城镇化背景下社会治理的特殊性和复杂性。本书有助于把握城镇化进程中社会治理研究的重点并提出针对性的政策建议。

本书研究新型城镇化进程中的社会体制改革与社会问题的治理可以为开展城镇化建设地区的地方政府的社会治理提供有益的政策指导。提供地方性社会治理是地方政府的职能所在，本书提出的一些政策建议可以为地方政府改善地方治理环境的努力提供一些新的思路或选择。

其次，本书有助于推动地方政府职能转变和体制创新。新型城镇化进程中的社会问题治理困境很大程度上归因于政府管理和体制的失灵。本书通过对社会治理主体间的博弈分析发现了社会治理的内在体制性缺陷并提出了相应的建议。

再次，本书研究有助于实现新型城镇化的健康发展。本书致力于研究城镇化进程中的社会治理问题，其目的是实现新型城镇化发展与社会的良性互动。只有建立在良好的社会治理基础上的城镇化才是健康的城镇化。

最后，本书的研究有助于化解新型城镇化进程中因社会问题产生的各种利益矛盾，有利于和谐社会的建设。新型城镇化发展的过渡性决定了在这一过程中会产生各种各样的矛盾和冲突，其中有很大一部分冲突可归因于社会矛盾，如征地、环境公害等。本书提供了一些解决这类矛盾可资参考的建议。

目　　录

第二篇　新型城镇化视角下社会体制的运转

第三篇　新型城镇化视角下的现代社会组织体制

第四篇 新型城镇化过程中的主要风险及社会长效稳定

结论篇

总 论 篇

新型城镇化建设进程进入了国家治理现代化时期。城镇化与工业化、现代化叠加，而中国在新型城镇化建设过程中，国家利好政策不断出现，尤其是党的十九大提出的乡村振兴目标，更是将新型城镇化建设提升到一个全新的高度。政府对乡村社会治理现代化目标的提出，使社会体制改革进入了一个新的阶段。

回顾中国国家政权现代化的演进史，可以看到政权的现代化都具有不同时代特征，从清末到民国的政权现代化，主要目标是汲取社会资源以保证国家所需。中华人民共和国成立至党的十一届三中全会期间，也推行过国家政权向全社会的延伸，这一时期政权的现代化实现了国家汲取社会资源以满足建立工业化国家的需要，政权现代化有得有失。当前，我们要进行的国家治理体系和治理能力的现代化，到底要达到什么目标及走何种道路呢？以市场和社会为本是政权现代化的考量标准，政权现代化不能以伤害市场和社会为前提。国家治理的现代化转型应做好公共权力制度化建设、市场作用决定性建设及社会力量权利化建设。

第一章　社会体制改革进入国家治理体系和治理能力现代化阶段

党的十八届三中全会提出，全面深化改革的总目标是完善和发展中国特色社会主义制度，推进国家治理体系和治理能力现代化。国家治理体系和治理能力的现代化，是一个涉及上层建筑领域的新的转型。回顾中国国家政权现代化的演进史，可以看到，政权的现代化具有不同时代特征，从清末到民国的政权现代化，主要目标是汲取社会资源以保证国家所需。从中华人民共和国成立至党的十一届三中全会，也推行过国家政权向全社会的延伸，这一时期政权的现代化实现了国家汲取社会资源以建立工业化国家所需，这一时期的政权现代化有得有失。当前，我们要进行的国家治理体系和治理能力的现代化，到底要达到什么目标及走何种道路呢？这是当前我们必须回答的问题。

第一节　从无为到有为：国家政权向乡村社会延伸的现代化演变史

一　无为：封建社会时期中国国家治理社会的主要特征

中国自秦以来，就是一个统一的多民族国家，国家崇尚大一统，皇帝采用高度中央集权的体制来管理国家。任何国家对内都具有政治统治和社会管理这两种职能，这是由国家的本质决定的。中国封建社会的皇权虽然强大，但也是有限度的。马克斯·韦伯认为，“事实上，正式的皇权统辖只施行于都市地区和次都市地区。因为在这些地区，它不用面对在这些地区以外所遭遇到的强固的氏族血缘纽带的对抗，在与商人与工匠的行会打交道时它可以有效地发挥作用。出了城墙以外，统辖权威的有效性便大大地减弱，乃至消失”。① 因为在皇城之外，皇帝的权力既受氏族权力的制约，又受村落有组织的自治体的对抗。

事实上，在中国封建社会时期，皇帝虽然统治全国，但仅靠皇帝自身是无法实现统治的，皇帝必须依赖大量的文官来实施统治。由于封建时代的交通工具不发达，加之农村的分散，导致财政收入是有限的，这一有限性决定了官员数量是有限的，而有限的官员就不可能有足够多的财政收入支撑庞大的国家机器，因此，封建时代的中国，政府机构设置到“县”，就到最基层了。当然，历史上短期内存在过“乡”。自隋文帝撤天下所有“乡”的设置至清末民国这一时期，天下无乡镇，政府止于县。县主要依据县官跑马一天可以来回的距离来设置，县官执掌县衙，主要在县城办公，县之下的治理主要依靠乡绅自治。从本质上来看，封建社会的国家对乡村采取无为而治。

中国封建社会时期，皇权看重政权的稳定，其统治侧重于政治统治，政治管理职能是皇帝最为关心的事，因此，围绕着国家的政治管理而进行的官僚政治体制极为严密和完备。皇帝管住了官僚也就管住了天下。中国封建社会，社会稳定与否主要取决于政治管理是否稳定。与其说王朝的更替是农民无法生活下去了、揭竿而起的结果，不如说王朝的官僚政治的腐败是不让农民活下去的结果。天灾不足以摧毁一个王朝，王朝内部政治统治阶层的腐败才是王朝更替的最主要原因。因此，封建国家的最主要职能是维护皇帝政权的稳定以及对文官的治理。国家对底层社会的治理方式是通过乡绅收取皇粮国税来完成的。在封建社会，中国的乡村社会无为而治。

二 有为：20世纪中国国家政权的现代化扩张

中国封建社会的最后一个王朝清朝，到了末期，国家政权开始实现现代化。其标志是国家治理体制（国家权力）向县以下延伸。清政府为挽救民族危亡而走向强化国家权力并使政权现代化的道路，促使清政府改革的

① ［德］马克斯·韦伯：《儒教与道教》，洪天富译，江苏人民出版社2008年版，第77页。

动力是多方面的，“其一是义和团起义以后，帝国主义列强期望中国有一个强有力的国家政权；其二是列强向财政崩溃的清政府勒索巨额赔款使它不得不加强权力以向全国榨取钱财。所有这些因素都汇合起来，要求建立一个‘现代化的国家政权’”。[①] 大量的战争赔款逼迫清王朝向乡村社会伸手，国家为了榨取更多的国民收入，就需要有更强大的国家政权机构，而原有的“皇权不下县”体制，无法实现这一目标。因此，扩大国家政权机构，政府向县之下延伸，并建设相应的国家治理体制以管理乡村社会，将乡村也纳入国家政权控制的范围内。然而，为了维护王朝封建政权形式的这一政治努力，却走向了反面。清政府虽然强化了对乡村社会的政治、社会控制，能够一定程度上榨取更多的国民收入，但是，中国封建社会乡村的社会生产力极其低下，清政府没有为乡村社会生产力的发展提供更多的便利和支持，而是一味地强行索取，国民收入的总量并不能迅速增长，而农民上缴给国家的税负却在急剧膨胀，这就将农民逼上了揭竿而起之路，王朝的更替已成必然。

民国时期国家政权仍然在加速向乡村社会延伸，政府的政治统治职能日益强化。这一延伸的目的仍然是控制农村资源。民国时期动乱不断，执政的每一届政府都在尽最大的努力控制国家财力，而在当时的中国这样一个工业不发达的国家，城市资源本已控制在政府手中，且城市不发达，资源有限，都已被榨取殆尽，因此，向乡村延伸国家权力，加强对乡村的控制，是增加国家财政收入的唯一来源。国民党统治时期仍是如此，以蒋介石为首的国民党统治集团，为了内战的需要，政治上强化对乡村的控制，为了更加牢固地控制农村地区的税收资源，“除了对地方精英的控制之外，南京政府（以及其后的日本占领当局）积极地促使地方政府深入乡村，在县城和村庄之间建立起了新的行政单位。最后，这一行政单位大致上按照农村集市的范围建立起来，也就是‘乡’”。[②]

在国民党统治时期，“由于横征暴敛和强行专制，国民政府建立以户

① ［美］杜赞奇：《文化、权力与国家——1900—1942 年的华北农村》，王福明译，江苏人民出版社 2003 年版，“前言”第 2 页。

② ［美］孔飞力：《中国现代国家的起源》，陈兼、陈之宏译，生活·读书·新知三联书店 2013 年版，第 92 页。

为统治基础的努力收效甚微，而且，由于切断了宗族与乡村政体的纽带，使新村政权失去旧有的文化网络中的合法性，同时，国家政权亦堵塞了一条传达其旨意予乡村的社会渠道”。[①] 随着政权组织向乡村的延伸，原来乡村宗族自治和精英治理的模式被打破，“到了二十世纪二三十年代，由于国家和军阀对乡村的勒索加剧，那种保护人类型的村庄领袖纷纷‘引退’，村政权落入另一类型的人物之手，尽管这类人有着不同的社会来源，但他们大多希望从政治和村公职中捞到物质利益。村公职不再是炫耀领导和赢得公众尊敬的场所而为人追求，相反，村公职被视为同衙役胥吏、包税人、赢利型经纪人一样，充任公职是为了追求实利，甚至不惜牺牲村庄利益”。[②] 赢利型经纪人的出现，产生了国家政权“内卷化”倾向。以蒋介石为首的国民党统治集团愈发向乡村社会伸手，虽然政治统治职能得到强化，但社会管理职能却在很大程度上被弱化。因为社会管理职能强调的是为社会服务，维护社会的基本秩序，以便社会能够“安全”地发展。然而，国民政府对乡村社会政治管理的强化，其目的不是发展乡村社会，而是从乡村社会榨取更多的资源（包括人力资源，如壮丁）。这就无异于饮鸩止渴，政府的政治控制能力越强，其社会服务能力越弱，政权越来越不具有合法性，民众反抗、政权覆灭成为必然。

中国共产党带领中国人民在历经 28 年浴血奋战后，最终取得了新民主主义革命的胜利，成立了中华人民共和国，将社会主义现代化作为国家的发展目标，政府也在这一现代化过程中走向现代化，政府组织及其治理能力空前发展，政府组织设置到最基层的乡、街道办事处，政府的触角通过各种形式的村组、居委会延伸至每一个家庭，政府的职能达到前所未有的强度，即我们常说的强政府状态。

“当毛泽东在天安门城楼上宣布旧体制寿终正寝之时，新成立的政府实际上已经成为民国时期一些创新现象的继承者，其中包括，由国民党所

① ［美］杜赞奇：《文化、权力与国家——1900—1942 年的华北农村》，王福明译，江苏人民出版社 2003 年版，第 77 页。

② ［美］杜赞奇：《文化、权力与国家——1900—1942 年的华北农村》，王福明译，江苏人民出版社 2003 年版，第 115 页。

留下的县以下政府更为完善的网络，以及采取行政措施把几个村庄连在一起，从而将土地和居所连接起来；等等。”① 形成这一状态的主要原因有三：一是以马克思主义为指导思想的社会主义建设的最终目的所引起的；二是计划经济的推行促使政府实现“万能”；三是中国优先发展重工业的目标决定了对农村资源的不断汲取。政府的政治职能日益强化，政府的社会管理职能也在强化。中国共产党的长期执政不是为了一党之利或者少数人的利益，而是代表最广大人民的根本利益，为了中华民族的长远利益。坚持国家利益高于地方利益，整体利益高于局部利益，站在全局高度，统筹协调国内整体利益的有序发展。

万能（有为）政府的出现，一定程度上突出了国家的整体利益。在中国共产党的领导下，中国正走向更高水平的发展，人民过上了体面的生活，这都体现了共产党人在强化政治管理的同时，实现了良好的社会治理。

第二节　从计划到市场：国家治理体系的收缩与国家治理能力的有效

党的十一届三中全会以来，邓小平同志科学分析国情，作出了中国还处在社会主义初级阶段的科学判断。在这样的国情下建设中国特色社会主义，就不可能盲目套用马克思主义关于未来社会实行计划经济手段的论述，我们需要立足于国情来发展中国特色社会主义市场经济。邓小平同志提出的社会主义市场经济理论，实现了社会主义建设理论的新突破，在市场经济建设的过程中，政府的职能不可能是万能的。市场经济有自身运转的规律，属于市场规律影响的领域，政府不应过多干预。政府应该在市场失灵时才出现。

在建设社会主义市场经济的过程中，中国理论界对西方国家早期的有限政府职能理论高度重视，约翰·洛克的有限政府理论和亚当·斯密“看

① ［美］孔飞力：《中国现代国家的起源》，陈兼、陈之宏译，生活·读书·新知三联书店2013年版，第92—93页。

不见的手”理论在中国得到了运用，市场这只“看不见的手”，对于社会发展起着重要的作用，资源也可以通过市场来有效地配置。政府在经济领域需要逐步让步，“用足市场，慎求政府”①。发展不可缺少政府，政府既能够促进经济发展，也能阻碍发展。“国家的存在是经济增长的关键，然而国家又是人为经济衰退的根源。”② 这就是诺思所概括的“国家悖论”，因此，“政府促进发展，而不是阻碍发展，我们就有必要运用我们的智慧，建立有效且有限的政府。促进发展的政府应该是有效且有限的，仅仅有效的政府并不是使人民过上更健康、更快乐的生活的充分条件，有限且有效的政府，以市场为基础的政府，才有可能实现繁荣富强”。③

有限政府理论决定了国家治理体系从计划经济体制下的“万能”收缩至有限的界域内，1992 年党的十四大之后，国家治理体系明显出现了大面积收缩。这一时期，政府改革出现了新气象，主要体现在政府职能重新定位，政府机构不断精简。在这一市场化的大背景下，政府的有效性充分体现出来。有效且有限的政府做到了以市场为基础发挥作用，改革万能政府的出路就是促进政府职能转变，把政府“做小”“做强”，充分利用市场，凡市场能解决的问题，用市场手段来解决，只有当市场出现失灵时，才可求助于政府。只有市场力量得到了充分的发挥，政府的力量才能运用得最好，因此市场治理体系发生了根本性的改革。

随着社会主义市场经济的不断发展，工业化、城镇化的加快推进，经济结构、产业结构、社会结构发生重大变化，经济成分、就业方式、组织形式、利益关系和分配方式日趋多样化，人员流动性大大增强，越来越多的“单位人”变成“社会人”，各种新型经济组织、社会组织不断增多，既促进了社会的发展进步，也给社会管理带来一系列新情况、新问题。政府的社会管理职能变得越来越重要，而政府社会管理职能的强化，还需要强大的社会组织力量的支持，因此，社会治理体制也随之发生了重大改革。

---

① 毛寿龙、李梅：《有限政府的经济分析》，上海三联书店 2000 年版，“序言”第 3 页。

② ［美］道格拉斯 · C. 诺思：《经济史中的结构与变迁》，陈郁、罗华平等译，上海三联书店、上海人民出版社 1994 年版，第 20 页。

③ 毛寿龙、李梅：《有限政府的经济分析》，上海三联书店 2000 年版，“序言”第 3 页。

在建立社会主义市场经济的过程中，社会力量的发展，特别是城乡基层社会的兴起，对于国家和市场来说，是一支重要的平衡力量。在计划经济条件下，基层社会力量弱小，国家力量强大，“国家和政府，当它们独立于公民的社会联系时，不能代表公共领域。法治，这个公民政府的先决条件，如果没有不成文的公民信任，也不能存在。是市民社会，而不是国家给公民文化提供了基础，所以它对一个开放的公共领域的延续也是决定性的”。① 一个健康的社会可以保护个人免受过于强大的国家权力的侵害，一个得到社会认同的政府才能称得上“合法政府”，社会及其利益组织是政府与市场的缓冲地带。

社会力量日益增强是社会发展的一种必然趋势，但是社会力量的兴起却有一个过程，在我们这样一个历史上拥有封建传统而缺少社会组织发展传统的国家，各种社会组织实现真正的自治，成为国家和市场之外的第三种力量，需要一个过程，并且这个过程还比较长。社会组织的力量在日益强大，但是在社会组织的力量还未强大起来之前，政府对社会的支配力量不可忽视。

社会组织的力量日益兴起和强大，要求政府在完善社会管理职能时，更加依靠社会的力量，除了政府必须尽的社会管理职责，社会组织也是参与和提供社会管理和服务的重要力量。

正是由于政府治理体系收缩时，市场治理体系兴起，社会治理体系也同样兴起，“国家治理体系包括规范行政行为、市场行为和社会行为的一系列制度和程序，政府治理、市场治理和社会治理是现代国家治理体系中三个最重要的次级体系”。② 从计划经济走向社会主义市场经济的过程中，政府治理体系、市场治理体系和社会治理体系三个层面实现了良好的协同，最终实现了国家治理体系的结构性完善，也实现了良好的、有效的社会治理。

---

① ［英］安东尼·吉登斯：《第三条道路及其批评》，孙相东译，中共中央党校出版社 2002 年版，第 66 页。

② 俞可平：《衡量国家治理体系现代化的标准——关于推进“国家治理体系和治理能力的现代化”的思考》，《党政干部参考》2014 年第 1 期。

第三节 从基础到决定：国家治理体系进一步现代化的背景

党的十二届三中全会提出“有计划的商品经济”，党的十四大提出“发挥市场机制在资源配置中的基础作用，建设社会主义市场经济”，党的十八届三中全会提出“市场在资源配置中起决定性作用”，这是一个渐进的过程，这是一个由计划经济体制逐步向市场经济体制转轨的过程，也是不断确立市场在资源配置中起决定性作用的过程。市场基础作用向决定性作用转化的过程，是当前国家治理体系和治理能力进一步实现现代化的过程。

一 市场基础性作用发挥过程中政府的短暂收缩与持续扩张

（一）20世纪最后几年政府的短暂收缩

党的十四大确立了在市场经济中市场具有基础性作用，党的十四届三中全会通过的《中共中央关于建立社会主义市场经济体制若干问题的决定》进一步指出：建立社会主义市场经济体制，就是要使市场在国家宏观调控下对资源配置起基础性作用。总结20世纪最后几年里社会主义市场经济体制建设中所取得的成就，我们可以看到这几年所取得的成就与政府管理体系的改革，尤其是政府职能的重新定位有直接的关系，政府治理体系在这一时期明显收缩且在宏观调控上取得了重大成就，具体来说包括如下几个方面。

首先，政府与市场关系进行了重大调整。根据党的十四届三中全会的精神，政府与市场关系有大的动作，20世纪的最后几年，中国进入社会主义改革开放和现代化建设新阶段。党的十四届三中全会勾画了社会主义市场经济体制的基本框架，规定了国有企业改革的基本方向，是20世纪最后十年里进行经济体制改革的行动纲领。从1994年起，国有企业改革从以往的放权让利、政策调整进入转换机制、制度创新阶段。国务院和各地先后选择2700多家国有企业进行建立现代企业制度试点，为建立现代企业制度进行了有益探索，出现了邯郸钢铁总厂等一批在市场竞争中经济效益连年提高的先进典型。政府治理体系收缩后，市场主体尤其是国有企业的机制转换，适应了市场，起到了资源优化配置的作用，国家治理能力得到了明显的提升。

其次，国家宏观调控体系进行了重大调整。确立建立社会主义市场体制之后，计划经济手段需要全面变革，其中国家原计划形式的调整必须提升到有高效治理能力的体制中来。20 世纪的最后几年，“按照党中央关于建立社会主义市场经济体制的要求，国务院先后作出一系列部署，加快推进财政、税收、金融、外贸、外汇、计划、投资、价格、流通等方面的体制改革步伐。”① 粮、棉、油等主要农产品，钢材等重要生产资料的价格相继放开；中央银行的职能加强，商业银行的企业化改革逐步推进；外贸体制和外汇管理体制改革取得重大进展。在这几年里，国家宏观调控体系逐步健全，市场在资源配置中的基础性作用明显增强，政府的治理体制对加快经济发展更有效率。广大干部群众热情高涨，中国大地呈现改革开放全面推进、经济建设迅猛发展的蓬勃景象。

最后，政府治理机构和职能进行了重大调整。20 世纪 90 年代初，中国“吃公粮”的人员达 5000 万人。中国的政府机构过于庞大，机构臃肿，政企不分，官僚主义严重，直接阻碍改革的深入和经济的发展，影响党和群众的关系。因此，政府机构改革势在必行。党中央与国务院提出了国务院机构改革方案，并为今后省、市、县、乡的政府机构改革树立了榜样，提供了经验。以国务院政府机构改革中取得的经验为依托，理论界全面探讨了政府机构改革和政府职能定位问题，一种新型的适应市场经济需要的政府治理体系形成。

概括起来说，为了适应市场经济发展的需要，20 世纪的最后几年里，中国政府治理体系发生了重大变化。计划经济时代的强政府、指令性的政府，实现了自我收缩。无论是政府组织机构，还是政府职权，都进行了收缩。从其结果来看，政府治理体系的收缩带来了良好效应，政府治理能力得到很大提升。政府的收缩以及与之相配合的市场和社会力

① 本书编写组编著：《中国共产党简史》，人民出版社、中共党史出版社 2021 年版，第 287 页。

量的扩张的结果是市场主体发展活力得到激发，社会力量承担了政府退出之后的职能，社会充满了活力和动力，中国进入了一个空前繁荣的时期。

（二）21世纪以来政府的持续扩张

在20世纪最后几年中国进入快速发展市场经济的快车道后，政府与市场、社会之间发生了重大变革。这些变革又对政府治理提出了许多挑战，为了应对这些挑战，政府在短暂的收缩后再一次走向了扩张，这一过程持续至今。

1. 资源配置方式发生变革后政府与市场新型关系对政府的挑战

20世纪的最后几年，市场经济体制的建立使资源配置方式发生了重大变革，社会主义市场经济与中央计划经济在体制状态上的明显区别就是资源配置方式不同。前者是由市场在资源配置方式中起基础性的作用；后者是由中央计划机关作为全社会资源的基本配置者甚至是唯一配置者。“1978年，国家在工业生产领域对120种产品的生产实行指令性计划管理，占全国工业总产值的40%，1997年，实行指令性计划管理的工业品只有12种，仅占全国工业总产值的4.1%，两者相比减少了90%，95%以上的工业品的生产均由生产者根据市场供求状况自主决定。在全部用于生产建设的资金中，依靠国家财政拨款的部分已经从75%以上降到不足20%，依靠银行贷款和金融市场等筹集的部分上升到80%以上，投融资体制的改革还在继续深化。”① 当市场配置资源的功能越来越强大之后，习惯于指令性计划的政府必须全面地进行职能改革。

要解决好市场经济前提下的政府与市场关系，“必须立足于确立企业的市场主体地位，从政府放权让利，到建立现代企业制度，逐步实现政企分开，使企业真正走向市场；必须立足于提高国有经济的整体素质，从着眼于搞好每个企业，到着眼于搞好整个国有经济，对国有企业实施战略性改组；必须立足于为企业创造良好的外部环境和必要条件，从主要抓企业改革，到综合配套改革，使之相互衔接同步推进”。② 在市场经济建立之

① 江春泽：《评中国改革开放20年》，《世界经济与政治》1998年第12期。

② 陈辽：《理论界对改革开放20年的深层思考——“纪念党的十一届三中全会20年”理论研讨会述评》，《学海》1999年第1期。

初，中国企业处于转型与发展中，作为市场主体的企业在制度模式、经营机制、发展战略等方面都有着动态开放性，理论研究和制度设计还要有科学性和前瞻性，所有这些都迫使政府重新思考如何实现市场经济背景下的治理。

从资源配置的效率上看，由市场配置资源效率更高。但是，在市场还不完善的前提下，尤其是中国的市场经济是依赖政府建立起来的前提条件下，资源配置有多少由市场来配置，并不由市场来决定，更取决于政府治理体系。政府在资源配置中也起着重要作用，甚至在某些领域起着决定性的作用。当市场配置资源挑战政府治理能力时，政府习惯于重新担起资源配置的重任。

由于党和政府认同的理论包括远大的理想，实现社会发展、促进人民生活水平的提高是政府义不容辞的重大责任。经济具有周期性，而人民对经济发展的期待却越来越高，要求经济发展持续向好。人民的美好愿望与事实上的经济周期不一致时，人民寄希望于政府打破经济周期，保持经济持续发展，以满足人民日益增长的物质和文化生活的需要。

政府面对外在压力及内在推力，最优的选择是干预市场，推动市场向政府所期望的方向发展。1998 年东南亚金融危机的爆发，是政府治理体系发生反弹的导火线。东南亚金融危机发生后，全世界尤其是东南亚国家都掀起了反思市场失灵如何由政府纠补的思潮，为抵御东南亚金融危机对中国的影响，中国政府在短暂的收缩后，政府治理市场体系又开始扩张，尤其是政府干预市场的扩张，这一扩张过程一直持续至今。

2. 社会力量兴起后政府与社会新型关系对政府的挑战

市场经济要求政府要全面理顺与社会的关系，20 世纪的最后几年里，有关国家与社会关系的讨论非常热烈，讨论的内容也非常深刻。此后社会力量兴起，它对政府提出了诸多的挑战，主要体现在如下几个方面。

首先，建立社会主义市场经济需要政府从许多领域退出，国家层面确立了“小政府，大社会”的目标，当政府退出之后，一些原来由政府提供的社会公共事务需要由社会力量来承担。因此，在政府与市场之间有社会力量的介入。社会力量在短期内很快发展起来了，对此，当时的学术界有比较清醒的认识，“从国家与社会分离的前提看，其现实基础来自社会自组织功能的完善。中国社会主义市场经济体制的建立为社会的相对独立创造了有利因素。但中国现阶段社会自组织性的薄弱是显而易见的，即使国家与社会确可分离，那也需要经过长期的过程。更何况当社会成熟到能够真正独立于国家而存在的时候，国家就消亡了。在社会主义国家，国家与社会的关系看来不是以二元化作为发展目标，而是由国家将自身权力逐渐转移或让渡给社会，同时也是国家政治职能逐渐弱化的过程。这一过程与国家和社会的二元化或分离相距甚远”。[①] 政府主动让渡，社会力量承担公共事务的职能。一“退”一“进”，主动权在政府手中。而为了给市场提供充分的有效的公共服务，要求社会力量本身具有充分的“力量”（权力），一个从属于政府的社会组织是很难适应市场需要的。

其次，苏联解体后，西方国家为俄罗斯提供的“市民社会”药方，的确在一定程度上解决了一个巨型社会转型过程中，政府因社会服务能力不足而退出公共管理和公共服务领域的问题，“市民社会”力量在很大程度上提供了社会公共服务，替代了一部分政府职能。马克思主义的“市民社会”理论加上俄罗斯的“市民社会”实践，都在一定程度上说明了政府退出，社会力量的替代，也可以在一定程度上促进市场经济的发展。因此，学术界大量地介绍西方“市民社会”理论，提出“要从根本上理顺社会与国家的关系，推进中国的政治民主化进程，一方面应逐步深化国家政治体制特别是政权体制的改革，规范国家权力；另一方面应将思维视角和行动着力点转向社区，发育社会政治组织，提高社会主体的政治素质和政治操作能力，在当今中国，是最为现实，同时也是最积极的选择”。[②] 的确，中国在20世纪的最后几年，社会力量得到了很大的发展，社会组织包括大量的非政府组织（Non-Governmental Organizations，NGO）兴起。然而，西方“市民社会”理论（后转换为“公民社会”理论）指导下的社会力量，有一显著的西方特点——“对抗政府”，这对政府治理提出了严峻的挑战。

最后，在建立和完善社会主义市场经济的过程中，社会也进入了迅

① 焦文峰：《论我国国家与社会的关系》，《江苏社会科学》1995年第4期。

② 王振海：《社会与国家关系的现实选择》，《政治学研究》1996年第3期。

速转型的过程。社会转型的主要特点包括：一是单位制的全面解体。农民离开土地进城务工，农民离乡不离土，虽然农民名义上仍然是土地的主人，而事实上有大量的农民从此“一去不复返”，长期在外打工，这就导致农村村组“单位制”的解体。20 世纪的最后几年，城市社会中的国有中小企业全面改制，大量的城市工人“下岗”，从此“工作”也“一去不复返”，城市工人也成为“社会人”，成为离开国有企业“单位”的一分子。单位制解体后，传统政权治理的依托发生了巨大的变化，原有政权治理体系的效力大大下降。二是社区的全面出现。“社区”一词来自西方，可在很短的时间内成为中国城乡的重要“组织”。社区的最大特点是主体的多元和行为选择的松散，只要是生活在社区之内的人，都是社区主体，而社区主体来自各方且随时可以自由离开。社区成员对政府领导下的社区组织要求服务多，而尽义务少、参与少，政府对社区成员也少有治理手段。三是农民工的全面转型。进入 21 世纪的农民工主体部分被称为“新生代”，他们出生在实施计划生育政策之后的 20 世纪 80 年代和 90 年代，有较高的文化知识水平。他们出生在农村却不一定会干农活，他们对农村没有太多的归属感，相反更加认同城市生活。他们的未来在城市而非农村，然而，政府却未能在短期内解决其城市归属问题，这对政府治理带来了严峻的挑战。

当社会力量兴起后，政府与社会的新型关系对政府提出了诸多严峻的挑战，那么政府又是如何迎接这些挑战的呢？应对的基本策略是政府治理社会体系的全面扩张，尤其是政府加强了直接干预社会。政府治理社会的扩张体现为如下几个方面。

其一，将社会力量纳入国家的体制内。在 20 世纪的最后几年里，社会力量发展最快，中国学术界认识到社会力量难以离开国家治理体系，哪怕那时大谈特谈“社会力量兴起”，也无法改变政府管制社会的命运，“尽管中国社会力量对由非理性国家的灾难性干预造成的自身发育受阻表示深刻不满，但由于自身的软弱、对国家至上的心理认同以及客观社会现实，使得作为中国社会力量主体的民族资产阶级不得不把自己寄存于国家襁褓之中。于是我们可以看到，中国社会力量的发展陷入了一个靠体制内因素所难以摆脱的两难境地：社会力量需挣开国家强制才能发展，而现在客观上又必须依靠国家的保护方可图谋生存。生存尚且不易遑论发展。于是，中国社会力量终于把自己贴合到国家的运行轨迹之中了”①。当社会力量有脱离国家控制倾向时，政府的管制与干预就会迅速加强。政府治理社会的体系在短暂的收缩之后，很快反弹回归至政府权力扩张。

其二，让承接政府职能的社会力量依赖政府。政府放权是必然趋势，但政府也怕无法控制社会力量，为此，一些政府部门为了有效控制社会组织并有力地推行政府目标，在放权的同时，通过扶持、资金资助、定向购买服务等手段，使一部分社会组织具有了半行政性，在市场生存压力下，这些社会组织越来越离不开政府。政府治理社会的体系在政府间接使用权力的过程中，得到了有效的扩张。

其三，将社会组织与人员纳入国家治理体系。当社区日益成为无单位人员的聚集地之后，城市政府悄然地将居委会与社区结合；同样，当城镇化飞速发展城乡一体化之后，地方政府又悄然地将村委会变为农村社区。当以各种形式离开大学校门的学子在各种城镇之间闯荡的时候，党和政府出台了“党管人才”政策；同样，当大量的新生代农民工不可能离开城市，必将成为城市的一部分之后，户籍制度改革势在必行，且各地正在自觉不自觉地摸索治理经验。当政府诚心诚意地解决这些社会问题的时候，政府也在自觉不自觉地扩张着权力，政府经过短暂的收缩后，又回到了扩张的道路上。

二 市场决定性作用发挥前提下国家治理体系的必然改革

党的十八届三中全会首次提出了“市场在资源配置中起决定性作用”的重要论断，它表明党的十四大提出的“发挥市场机制在资源配置中的基础作用”，还需要进一步提升市场的作用，也需要进一步调整国家治理体系，即在国家治理体系中，政府与市场、社会关系的摇摆需要重新定位。从字面上就能判断出市场的作用要从基础性提升到决定性，市场起决定性作用的判断基于何种背景呢？

（一）背景之一：重新审视政府与市场关系

党的十八届三中全会指出，“经济体制改革是全面深化改革的重点，

① 焦文峰：《论我国国家与社会的关系》，《江苏社会科学》1995年第4期。

核心问题是处理好政府和市场的关系，使市场在资源配置中起决定性作用和更好发挥政府作用。市场决定资源配置是市场经济的一般规律，健全社会主义市场经济体制必须遵循这条规律，着力解决市场体系不完善、政府干预过多和监管不到位问题”。① 当政府从万能—收缩—扩张的职能变迁之后，如何定位政府与市场关系，是当前全面深化经济体制改革的关键。如果对政府与市场关系认识不清，则深化改革必然失去正确方向。党的十八届三中全会明确了政府与市场关系改革的方向是：完善市场，减少干预。总体改革方向已经明确，市场要起决定性的作用，同时充分发挥政府宏观调控作用，即“大幅度减少政府对资源的直接配置，推动资源配置依据市场规则、市场价格、市场竞争实现效益最大化和效率最优化。政府的职责和作用主要是保持宏观经济稳定，加强和优化公共服务，保障公平竞争，加强市场监管，维护市场秩序，推动可持续发展，促进共同富裕，弥补市场失灵”。②

当政府治理体系持续扩张之后，政府职能并非再次走向“万能”，党的十八届三中全会确立了政府未来的深层次改革方向是：“科学的宏观调控，有效的政府治理，是发挥社会主义市场经济体制优势的内在要求。必须切实转变政府职能，深化行政体制改革，创新行政管理方式，增强政府公信力和执行力，建设法治政府和服务型政府。”③ 在发挥市场决定性作用的前提下，政府应该从事科学的宏观调控和有效的政府治理，在多年持续扩张之后，并非走向“万能政府”，也不能回缩至从前。提高政府治理能力，建设服务型政府，这是重视政府与市场关系后的必然改革方向，也是政府治理体系和治理能力的现代化方向。

（二）背景之二：重新审视政府与社会关系

在确立市场起着决定性作用之后，重新审视在市场基础性作用发挥过程中政府与社会关系，就可看到，在政府与市场之间，要进一步发挥社会

① 《中共中央关于全面深化改革若干重大问题的决定》，人民出版社、中国盲文出版社 2013 年版，第 6—7 页。

② 《中共中央关于全面深化改革若干重大问题的决定》，人民出版社、中国盲文出版社 2013 年版，第 7 页。

③ 《中共中央关于全面深化改革若干重大问题的决定》，人民出版社、中国盲文出版社 2013 年版，第 19 页。

力量的作用，激发社会组织活力，即要做到“正确处理政府和社会关系，加快实施政社分开，推进社会组织明确权责、依法自治、发挥作用。适合由社会组织提供的公共服务和解决的事项，交由社会组织承担。支持和发展志愿服务组织”。① 重新审视政府与社会之间的关系，需要我们认识到，当前更要发挥社会的力量，要通过市场来激发社会组织的活力，将社会组织推向市场。

“在中国这样一个同样具有多样性的国家，由前现代向现代的过渡及至现代国家机制的建设都不能不以保持并加强中央政府的权威和能力为目标，但同时为维护公共利益所需的‘德行’又是在‘地方性环境里得到最好的彰显’。于是在如何处理中央政府和地方及基层社区之间的权利分配关系，便成为现代国家构建面临的中心挑战之一。”② 当我们确立了激发社会组织活力目标之后，政府与社会之间的权力—权利构建是当前重要的任务。

第四节 从现象到本质：国家治理体系和治理能力现代化的考量标准

从清末开始至改革开放前，国家政权向乡村不断延伸的演变过程，是国家从无为到有为的现代化转变过程；从改革开放至今，国家治理从计划向市场演变，其间国家治理体制出现过短暂的收缩与持续至今的长期扩张。总体来说，国家治理的现代化过程，表现出来的“现象”是国家向社会和市场扩张权力，国家治理体系的现代化伴随着国家治理能力的现代化。那么，国家治理的现代化本质就是要实现国家权力的扩张吗？国家治理体系和治理能力的现代化以什么样的标准来考量呢？

一 以社会为本：国家政权的现代化扩张不能伤害社会

自清末开始的国家政权的现代化，实现了国家权力向乡村的延伸，国

① 《中共中央关于全面深化改革若干重大问题的决定》，人民出版社、中国盲文出版社 2013 年版，第 61 页。

② ［美］孔飞力：《中国现代国家的起源》，陈兼、陈之宏译，生活·读书·新知三联书店 2013 年版，“译者导言”第 19 页。

家控制社会的能力增强，但这种控制的目的是国家汲取更多的社会财富以支持日益增长的“赔款”，这种现代化是以皇家统治为本，其结果是国家越来越被社会所抛弃。“由于官方体系的下层（县衙门和那些胡作非为的胥吏们）充满着生意经，19 世纪的中国国家面临着一种令人烦恼的现象：农民们因为不堪忍受苛捐杂税而揭竿而起，而国库收入却依然不敷开支之需。”① 政府压榨社会，最终被社会所推翻。

国民党政府时期，国家政权继续向乡村延伸，“村政权的正规化，其与乡村社会文化网络的脱节，以及来自政权内卷化的压力，使村政权落入那些贪求名利的‘政客’手中。内聚的社会组织要求有一个道义上的权威中心，但与此相反，民国时期这种道义权威没有被加强，反而被削弱”。② 民国时期国家政权向乡村延伸，是成功的现代化之举吗？答案是否定的，“此举确实达到了某些国家目的，如催征钱粮、清丈土地，使国家行政机构得到加强。但同时，为了完成这一任务而往往迫使乡村领导与村民对立，结果使正直之人‘退位’，地痞恶棍充斥于乡村政权，这使国家政权在民众中的威信更为降低，实际上这是一种‘内卷化’的政权扩张”。③ 国家政权的结构形式上实现了现代化，可这种政权现代化侵蚀了乡村社会可持续的基础。乡村社会惨遭国家及其附属的成员的盘剥，其结果是将社会推向自己的反面，这也是共产党人提出土地革命目标后，很快就得到乡村社会坚决拥护的原因，失去乡村社会的支持，国民党统治也就到头了。民国时期政权的现代化，其结果是执政党失去政权。

共产党人争取政权以后，仍然推进国家政权的现代化，而且是全面的现代化。共产党建立的国家政权，不仅向乡村社会延伸，而且也向城市社会延伸。全社会都纳入了国家政权控制的范围内，这是通过计划经济来实现的。通过计划经济手段来实现对全社会的控制是不是成功的国家政权现代化之举呢？答案仍然是否定的。因为国家政权的现代化的目标是要建立

---

① ［美］孔飞力：《中国现代国家的起源》，陈兼、陈之宏译，生活·读书·新知三联书店 2013 年版，第 86 页。

② ［美］杜赞奇：《文化、权力与国家——1900—1942 年的华北农村》，王福明译，江苏人民出版社 2003 年版，第 152 页。

③ ［美］杜赞奇：《文化、权力与国家——1900—1942 年的华北农村》，王福明译，江苏人民出版社 2003 年版，第 162 页。

工业化的国家，为实现工业化目标必须建立集权型财政体制，以便收取乡村社会的剩余产品并作为工业化的原始积累。这样，一旦国家选择以工业化作为其合法性的依据，“它就必然要最大限度地控制所有的权力资源，以推动工业化的进程。由于长期的农业基础型财政体制的影响，中国的工商业相对十分落后，工业化资金的来源就在于最大程度地掌握农业生产剩余”。[①] 以农补工的财政体制，的确是今日中国改革开放的重要前提。中国的工业化为今日的改革开放准备了充分的工业化基础设备，提供了充足的工业化产品。没有这一工业化基础设施和工业化产品作基础，今日中国之崛起就成了空中楼阁。但是，这一国家政权的现代化之举，是以牺牲农村社会的利益，尤其是牺牲农村的发展速度为代价的。农村、农业、农民为国家的现代化做出了巨大牺牲，社会整体现代化出现了不和谐，当我们实现了工业现代化、国防现代化和科学技术现代化之后，我们始终没能建立农业的现代化。农村社会至今仍然受到国家政权现代化的影响。

由此可见，国家政府的现代化不能以伤害社会为前提，以社会为本是考量国家治理体制和治理能力是否现代化的重要标准。

二　以市场为本：国家政权的现代化扩张不能伤害市场

现代社会，市场对资源配置的效率是最高的，因此市场不可取代。亚当·斯密提出“如果竞争是自由的，各人相互排挤，那么相互竞争便会迫使每个人都努力把自己的工作做得相当正确”，“竞争和比赛往往引起最大的努力”。[②] 市场经济必然是竞争经济，有竞争存在，资源配置的效率就可大大提高。“只要是市场经济，资源配置过程中的确存在一种优化的、一般的、天然的、总体的内驱力。”[③] 市场这只“看不见的手”虽然也常遭质疑，但它仍然是不可替代的，市场失灵并非取消市场的充分条件。相反，在充分认识到政府干预也会失灵后，重新审视市场的作用成为主流。

自党的十四大确定建立社会主义市场经济以来，中国经济与社会的发

---

① 刘志广：《权力资源、生活机会和财政体制——论我国“三农”问题及农村税费改革思路》，《经济学家》2003 年第 5 期。

② ［英］亚当·斯密：《国富论》下卷，郭大力、王亚南译，商务印书馆 1972 年版，第 320 页。

③ 曹沛霖：《政府与市场》，浙江人民出版社 1998 年版，第 48 页。

展离不开日益完善的高效配置资源的市场。今日中国的成就，离不开党的领导和政府的广泛市场干预。正因如此，一部分人将社会经济发展所取得的成就归因于政府的全面干预。的确，一个有为的政党和政府对经济社会发展的作用是不可否认的，中国党和政府在社会经济生活中的作用，也与西方执政党和政府在经济生活中的作用有着较大的区别。中国共产党及其领导下的政府，最大的制度优势是执政党长期执政，可以提出西方政党无法提出的长期规划，以此指导经济和社会的长远安全发展，一个能进行顶层制度设计和远景规划的政党和政府对经济和社会发展的指导作用，已经被证实有任何西方政党和政府都无法与之比较发展的效率。中国执政党与政府制度设计对于中国来说，治理能力很强，高效的治理能力增强了党和政府治理的合法性。

人们已经习惯了党和政府对经济生活的干预及其成就，并深表认同。但人们往往忽视了资源配置必须由市场起决定性作用，政府干预来配置市场资源，并不足以证实政府可以取代市场配置资源。相反，政府配置资源虽然一定程度上有效，如中国高铁建设取得了举世瞩目的成就，但是，它会在某些方面导致政府失灵，政府配置资源导致资源在不同行业、不同地区的分配不均衡。高铁建设取得重大成就，并不能掩盖对整个中国尤其是中西部资源配置的不均衡。政府干预在“有得”之时，其实它已导致了其他方面的失误。

今天，我们再一次确立市场的决定性作用，就是要做到国家政权的现代化不能以牺牲市场为前提，国家治理体系和治理能力的现代化，要以是否发挥市场决定性作用为考量标准，以市场为本是另一重要的现代化标杆。

第五节　从管制到治理：政府与市场、社会之间关系的现代化转型

在市场决定性作用发挥前提下，国家治理体系应做何种转型呢？国家治理能力又如何实现现代化呢？概括起来说，国家治理体系和治理能力的现代化，需要重视确立政府与市场、社会之间的关系，从政府权力的不断

扩张（实施管制）逐步转型到全社会（包括市场和社会）广泛参与的治理中来。

一 适应从管制到治理的公共权力制度化建设

现代社会政府权力不断扩张，尤其是管制的加强，并不利于国家治理体系和治理能力的现代化，而实现国家治理的现代化，需要做到公共权力的制度性建设。“推进国家治理体系与能力的现代化，必须重构与当代公共问题动态复杂性相适应的国家治理体系，为此应坚持网络化结构、利益相关者或公民为中心、协商与共识达成、公共价值增殖效应最大化、社会自组织与协调能力激发以及信任、互惠与合作能力促进等原则。”① 当前的国家治理体系必须适应公共事务动态复杂性的要求，公共问题的动态变化是常态的，对此，只能以规范化的公共权力制度性建设应“万变”。

实施管制，政府单方面就能完成；实施治理，则需要包括政府在内的多方主体的协同。“大量实践探索与理论研究显示，发达国家的政府正在努力求助于协同、合作与协调的理念及其他社会组织或资源的协同努力，根本无法实现公共治理的各种目的与目标。各种探索、经验以及理论反思已经清楚地表明，如果希望能够有效应对21世纪日益凸显的种种巨大挑战，各国政府必须开发持续协同能力；未来属于那些能够有效协同各种社会资源的社会与政府。”② 实现社会稳定和社会发展的协同，是以公共权力的协同制度完善为前提的。“在制度体系中起主导性、决定性作用的，则是国家的治理体系及其治理能力。制度的合理性、合法性和有效性，集中体现在国家治理体系和能力的现代化上。”③ 实现国家治理体系和治理能力现代化的制度性建设应该包括如下几个方面。

首先，需要建立协同的网络化的公共权力制度。比较中西政治制度优势，西方发达国家制度优势主要在于国家权力的制衡，其目标是公平；中

① 杨冠琼、刘雯雯：《公共问题与治理体系——国家治理体系与能力现代化的问题基础》，《中国行政管理》2014年第2期。

② 杨冠琼、刘雯雯：《公共问题与治理体系——国家治理体系与能力现代化的问题基础》，《中国行政管理》2014年第2期。

③ 包心鉴：《以制度现代化推进国家治理现代化》，《中共福建省委党校学报》2014年第1期。

国国家政治制度的优势是权力集中，其目标是效率。中西制度各有所长，正确的比较态度是借鉴而不是照搬。中国的现代化进程，也是中国政治制度的现代化过程，在这个过程中中国不断追赶西方国家。在政治制度上，中国不断吸取西方的优点。当然，中国在制度建设上越来越自信，我们的制度建设已经达到了我们所追求的目标，我们的制度有着很高的效率。经过40多年的改革开放，我们通过实践证实了中国制度对于中国来说是有效的。中国治理现代化的过程就是要实现制度建设的现代化，制度现代化并非照搬西方政治制度，我们现有的网络化的公共权力的高效率性不可置疑。当前国家治理体系和治理能力的现代化，重点要做到现有网络化权力的公平配置，实现权力体系的协同。中国擅长力量的集中，而现有政治体系中党、政、人大、政协四大家并存，这是一个权力可以达到制衡的制度体系，我们已经做到了有效率，我们还需要做到公平与协同。这就要求发挥我们现有政治制度中的权力制衡的力量。现有网络化的体制具有制衡的因素在内，制度现代化就是实现国家权力的公平、协同的再配置。“中国通过不断建设新的制度和消亡旧的制度降低和节约整个国家的发展成本，这些发展成本包括传统经济学意义上的交易成本和组织成本，也包括整个国家的治理成本。这个过程就是国家制度现代化的过程。”① 新制度建立过程中不断加强的管制，实现了效率。现在，制度建设需要向治理转型，这就需要制度建设在公平的权力配置上下功夫。

其次，需要建立协商的回应性的公共权力制度。“推进国家治理体系和治理能力的现代化，是中国特色社会主义现代化建设和政治发展的必然要求。一方面，它是对改革开放40多年来中国式现代化建设成功经验的理论总结，另一方面也是对中国在新的发展阶段所面临的各种严峻挑战的主动回应。”② 政府管制，可以不对被管制者作出回应；政府治理，则必须对参与治理者主动作出回应，有回应才有合作、协商与和谐。

最后，需要建立协作的互惠性的公共权力制度。“一种政策如果没有

① 胡鞍钢：《治理现代化的实质是制度现代化——如何理解全面深化改革的总目标》，《人民论坛》2013年第S2期。

② 俞可平：《推进国家治理体系和治理能力现代化》，《前线》2014年第1期。

赢家只有输家，无疑是最坏的政策。治理的失序、失效和碎片化，是我们面临的治理困境。”① 治理现代化不能只有国家单方面地向社会扩张，而应该是一种互惠性的多方协作的公共权力关系。“一个成熟的执政党必须要体现出平衡或者说调和社会利益冲突的能力，其中包括了政府对公共资源的运用。在当下的改革中，如何处理劳动与资本之间的关系将是平衡社会利益冲突的关键。”② 我们不能没有国家权力的现代化，但也不能有单向的国家利益实现的现代化。国家利益与个体利益、局部利益（如市场主体），既有一致性，也有差异。多方协作、互惠的公共权力结构，更有利于治理现代化。

二 适应从管制到治理的市场作用决定性建设

现代政府实施治理，而非管制，这就要求政府对市场的良好治理。著名公共行政学家 Meier 认为“‘能动的政府’不仅使有限政府神圣光环黯然失色，而且使现代政府必须承担那些对于 19 世纪和 20 世纪初期的政府完全陌生的新职能”，即解决具有复杂动态性的当代公共问题，成为当代政府新的核心职能，“过去一个世纪以来，公共行政最重要的变迁是公共组织间日益增强的相互依赖性，这种变迁改变了公共行政者的职能，他必须努力构建与其他组织或机构不可或缺的联系”。③ 国家治理能力的现代化，要求政府超越“有限政府”阶段，走向“能动的政府”。能动的政府，需要市场主体的全力支持与配合，也要求政府放权或权力下放。适应从管理到治理的转型，市场决定性作用的建设应该做如下几个方面的工作。

首先，让地方政府有更多管理市场的权力。“对政府而言，尽管追求公共利益的属性并没有被弃离，但权力下放后的地方政府已然具备自利的有利条件。地方利益最大化已成为地方政府明显或暗含的重要目标。地方

① 俞可平：《“城管式困境”与治理现代化》，《当代贵州》2014 年第 2 期。

② 林德山：《从“治理能力现代化”的角度深化对党的执政能力的认识》，《当代世界与社会主义》2014 年第 1 期。

③ Kenneth J. Meier, *Politics and the Bureaucracy: Policymaking in the Fourth Branch of Government* (4th edition), Fort worth: Harcourt College Publishers, 2000, p. 1.

政府间的竞争加大了政府逐利的倾向。而企业发展恰恰能迎合地方政府需求，有助于地方政绩的显现。"① 地方政府与市场之间的关系非常密切，地方政府与市场之间的合作与协商也非常便利，因此，让地方政府有更多管理市场的权力，可以将市场的决定性作用更好地发挥出来。

其次，在权力和权利边界模糊的时代，协调政府与市场关系。"公共领域的结构性变迁，使任何一个公共管理者都必须同时进行政府间管理、不同组织与部门间管理以及不同领域问题间的管理。任何公共机构已经很难从其所处的复杂环境中区分出其边界，它必须学会在边界模糊的时代履行其管理或行政职能。协同各种边界与力量、资源、智慧已经成为社会现实特别是公共问题的性质与特征向人类颁布的一道自然命令。"② 政府干预与市场决定性作用的发挥，是国家治理体系和治理能力现代化的重要内容。当前，政府与市场关系的边界正在日益模糊，无法找寻到可以适用于全世界的政府可以在多大程度上干预以及市场在多大程度上起决定性作用的标杆。中国社会主义市场治理体系，需要根据中国国情创新治理体系，有利于市场最大限度地发挥决定性作用的体系都是可行的。

最后，中国的现代化可以有独特的政府与市场关系。社会主义国家的市场经济，可以借鉴西方的市场经济经验，但不必盲从西方的政府与市场关系，中国要走一条中国式的市场发挥决定性作用的道路。西方汉学者也给了我们同样的警示："中国人不必为进入现代时代而抛弃他们以往的一切，因为西方本身也正在向一些新鲜的意识看齐，这其中有些还与古代中国人的视角有相同的共鸣呢。因此，不必在现代西方的制度与言语中寻找中国文化适应的方式。"③ 中国的市场经济能够有效地发挥市场决定性作用，我们的成就并不比西方市场经济差，当西方国家全面走向经济衰退时，中国经济一枝独秀，中国现有的市场治理体系，也能帮助中国解决伴随着中国进入现代世界而来的各种紧张关系、冲突和矛盾。这也说明了中

① 金太军、袁建军：《政府与企业的交换模式及其演变规律——观察腐败深层机制的微观视角》，《中国社会科学》2011 年第 1 期。

② 杨冠琼、刘雯雯：《公共问题与治理体系——国家治理体系与能力现代化的问题基础》，《中国行政管理》2014 年第 2 期。

③ ［美］郝大维、［美］安乐哲：《先贤的民主：杜威、孔子与中国民主之希望》，何刚强译，江苏人民出版社 2004 年版，第 27 页。

国从计划经济转型到市场经济，从计划体系下的全面管制，逐步转型到市场治理体系的和谐，它证实了中国市场治理体系走出现代化也是可能和可行的。

三　适应从管制到治理的社会力量权利化建设

在市场起决定性作用的过程中，中国社会力量的兴起已经是大趋势。中国社会组织的兴起与西方国家的市民社会大相径庭，几代中国近代知识精英关于“政治参与”的思考受到了封建思想的限制，他们“从未试图就政治权力的本原以及与之相关的权力合法性根基的问题发问，更未涉及制度设计中的权力制衡问题，他们的用意，在于使得处于空前危机之中的国家适应于现代条件的挑战，从而使国家能够生存下来，并更为有效地运作。你们并不试图在权力本原及其与国家关系之一‘现代问题’上寻求答案”。①

中国社会力量兴起后，他们与政府之间关系更多的是合作，共同解决市场发展中的问题，求得国家和民族的发展，共同的目标是中华民族伟大复兴。在这个过程中，政府与社会的新型关系，要求政府要向社会分权，要转移部分职能给社会。“分权是指权力向社会组织的有序转移，是一个现代文明国家实现国家治理现代化的基本前提条件，也是政府职能能不能彻底转变的最基本的制度保障。一个现代国家的重要标志就是自主的社会组织高度发达，具有承接政府权力转移的基本能力，并能通过‘行业自律’实现自我监管，通过‘项目管理’和‘服务合同出租’实现承接政府的部分社会治理及公共服务职能，使政府、市场、社会的‘共治’局面得以形成，并最终实现国家治理的现代化。”②

从管制到治理，“中国市场的发展是公权力推动的结果。在转轨初期，存在一个资源由政府控制向市场调节的过渡时期”。③ 此时，企业所需的市

① ［美］孔飞力：《中国现代国家的起源》，陈兼、陈之宏译，生活·读书·新知三联书店2013年版，“译者导言”第20页。

② 竹立家：《着力推进国家治理现代化》，《中国党政干部论坛》2013年第12期。

③ 金太军、袁建军：《政府与企业的交换模式及其演变规律——观察腐败深层机制的微观视角》，《中国社会科学》2011年第1期。

场信息由于缺乏规范化的信息流通机制，不能顺利地被公开获悉，从而凸显了政府官员相对于社会主体的信息优势地位。而实现治理能力的现代化，就需要在这种转型过程中，社会组织的活力必须全面激发出来。在政府与市场之间，应该有一个真正适应市场需要的与政府公权力架起桥梁的社会力量。由社会组织参与的市场活动，才能真正实现国家治理体系的现代化，才能实现国家治理能力的现代化。

东部农村与中西部农村、城市与乡村之间发展的不平衡不充分，成为中西部农民实现美好生活的主要制约因素。中西部乡村的天然优势是拥有田园和资源，它是乡村美好生活和乡村振兴的物质基础。中西部乡村宜居田园生态建设的主要节点和目标指向是高质量生活，是为了满足新时代农民不断增长的多种生活需求。然而，随着大批农民工单向度倾斜涌入城市生活，使中西部乡村空心化、田园荒弃化。所以，中西部乡村迫切需要开发和利用田园生态资源，释放其经济价值和生活价值，供给高品质生态生活推进城乡融合。中西部乡村宜居田园生态振兴是一个系统工程，它需要从观念到规划再到实践的综合性建构。

第一篇　新型城镇化视角下社会管理的乡村振兴目标

党的十九大报告将乡村振兴作为“战略”明确提了出来，为乡村社会新型城镇化建设提供了新的机遇。

中西部地区乡村的衰败与“空心化”是一个令人忧虑的现实，其根源在于现代化的工业文明具有超越农业文明的发展优势，在发展不平衡不充分背景下，中西部乡村实现振兴，难度很大。中西部乡村现在具备的最好条件是优美的田园风光，它由自然与社会共同构建起天人合一的乡村“环境”。振兴中西部乡村离不开科技，当然更应重视以传统农业文明（乡村文明）为基础的农业现代化，中西部乡村振兴的方向是复兴农业文明（乡村文明）。

乡村文化在近代无可奈何地衰落了，城镇化的建设过程进一步加速了它的衰落。农民离开故土向城镇流动，是不可阻挡的时代潮流。但过度向大城市聚集的城镇化道路也带来了危机，日益严重的城市交通堵塞、城市污染、能源供给紧张等问题，都是复杂社会物质投入跟不上城镇化进程所造成的。乡村及其文化令无数人魂牵梦绕，新型城镇化道路选择应给乡村留下一席之地，城市与乡村共同繁荣才能真正实现中华民族伟大复兴。

东部农村与中西部农村、城市与乡村之间发展的不平衡不充分，成为中西部农民实现美好生活的主要制约因素。中西部乡村迫切需要开发和利用田园生态资源，释放其经济价值和生活价值，供给高品质生态生活推进城乡融合。中西部乡村宜居田园生态振兴是一个系统工程，它需要从观念到规划最后到实践的综合性建构。

乡村振兴中，基于高密度农业地区、“复杂而且复合”的中国村镇混杂区区域系统面临着土地开发强度偏高、空间经济性指向鲜明、原有生态系统急剧改变、新建农田生态系统和集中居住区自然—人文生态系统脆弱、生态基础设施建设受到重视但生态系统服务能力较低等新的困境。加快生态基础设施建设，审慎使用政策工具，合理运用分配性政策、构成性政策、再分配政策和规制性政策，优化空间权益分配与再分配，对于破解村镇混杂区当前难题有积极意义。

人们对宅基地及农房流转往往存在诸多顾虑，中西部乡村大量的闲置农房流转就会形成农房资产流动产业链、农房继续建设产业链以及乡村旅游业、乡村房租业产业链，一个全新的乡村优势业态形成后，可以打消人们的顾虑，这正是吸引地方政府采取支持行动的原因。

领导型人才是中国各行各业中最宝贵、最稀缺的人才，在国家实施乡村振兴战略的过程中，如何高效建设一支实用型高素质领导人才队伍，已成为目前乡村振兴工作的当务之急。乡村领导型人才应具备理论和执行政策能力强、懂科技、热爱乡村、具有领导潜质等特质。

文化尤其是传统文化对于乡村振兴具有特殊的意义和不可替代性。孝文化是农村传统文化的根基，几千年以来，孝的积淀已经成为中国农村所归依的“生活世界”，因而是形成和影响乡村认同的重要文化基础。然而，改革开放40多年来，由于快速的工业化和城镇化进程带来的农村大量人口的流动、城市文化的冲击、各种反文化的侵蚀，孝文化面临着生存和发展的困境，现代乡村孝文化的认同式微。在当前乡村振兴宏伟命题下，须以补齐孝文化短板为突破口塑造现代孝的认同，须对孝文化进行创造性转化。对孝文化进行创造性转化，需要结合历史传统和新时代要求，从理论层面、制度层面和物化层面展开路径探索。

第二章　新型城镇化过程中中西部乡村振兴

党的十九大报告将乡村振兴作为“战略”明确提了出来，中西部地区乡村的衰败与“空心化”是一个令人忧虑的现实，其根源在于现代化的工业文明具有超越农业文明的发展优势。中国的工业化、城市化，造成了中国几千年来长期形成的农业文明（或说乡村文明）的衰败。在这个过程中，东部地区与中西部地区之间、乡村与城市之间发展的不平衡不充分，成为中西部乡村民众过上“美好生活”最主要的障碍。中西部乡村的振兴，要从乡村文明振兴上着手。乡村文明是由人构建起来的，让乡愁生根，吸引资本、精英归根，是乡村振兴的根本所在。

第一节　文明衰败：中西部乡村振兴的障碍

改革开放的40多年，中国取得了举世瞩目的伟大成就。除了农业现代化目标没有全面实现，当年提出的“四个现代化”目标，应该说基本完成了，2020年，我们全面建成了小康社会。一部分地区（如东部地区）的确率先富起来了，社会生产力总体水平已经大大提高，然而，中国的中西部地区，尤其是中西部的农村，农业基础仍然薄弱，发展不平衡不充分的问题在农村体现得最为直接，乡村振兴面临的任务非常重。

一　障碍的外在表现：发展不平衡不充分

阻碍中西部地区的乡村振兴的外在表现是发展不平衡不充分，一是东部地区与中西部地区发展的不平衡不充分，二是城乡之间发展的不平衡不充分。最终二者叠加在一起后，就出现了最为严重的第三种情况：中西部乡村与东部地区（城市）之间发展的不平衡不充分。

（一）东部地区与中西部地区发展的不平衡不充分阻碍中西部乡村振兴

早在党的十一届三中全会上，就确立了以经济发展为中心、允许一部分地区先富起来的决策，中国沿着这条道路发展了40多年，综合国力达到了世界第二，追上世界第一的美国也指日可待。中国东部沿海地区已经富裕起来了，率先实现了小康，个别县（市、区）已经率先宣布实现了现代化（2012年苏州工业园区是第一个宣布基本实现现代化的县区）。

中国人心目中的“一线城市”——北（京）上（海）广（州）深（圳）已经可以与世界上发达国家的大都市相媲美了。哪怕与世界上最发达的国家相比，中国最先进的基础设施也不遑多让，如浦东机场、京沪高铁、深圳的物流港口，都让发达国家羡慕。

40多年的改革开放，让中国人对东部地区的发展成就倍感骄傲。东部发展的卓越成就，是东部地区人民努力的结果，也是中西部地区人民支持的结果。东部地区的高速发展与中西部地区的人财物的支持有着密切的关系。从物的角度来看，东部地区往往资源较贫乏，在长期的发展中，中西部地区有大量的物资（资源和能源）源源不断地向东部地区流动，中西部地区以自身的环境破坏及资源流失为代价支撑着东部地区快速发展所需要的物资。当然，这种流向既有政府计划的因素，也有市场规则的影响。东部地区的资源利用率相对于中西部地区要高，由此市场引导着物资的流向；从财富的角度来看，财富的积累有着“马太效应”：穷者愈穷，富者愈富。当东部地区率先发展起来后，财富的流向就难逆转了。从世界范围内看，东部地区具有后发优势，利用西方国家产业的转移，搭上世界发展的“末班车”，享受了全球化后的“福利”；从国内的区域范围来看，东部地区又享有先发优势，东部地区发展越快，汲取全国资源的能力越强，财富越是向东部地区集中，或者说东部地区更能创造出新的财富；从人的角度来看，改革开放释放了人的流动能力，中西部地区从20世纪80年代开始，就出现了“孔雀东南飞”的热潮，直至最后中西部地区的“麻雀”也要东南飞了。从早期最常见的“民工潮”，到最近一些年有文化人的“北漂”“南漂”，即便人才产自中西部地区，在其成为“人才”后很容易被东部地区“挖走”。近年来，中西部的一些乡村出现了极为严重的“空心化”现象。中西部地区（包括乡村）的人财物均不断地向东部地区流动，加速了发展的不平衡不充分，成为阻碍中西部乡村振兴的重要原因。

（二）城乡发展的不平衡不充分阻碍中西部乡村振兴

长期以来，城乡二元体制促成了城乡发展的不平衡不充分，这是中西部乡村振兴的重要障碍。国际上通常把基尼系数作为居民收入差距的标准，而基尼系数0.4被作为贫富差距的警戒线，大于这一数值容易出现社会动荡。中国高收入阶层主要居住于城市，而绝大多数最低收入阶层（绝对贫困阶层）居住在乡村。因此，基尼系数最能反映城乡居民的收入差距，也能反映城乡发展的差距。

下面有三种最有代表性的城乡居民收入差距的数据。

其一，来自北京大学相关研究者的数据。北京大学中国社会科学调查中心组织完成的《中国民生发展报告2014》指出：“中国的财产不平等程度在迅速升高：与1995年中国家庭净财产的基尼系数为0.45，2002年为0.55相比，2012年中国家庭净财产的基尼系数达到0.73。顶端1%的家庭占有全国三分之一以上的财产，底端25%的家庭拥有的财产总量仅在1%左右。中国的财产不平等程度明显高于收入不平等的程度。”①

其二，来自中国国家统计局的数据。国家统计局网站公布了2003—2022年的全国居民人均可支配收入基尼系数（见图2－1）。

其三，来自世界银行的数据。“观察世界银行的数据可知，自1981年开始，中国基尼系数总体呈上升态势，并于2001年左右超过0.4的国际警戒线。”②

无论是从2001年开始计算，还是从1995年开始计算，都说明中国的基尼系数很早就已经超越警戒线了，最高甚至达到0.491，中国的基尼系数一直居高不下，但是中国没有出现大的动荡，这令世界震惊。而隐藏在中国基尼系数之中无法统计或难以被统计进去的数据是农民的财富。最广大乡村农民的财富，除了外出务工的人员往老家寄回的收入容易被统计之

① 谢宇、张晓波、李建新等：《中国民生发展报告2014》，北京大学出版社2014年版。

② 《中国基尼系数未来五年有望降至国际警戒线以下》，中国经济网，2016年1月21日，http://www.ce.cn/xwzx/gnsz/gdxw/201601/21/t20160121_8458822.shtml。

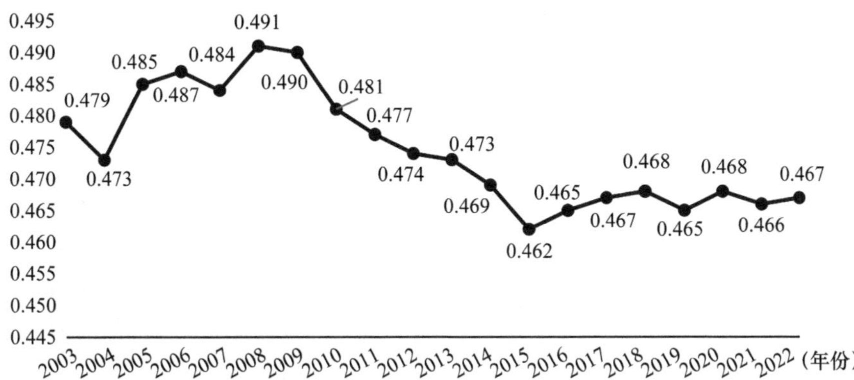

图 2－1　2003—2022 年全国居民人均可支配收入基尼系数

资料来源：笔者根据网络公开资料自制。

外，大多数农民只要手头有资金，首要的用途是盖楼，农民拥有的财富变为了农民的楼房，农民为盖房甚至欠下巨额的债务。由此农民总体上的资金（储蓄）财富极少，许多农民甚至是负资产。城乡发展不平衡不充分的现状，再与东部地区与中西部地区发展的不平衡不充分现状交织在一起，就形成了更为严重的阻碍中西部乡村振兴的难题。

（三）城乡与区域两者交织起来后发展的不平衡不充分阻碍中西部乡村振兴

根据国家统计局的数据，被公认的一线城市“北上广深”四大城市的房价如表 2－1 所示。

表 2－1　**一线城市“北上广深”2012—2016 年房价**　（单位：元/平方米）

城市＼年份	2012	2013	2014	2015	2016
北京	16553.48	17854	18499	22300	28489
上海	13869.88	16192	16415	21501	25910
广州	12000.88	13954	14739	14083	16346
深圳	18995.92	23427	24040	33661	45498

资料来源：http：//data. stats. gov. cn/easyquery. htm? cn = E0105&zb = A03® = 440300&sj = 2016。

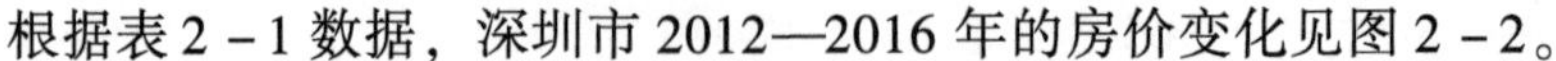

根据表2－1数据，深圳市2012—2016年的房价变化见图2－2。

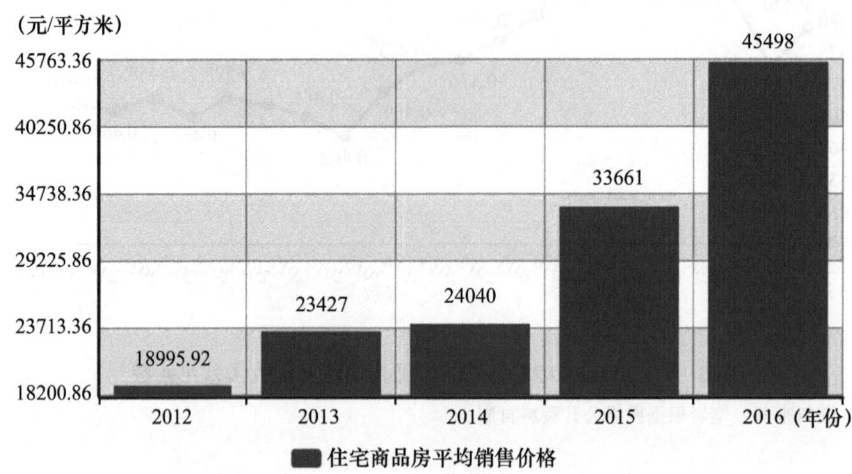

图2－2　深圳市2012—2016年房价变化

根据图2－2可以看出，在东部沿海发达地区的一线城市深圳，只要在五年前拥有了一套100平方米的住宅，房产价格直追500万元。这个统计数据是均价，若房产在城市中心区域，则接近千万元了。深圳拥有房产的市民，在几年之内其资产就翻了几番，他们充分享受到了经济发展的红利。

而中西部乡村的房产价值是多少呢？答案是几乎为零。中西部乡村的房产，因政策规定不属于住宅商品房，不能在市场上以商品房方式出售。农民工的生活习性又决定了大多数农民工将其务工收入带回乡村建起楼房。其资产转化为了房产，但是这个房产几乎无法再转化为资产（出售）。这是中国基尼系数奇高而国家几乎没有动荡的主要原因。

中西部乡村虽有一定的财富增长，却因政策因素，财富被淹没了。仅仅从房产价值一项就可以看出，中西部乡村与东部一线城市的发展“鸿沟”。这个差距无法填平，在东部地区务工的收益远超在中西部地区务农，在巨大的收益差距面前，中西部乡村无法阻挡人财物的净流出。

二　障碍的内在本质：乡村文明的衰败

从深层次分析，中西部乡村振兴的最大障碍是中国乡村文明的衰败，中国乡村文明败于现代工业文明。而振兴中西部的乡村，我们还没有找到可以支撑其振兴的文明基础。

以农耕为代表的中国乡村文明，在世界上保持了超过千年的领先地位，然而在现代工业文明的冲击下，它不可避免地衰落了。工业文明主要产生在欧洲，它随着资本主义文艺复兴而出现和兴盛。在西方工业文明冲击中华文明之前，中华文明包含了城市文明和乡村文明，这是中华文明强劲的发展动力。两种文明并存，促进了中国传统农业社会中城市与乡村的共生；两种文明并存，同时也决定了中华文明难以被摧毁，中国的城市和乡村都是中华文明的载体，中华文明深入到了社会的每一个角落，哪怕在深山老林中都可能存在传承中华文明的古老书院。

正因中华文明在城乡中的交融，它体现出了强大能力，在传统农业社会，周边没有哪个民族或国家能消灭中华文明，因为它存在于有中国人的地方，哪怕是在偏远乡村抑或是在深山老林中，都可能因有那么一批文士就能将中华文明延续下去。中华文明的强大还体现在它能同化军事力量强大的外来民族，也能将外来文明中有益于中华文明的东西吸收为己用。

近代社会，西方出现了工业文明。当西方工业文明与中华文明两者相互冲击之时，中国人也曾经表现出“自信”，但是，在西方文明强大的生产力面前，尤其是在西方文明支撑下的坚船利炮面前，中华文明表现出脆弱的一面，无法抵挡。西方文明以其强大的军事实力打开了中国的大门，完成了马克思所说的东方从属于西方。西方的工业文明按自己的模式塑造中国，落后的农业国如果不想灭亡的话，西式工业化道路是唯一选择。中国传统的农业社会，实现了人与自然统一的境界。但它的生产力落后，无法满足人们日益增长的物质期望，更挡不住强大的西方工业化现代化国家的入侵。落后就要挨打，若不想挨打，没有别的选择，只能走工业化、城市化、现代化道路。

西方工业文明以城市为载体，近代中国在走工业化道路的过程中，中国传统的城市文明最终与西方工业文明结合，形成了一种以西方文明为基础的现代科学体系，它虽然仍有中华文明的影子，但它毕竟属于工业化、现代化体系，它区别于中华传统，更不是同化西方文明。近一百多年来，中国的城市逐步融入现代化体系之中，它还带动着原有乡村的重要组成部分的集镇脱离乡村体系，成为城市的一部分，被称为城镇，乡村规模逐步龟缩到原始的村落中。

与现代工业文明相结合的城市文明，以其强大的生产力、先进的技术，打破了原有中华文明中城乡文明的交融，正如马克思所说，现代化的工业文明实现了农村从属于城市。乡村文明遭遇工业文明之后，首先出现了乡村文明的载体的士人的衰落，以传承儒家思想为主要内容的士人，无法适应以科学为主体的工业文明，乡村的士人群体解体，其中大部分流入城市并接受城市的工业文明。当今中国亦如此，大批学子从乡村流入城市，各行各业精英也流入城市，最有创造力的人流走之后，乡村不可避免地出现了衰落，乡村文明衰落渐成大趋势。

今天，我们要振兴中西部乡村，我们能用什么样的文明来作为支撑呢？工业文明冲垮了以农业文明为基础的中西部乡村，可以用工业文明来振兴乡村吗？抑或通过重建乡村文明来振兴乡村？所有这些疑问，需要中西部乡村在振兴过程中予以解答，而我们的理论在这方面远未成熟，更难以指导中西部乡村的振兴。

第二节　拥有田园：中西部乡村振兴的条件

党的十九大报告明确指出：“中国特色社会主义进入新时代，中国社会主要矛盾已经转化为人民日益增长的美好生活需要和不平衡不充分的发展之间的矛盾。”① 居住在中西部乡村的人们也想过上美好生活，但是发展不平衡不充分制约其振兴。拥有田园，是其振兴的主要条件。若运用恰当，传统的乡村文明与现代工业文明都可以成为中西部乡村振兴的条件。没有哪个民族能像中华民族那样具有超过两千年繁盛的农耕生活，这种生

① 习近平：《决胜全面建成小康社会　夺取新时代中国特色社会主义伟大胜利——在中国共产党第十九次全国代表大会上的报告》（2017 年 10 月 18 日），人民出版社 2017 年版，第 11 页。

活构建起了具有中国特色的乡村文明，深入分析中西部乡村能够用以振兴的条件，可以从中国乡村文明的优点上着眼。

一　中西部乡村依赖自然并打造了具有田园风光的环境

当东部地区在快速工业化的过程中发展起来、富裕起来后，针对中西部地区乡村发展的不平衡不充分现状，如何才能找到中西部乡村振兴的“抓手”呢？我们知道，工业化首先在城市实现，现在工业化的产业也主要集中在大小城市。相对来说，东部地区城市所缺而中西部乡村恰恰相反十分丰富的资源是“环境”，中西部乡村千百年来依赖自然并打造了具有田园风光的环境。

在传统的农业社会，中国古先民敬畏大自然，依赖大自然，感恩大自然，因为人生活其间，从中获取自己所需要的生活资料，大自然养活了古先民。古先民可能没有“人类中心主义”或“自然中心主义”等深层次的思考，朴素的生存观、子孙繁盛观，就让他们学会了，要想从大自然中获取必要的生活资源，就必须尊重大自然！自然无限好，能让人生存其间经过人类打造过的大自然——田园风光更令人向往。仁者乐山，智者乐水，古先民中的一些有识之士，他们居于田园，建设田园，歌颂田园，“采菊东篱下，悠然见南山”几乎成了文士对田园歌颂的标志性诗句。虽然历史上也曾出现过环境退化、生存条件越来越恶劣的现象，但是以江南农耕、恬静小镇为代表的田园，其适合人居的环境，令先民热爱这样的环境，中国人抹不去对田园的依恋。

中西部地区，尤其是中原地带、长江流域，是中华文明的发祥地。中原地区古老的乡村文明是中华文明的代表，这种乡村文明依托中西部地区的大自然，进而融入大自然、改造大自然，在先民的建设下，中西部地区星罗棋布地点缀着村落。哪怕是荒漠、冰山、雪地、岛屿，只要具备了人生存的条件，往往都会有人迹，生活在其间的先民也常常择优而居。大自然因有了人居其间，更添美丽。中西部乡村就是自然与人类的结合体，乡村是大自然的一部分，本就美丽，而居住其间的农民更是以自己的创造力成就了乡村的美丽。

如此美丽的田园环境，哪怕工业化吸引着人们不断“东南飞”，也无法阻隔出生于那里的人们的眷念。当人们在东部地区的城市开始过上“美好生活”后，这种眷念将更加强烈。乡村文明虽然在工业文明的冲击下衰败，但它没有灭亡。当大城市的城市病一再困扰着人们的时候，中西部地区的田园依然美丽，中西部乡村的振兴具备了良好的外部环境。

二　中西部乡村各业自成一体共同构建起社会主体

中西部乡村的振兴，必须具备各业繁荣的社会发展局面。中国两千多年的封建史，也是一部农耕社会史。“一般来说，农业社会由于小农经济的分散性，而不能形成持久稳定的跨地域的政治组织。然而，中国在两千多年前就建立了稳定有效的大一统的国家，它服从中央号令，执行对辽阔地区的行政管理，有效地保持着这个庞大农业社会的统一，很少出现分裂和闹独立。”[①] 尤其是中部地区的核心地带，田园式乡村处于相对稳定的大一统之中，乡村社会的渔樵耕读各业均能充分发展，这是传统乡村文明延续不断的重要原因。

自西汉到清末，中国社会都是由上、中、下三个层次整合而成的，“社会上层是以王权为中心的大一统的官僚机构，中层是士族缙绅对地方和农村事务的管理，下层是守法家族组织。中国传统社会最不可思议之处在于：不仅是这三种形态完全不同的社会组织在漫长的历史变迁中保持着罕见的稳定，更重要的是这三个层次大致能够实现良好的整合”。[②] 正是由于这种整合的力量，中国社会是在人类历史上唯一一个存在两千多年的大一统的国家，这个国家能保持一个长期的超稳定结构延续着，直至1840年西方列强用坚船利炮敲开了古老封闭的清王朝的大门。

中西部乡村的历史上，不乏农民遭受政权、神权、族权的压迫，但也可看到中国农耕社会的渔樵耕读各业自成一体，共同构筑起了一个有秩序的田园风光的社会结构。社会有秩序，减少了生存于其中的人的未知，也就减少了对未知的恐惧。在这个社会秩序中各行各业的精英人物举足轻

---

① 金观涛、刘青峰：《中国现代思想的起源——超稳定结构与中国政治文化的演变》第一卷，法律出版社2011年版，第8页。

② 金观涛、刘青峰：《中国现代思想的起源——超稳定结构与中国政治文化的演变》第一卷，法律出版社2011年版，第7页。

重，尤其是乡村生活中的乡绅，他们对社会秩序的维护不可或缺。封建伦常，乃至佛道教义，都是中国乡村文化中的重要组成部分。在“皇权不下县”这种国家与社会关系背景下，乡村社会的乡绅自治，是中国传统农耕社会最重要的乡村文明。

近40多年来，东部地区的繁荣离不开中西部乡村社会的各行各业“精英”的务工。工业文明冲击了乡村文明，但它并不能消灭乡村文明的基础，乡村各行各业的精英进入东部地区务工的同时，也学会了现代工业文明的精髓。工业文明在冲击乡村文明的同时，也造就了熟知乡村文明的中西部乡村精英群体，这一群体既没有遗忘乡村文明，又掌握现代化的工业文明。只要条件允许，他们就是中西部乡村振兴的最重要的主体。工业文明以法治手段确立了人的工作年限（退休年龄）及养老福利，而中国传统的乡村文明却允许人们活到老工作到老（有时是生活所迫）。当东部地区不吸纳中西部地区的农民工为当地居民的时候（依赖户籍制度），当东部地区的老龄化社会来临正愁养老问题的时候，中西部乡村振兴为许许多多被工业文明困扰的人敞开了大门，中西部乡村的振兴拥有众多的潜在的人力资源。

三　中西部乡村自然与社会主客体间天人合一

中西部乡村的振兴还有一个有利的条件，那就是乡村社会主体与自然之间形成了社会内部、社会主体对待大自然的一种稳态，自然田园环境与社会主客体之间一种稳态的天人合一状态。

传统的乡村社会由乡绅自治，乡村形成了以乡绅为主体的社会精英群体，这一群体构成了乡村社会与城市社会（朝堂）的交流与互动模式，从而形成了乡村文明与城市文明不相上下的社会文明体系。乡村士人在朝为官，告老还乡为绅，他们既是乡村文明的承载者，也是乡村文明与城市文明交融的载体，田园美丽画卷多由他们描绘。田园是根，落叶归根，不让根有损，这是乡村士人们的共识，有了这样的乡村文明承载者爱护和指导村民建设乡村，这是田园往往能够实现人与自然环境可持续发展的根源，人和自然实现了稳态的天人合一境界，田园美丽才成为可能。

工业文明抽离了中西部乡村最传统的乡绅，社会主义制度的建立加速了传统乡绅的解体。但是，这些并不表明中西部乡村的乡绅群体就不存在了。恰恰相反，在工业文明主要存在的东部地区城市，一批批的务工人员，尤其是恢复高考之后通过高考进入国家体制内的农村知识精英，他们在城市中接受了工业文明，成为工业文明的重要组成部分。这是潜在的中西部乡村最重要的“乡绅”群体。

稳态的熟人社会的中西部乡村，在城市化过程中衰败。但是，当城市化发展到一定程度，不均衡不充分发展成为社会持续发展的障碍时，中西部乡村的振兴就具备了外部条件。

一旦中西部乡村社会的稳态发展进入状态，拥有工业文明的返乡群体将带回现代城市文明，并以之改造传统乡村，中西部乡村将步入“新农村”的快速发展期。改革开放前的30年，中西部乡村的自然破坏严重，尤其是地面上的绿化毁坏严重，而改革开放的40多年，大量的农村人口外流，中西部乡村的自然生态因人口承载量剧减而快速恢复，加上党和政府正确的政策引领，退耕还林、退牧还草等政策的全面实施，生态修复正在有序进行中。

当工业化、城市化发展到一定程度，中西部乡村从新乡绅群体到这些群体运用城市文明修复传统乡村文明，社会的稳态、社会与自然的稳态都成为可能，中西部乡村自然与社会主客体间天人合一是最具特色的乡村振兴的条件。

第三节 文明复兴：中西部乡村振兴的方向

进入21世纪之后，中国在很多领域迈向了现代化，而农业现代化则是快速发展中的短板，实现中西部乡村的振兴是当务之急，振兴中西部乡村同样离不开重视利用科学和技术，当然更应重视以传统农业文明（乡村文明）为基础的农业现代化，这种文明是工业文明与农业文明的融合，是农业文明的复兴。在发展不平衡不充分背景下，中西部乡村振兴的方向是复兴农业文明（乡村文明）。

一 “新时代”乡绅的复兴

党的十九大报告所指的“新时代”，是这样的一个时代：它“意味着近代以来久经磨难的中华民族迎来了从站起来、富起来到强起来的伟大飞跃，迎来了实现中华民族伟大复兴的光明前景”。① 新时代中华民族伟大复兴离不开乡村振兴，尤其是中西部落后地区乡村的振兴。中西部乡村振兴首先要解决人的问题，即由谁来振兴？中西部乡村要实现“强起来的伟大飞跃”，需要新时代乡绅的复兴。

中国走向现代化，“指的是从一个以农业为基础的人均收入很低的社会，走向重利用科学和技术的都市化和工业化社会的这样一种巨大转变。按发展和成熟的几乎任何一项标准来衡量，中国至少在 2000 年内如果不是唯一领先的文明社会，也是领先的文明社会之一”。② 中西部乡村走现代化道路、实现乡村振兴，同样需要重视和运用科学和技术。当前，中西部乡村最缺的就是掌握了科学和技术的人力资源。

从户籍制度上来看，因不平衡不充分的发展，中西部乡村走出了大量掌握科学和技术的各业精英，而至今这种单一流向并未有所缓解。最早的一部分农村精英，通过高考流入了城市（其中以东部地区为主）。至今，通过高考，农村精英流出，仍是掌握科技知识最多的一部分农村精英流走的主要方式；其次是大量的农民工的流出，大量的农民工进入城市，尤其是东部地区的城市，他们从城市学会了工业化、现代化过程中的科学和技术。因此，农村精英掌握工业文明（科学和技术）的人数是极多的。但是，我们应该看到，中西部农村精英仍然处于净流出状态，回流潮没有出现。

在不平衡不充分发展的大背景下，中西部乡村的振兴，人是最根本因素。在精英净流出的大环境下，留下的“三八六一九九”部队（妇女、儿童和老人）不足以承担振兴重任。只有让精英回流，尤其是掌握科技知识的精英回流，让他们成为新时代乡村的乡绅，中西部乡村振兴才有希望。

新时代中西部乡村振兴，需要乡绅复兴，但是体制机制都阻碍了精英回归成为乡绅。掌握工业文明的出身于中西部乡村的科技人员，他们有能力振兴乡村。只有用工业文明去复兴农业文明，实现农业文明与工业文明

---

① 习近平：《决胜全面建成小康社会　夺取新时代中国特色社会主义伟大胜利——在中国共产党第十九次全国代表大会上的报告》（2017 年 10 月 18 日），人民出版社 2017 年版，第 10 页。

② ［美］吉尔伯特·罗兹曼主编：《中国的现代化》，国家社会科学基金“比较现代化”课题组译，江苏人民出版社 2003 年版，第 2 页。

的融合，创造出新的农业文明，尤其是在新时代复兴乡绅，中西部乡村振兴才有希望。

二　“新农村”产业的复兴

在发展不平衡不充分的背景下，中西部乡村的振兴需要有农业文明（乡村文明）的复兴，这个文明的复兴，不是传统中国农业社会的乡村文明的重现，而是在延续传统文明的基础上，与现代工业文明融合后的全新的文明。“现代化是人类历史上最剧烈、最深远并且显然是无可避免的一场社会变革。是福是祸暂且不论，这些变革终究会波及与业已拥有现代化各国模式的国家有所接触的一切民族。现在社会模式无一例外地遭到破坏，现代化总是成为一种目标，尽管搞现代化的决心在程度上大小不一。”① 中西部乡村振兴，需要以现代工业文明复兴乡村各行各业。

中西部地区传统乡村以渔樵耕读为代表的各业共同构筑了稳态的农村社会，乡村振兴的业态不可能再回到传统农业社会中去，中西部乡村振兴应该是适应新时代农村发展的新产业。

“新农村”建设事业源于党的十六届五中全会，党中央提出了按照“生产发展、生活富裕、乡风文明、村容整洁、管理民主”的要求，扎实推进社会主义新农村建设。经过十多年的建设，中西部一些乡村建设取得了较大的成果。但是，新农村建设总体上局限于农村的建设，尤其是局限于农村“外貌”——村容的建设。

中西部乡村应该在振兴的契机下，调整新农村建设的方向。新农村建设应该转向产业复兴上，在传统产业的基础上，实现现代化农业。党中央提出实现农业现代化有几十年了，但是农业的现代化是“四个现代化”当中发展最慢的现代化，中西部乡村振兴的方向应该放在农业产业的现代化上。

农业产业的现代化，不能再局限于农村内部。现代化是工业文明的产物，工业文明的成功离不开“资本”的生产。中西部乡村振兴应该具备能

① ［美］吉尔伯特·罗兹曼主编：《中国的现代化》，国家社会科学基金“比较现代化”课题组译，江苏人民出版社 2003 年版，第 3 页。

吸纳资本自由进入农业产业的能力，如果资本能自由地进入农业产业，并获取不低于社会的平均利润，那么农业产业将在自由竞争的基础上实现繁荣。而农业产业繁荣，则中西部乡村就具备了振兴的外在要素。新农村产业的复兴，无疑是当前不平衡不充分发展背景下中西部乡村振兴追求的方向。

三　“新社会”传统的复兴

经过40多年的改革开放，中国的城市，尤其是东部地区的城市，已经进入工业社会，部分城市甚至可以看作已经进入“后工业社会”，这样的“社会”也是老龄化社会，与此相对应，我们需要有一个“新社会”来解决老龄化社会的养老问题。中西部乡村振兴战略确立之后，为解决社会养老问题提供了新的方向。

我们大家在现代社会，尤其是生活在城市中，变得不自由了，“物质成就给文化带来的最普遍的危险在于：由于生活条件的改变，人大量地从自由进入不自由的状态。过去耕作自己土地的农民，现在成为在大企业操作机器的工人；手工业者和独立商人成为职员。居住在自己家里与滋养他的土地保持直接关系的人所具有的那种自由，他们则失去了”。① 现代城市生活中，居住于住宅森林中的人们往往“老死不相往来”，对门居住不相识。工业文明导致了人的孤立与孤独，群体关照的可能性失去。

与城市住宅森林相对，中西部乡村仍然保持着“熟人社会”的传统，人与人之间的关照成为乡村社会一个重要组成部分。只要生活能自理，处于这种熟人社会，人与人之间能做到互助与沟通，这正是老龄化社会养老所缺少的。

中西部乡村振兴是契机，如果战略实施的方向正确，非常有利于建立一个“新社会”来解决养老问题。越来越多的城市老人，他们中大多数根在乡村，如果中西部乡村适合老人居住，尤其是创造了适应养老的新的“社会”形态，将吸引大量的城市人口回归乡村，乡村也能成为人们争相

---

① ［法］阿尔贝特·施韦泽：《敬畏生命——五十年来的基本论述》，陈泽环译，上海人民出版社2017年版，第38页。

奔向的地方，那么乡村振兴的方向也就找对了。哪怕大量的人群在城市与乡村中不断切换，成为双栖人，他们也将给中西部乡村带来复兴的机会。而在中西部乡村建立适合养老的全新“社会”，事实上并不太难。

第四节　留住乡愁：中西部乡村振兴的途径

中西部乡村是发展不平衡不充分最典型的地区，其振兴首先要从人的因素着手，以乡愁引凤回巢，让流出的精英回归；其次要从产业上着手，传统农业难以吸引市场上的资本进入，需要用工业化来改造农村产业；最后要从人居社会着手，让新农村成为最适合人居、养老的地方，这样就会有越来越多的人落叶归根，回归农村。

一　引凤回巢：中西部乡村召回精英以振兴

当乡绅成为历史时，它说明了历史已经超越了乡绅。“历史上，中国受儒家思想影响很深。受过良好教育的精英在社会中享有特权，处在社会的中心。作为儒家思想的解说人和传播者，知识分子在传统中国社会扮演着不可替代的重要角色。他们一方面为政治秩序提供合法化的解释，另一方面维护社会的道德规范。”① 1949 年中华人民共和国成立之后，打破了旧的“政权、族权和神权”的制约，旧的乡绅失去了存在基础。但是，新的理论的制度机制又不足以替代传统乡绅，中西部乡村的治理在一定程度上失序。“1953 年，中国政府实行农产品统购统销政策，以补贴工业化。1958 年实行的户籍制度极大地限制了人口流动性，尤其是农村人口向城市的迁移。这两个政策都严重地伤害了农民的切身利益。”② 而 1978 年之后的改革开放，在极短的时间内释放了农业的创造力。40 多年的精英流失过程，成为中西部乡村不平衡不充分发展的重要原因。

中西部乡村在产业未发展起来、环境不太适合人居的前提下，既阻挡

① ［英］罗纳德·哈里·科斯、王宁：《变革中国：市场经济的中国之路》，徐尧、李哲民译，中信出版社 2013 年版，第 15—16 页。

② ［英］罗纳德·哈里·科斯、王宁：《变革中国：市场经济的中国之路》，徐尧、李哲民译，中信出版社 2013 年版，第12 页。

不住青壮年的乡村精英继续流出，更不可能让青壮年精英回流。没有人，尤其是拥有现代工业文明的精英回流，中西部乡村振兴难以看到希望，相反中西部乡村的空心化会越来越严重。

历经改革开放后，20 世纪 70 年代末恢复高考，大量的农村知识精英进入国家体制；20 世纪 80 年代民工潮，大量的农村产业精英进入东部地区务工，成为工业化、现代化的建设者。这个时期的农村精英，主要集中在城市，尤其是东部地区的城市，其中不乏功成名就者，若在传统中国，这些精英来自乡村，将乡村文明带入城市，与城市文明融合后，最终大多会落叶归根，回归乡村，将知识和产业带回乡村，成为乡村社会的支撑（乡绅）。这些功成名就者，他们有着浓厚的乡愁，其对生于斯长于斯的乡村有着不可割舍的依恋。

但是，当前的体制阻隔了流出的精英乡愁在乡村归根之路。由于城乡二元分治，知识精英进入体制，成为城市的一部分，现有的体制将其排斥在乡村之外，仅土地依户籍而定这一条，切断了知识精英落叶归根的可能，哪怕他们想把乡愁留下，现有体制没有给他们“立锥之地”，传统被体制所割裂，最有可能成为中西部乡村的新“乡绅”群体无法落地。

党的十九大报告中提出的“乡村振兴战略”，让中西部乡村召回知识精英成为可能。只要在政策上加以引导，改革现有的二元分治的体制，乡村文明就可能复兴。“中国人在使中国的传统文明走进自己的博物馆的过程中，在不妨碍变革的情况下，又保持传统文化的连续性。他们的现代革命——在反对这个世界的同时又加入这个世界，在抛弃中国过去的同时又使用他们自己的过去——是一个建设他们自己的博物馆的长期奋斗的过程。”①

中西部乡村的振兴战略，首先要从人的方面着手，引凤回巢，给从乡村走出的功成名就的知识精英一条落叶归根之路，就可以吸引大量的知识精英回归，哪怕是候鸟式城乡两栖，只要知识精英回归于乡村，就可以带来知识回流、财富回流、服务回流，有了这样的精英群体支撑中西部的乡

---

① ［美］列文森：《儒教中国及其现代命运》，郑大华、任菁译，中国社会科学出版社 2000 年版，第 383 页。

村社会，振兴就有希望了。

二　引入资本：中西部乡村创新各业以振兴

中西部乡村经济以农耕生产为主，“中国的经济生活属劳动密集型，也就是说主要靠人的体力。农业从种到收一周期需要耗费大量人力”。① 传统乡村最值得骄傲的副业——丝绸业，同样也要耗费无穷无尽的劳力。极端辛苦而且工业产业收益相对低很多的这种劳动密集型产业，无法吸引流出的各业精英，人是讲利益的，同样的人从事农业产业收益低，在自由市场条件下，必然会流向工业产业，这是东部地区与中西部乡村发展不平衡不充分的重要原因。以农耕为主业的中西部乡村，大量的产业精英外流，即便有浓浓的乡愁也拉不回流出的产业精英。中西部乡村要振兴，就必须在产业上作出根本性的改进。

相对于工业文明，市场经济在生产过程中，资本在市场利润的作用下，能够在产业之间不断流动，哪个产业有较高盈利就会引发资本的流动。“西方更早进行的工业化反映了其体制上的优势，早在蒸汽动力或工厂体系到来并传播之前，不列颠群岛就有发展为大众消费社会的可能性。即便当工业技术几乎可为全球国家所采用之后，东西方之间的差异仍然存在；事实上，其差距还进一步扩大。欧洲人或北美人配备了全标准化的棉布和织布机，因而也就能以更高的生产效率工作，他们的资本家雇主也能更迅速地积累财富，这是其东方对手所无法企及的。”② 自由流动的资本在自由竞争的原则下，可以推动社会所必需的产业的快速发展。工业文明的欧美就是这样发展起来的，中国东部地区也是这样发展起来的。中西部乡村的农业文明也是被这种工业文明冲垮的，中西部乡村的振兴，也必须在延续传统农业文明的基础上，吸纳工业文明的成果。引入工业资本，创新各业，才能振兴乡村。

长期以来，中西部乡村的公共政策采取非资本化、非市场化的治理方

---

① ［美］费正清、赖肖尔主编：《中国：传统与变革》，陈仲丹、潘兴明、庞朝阳译，江苏人民出版社 2012 年版，第 11 页。

② ［英］尼尔·弗格森：《文明》，曾贤明、唐颖华译，中信出版社 2012 年版，“序言”第 XLⅦ页。

式，严重影响了乡村的发展。以房地产业为例，改革开放的40多年就是城市化的40多年，其中房地产业对城市发展起着一定的支撑作用，许多地方的城市也以土地财政作为其财政收入的主要来源。改革开放也让城里人——尤其是东部一线、二线城市的人群享受到了改革的成果，十年来数倍增长的房价，成了东部地区人们更加富裕的重要因素。相较而言，中西部乡村治理中排除了乡村房地产成为商品进入市场流通的可能，同样在东部地区务工的中西部产业精英回乡自建的住宅也成为中西部地区的“沉没”资本。最终产生了令世界震惊的中国基尼系数长期超越警戒线，中国社会现在没有出现动荡，并不等于永远不会出事，只是警戒没有达到临界点，突发事件仍在潜伏期而已。

最近的乡村治理公共政策有所改观，2018年年初自然资源部表态：“将研究制定权属不变、符合规划条件下，非房地产企业依法取得使用权的土地作为住宅用地的办法，深化利用农村集体经营性建设用地建设租赁住房试点，推动建立多主体供应、多渠道保障租购并举的住房制度，让全体人民住有所居。”[①] 农村用地市场化问题将有所改观，但仍然不允许回乡建“别墅”。理论上说，我们无须害怕城里人到乡村建别墅，我们害怕的是可耕地因建房而缩小。城里人到乡村建别墅不等于可耕地的缩小。乡村有大量的闲置住宅用地，更有大量的低效利用的住宅用地，还有因为空心化不断倒塌的住宅用地。在城市都允许建别墅，在广阔的中西部农村反而不让建别墅，要将农村流出的知识精英、产业精英吸引回归，实现落叶归根，现有的乡村治理政策必须改革。

经历40多年的发展，较发达的城市，尤其是东部地区的一线城市，大量的居民已经拥有了不菲的资产，剩余资金数量很多，中西部乡村是未来资本流入的重要的区域，如何才能实现引凤还巢？放开中西部农业产业，创新中西部农业产业，招引城市资本返乡，这是其振兴的重要途径。只要有源源不断的人流、资本流、物流流向中西部乡村，振兴就指日可待。扫清流向中西部乡村人流、资本流、物流的障碍，是当前中西部乡村深入体制改革的重中之重。

---

① 《政府将不再是居住用地唯一提供者，意味着什么》，《北京青年报》2018年1月16日。

三　中西部乡村熟人养老以振兴

支撑进一步工业化、现代化，就必须有更多的资源和能源为基础，而地球恰恰越来越难以支撑我们今天的现代化发展模式。即便中国传统农业生产方式对大自然的需要最少，我们也无法再回到农耕时代。现代化推动乡村从属于城市，也导致乡村日益缺少田园风光的吸引力。昔日令无数文人雅士倾倒的田园风光不再，更多的人迁居城市建筑森林中。城乡之间，东部与中西部之间，发展不平衡不充分状态出现，人与自然开始隔离，天人合一环境被打破。

党的十九大提出的乡村振兴战略，让中西部乡村看到了未来。“儒家文化所推崇的是非职业化的人文理想，而现代的时代特征则是专业化。在现代世界里，儒教的‘中庸’特性已没有存在的余地，它不再是可供选择的一种方法，而成了来自新的权力中心之新精神的对立物。”① 工业化、城市化培育了大量的专业化人才，发展了现代经济。而中西部乡村社会则更需要非职业化的人文环境，中西部乡村凭借着熟人社会传统，可以建立起适合人居的传统社会生活。

东部地区的城市正在形成城市群，城市的优势和劣势都在显现，大城市的城市病以及城市生活的孤立和孤单，让许多来自中西部乡村的专业化的精英有了更多选择，他们在城市掌握了现代工业文明的各业专业化知识，但是法律化社会使他们到了一定年龄必须离开工作岗位回家养老。因现代生活条件、医疗条件的改善，人均寿命近八十岁，退休而健康的工业化人才，失去了用武之地，同时也失去了通过工作与人交流的机会。

许多老年人仍然对中西部地区的故土有着深深的眷念，有着永远挥不去的乡愁，但环境无法让其落叶归根。中西部乡村振兴是田园风光再现的重要机遇，乡村是熟人社会，城市专业化人才归乡定居，既是将工业文明带回乡村，又是改善乡村的人居环境，因为他们仍然可以通过自己的服务来改进乡村。传统中国精英回归就是对乡村的再造和文明提升，今天，

① ［美］列文森：《儒教中国及其现代命运》，郑大华、任菁译，中国社会科学出版社 2000 年版，第 367 页。

“中国当前社会发展的实质是各种新兴力量和传统的习惯及思维模式之间的相互作用，而新兴力量不少又源于西方”。[①] 乡村所缺少的工业文明，可以由新的群体来提供，传统与现代的融合，中西部乡村就可以进入一个新的发展阶段，即乡村振兴的阶段。

在传统中国，西方工业文明冲垮了中国传统的农业文明，历史上“东西方的差异是体制性的。西方赶超了中国，从某种程度上说，是因为不论在政治还是在经济领域，西欧都存在更强的竞争力”。[②] 今天，中国同样也要完成工业化、现代化，我们能强大的重要原因是，我们不仅认真地学习工业文明，我们还能将工业文明的优点与中国传统农业的优点结合。中西部乡村振兴，在这种文明融合的基础上具备了条件。制定正确的公共政策，就可以引导中西部乡村建立适合人居的田园社会环境，让更多的人落叶归根，让更多的老人愉快地融入乡村的田园之中。

① ［美］费正清、赖肖尔主编：《中国：传统与变革》，陈仲丹、潘兴明、庞朝阳译，江苏人民出版社2012年版，第2页。

② ［英］尼尔·弗格森：《文明》，曾贤明、唐颖华译，中信出版社2012年版，“序言”第XLVI页。

第三章　新型城镇化过程中乡村振兴的文化基础

第一节　兴盛与衰败：乡村文化历史上的优异及对新型城镇化的不适应

中国有着几千年的农业社会文明史，农业文明造就了具有田园特色的乡村文化。与其相对应的是城市文化，中国几千年的农业社会中也有城市文化。两种文化同时存在，同时兴盛，相互关联。乡村文化是城市文化的根基，一代代学子经由科举从乡村向城市转移，然后又以告老还乡的方式从城市回归乡里。城市文化与乡村文化，由这些文人墨客不断传播而交融。城市文化与乡村文化无高下之分，相较而言，城市文化聚集官僚与士人，而乡村文化则是创造城市文化之人的根，他们中绝大多数人，最终会选择回归故里，成为乡村文化的重要组成部分，尤其是成为乡村文化的支柱——乡绅。隐居乡里的陶渊明就创作了清新自然的《饮酒》诗，他将乡村的田园风光描绘得如此美丽，以至于历史上有众多的士人甘于退隐乡村，成为乡村文化的传播者和延续者，甚至成为乡村道德规范的践行者和维护者。

农业社会的乡绅主要包括各种原因还乡的官吏以及有功名或者学衔的文人，他们与乡村社会的地主或富商相比有一定的差异，地主或富商主要侧重的是经济地位，属于农村社会的上流，但他们不一定是当地的名流；而乡绅，既是上流又是名流。且大多数乡绅也身兼地主或儒商。更重要的是，“绅士们拥有道德和知识权威，通常被视为做人的表率和排疑解难的顾问、智囊”。[①] 乡村社会的农民质朴而少文，他们对于儒家的大道理或国家法令可能不大懂，但他们非常重视乡绅给予他们的指导，以及乡绅自身的修身齐家之举。修身齐家，这是农民也能做到且必须做好的事。修身齐家才能有一个好名声，才能在乡村社会有一席之地。乡绅能以自己的行为及其文化解说来指导农民如何行动。这就是乡村社会趋向稳定的社会基础，进而形成了稳态的乡村文化。有了稳态的乡村文化，加上恬静的田园风光，安逸的乡村生活总是无数文人墨客的最爱，哪怕身居偏僻的小村庄，也能教化出符合儒家要求的乡风民俗，甚至一些退隐名士还能教化出社会名流。如明朝大学士王鏊归隐苏州东山镇陆巷村办学堂，唐寅、沈周、文徵明均由其栽培。

然而近代以来，乡村文化失去了往日的光彩，乡村文化开始由盛转衰。乡村文化衰败的主因有二，一是工业文化的冲击。西方工业文明以其高效的生产率、创造力，远远超越了农业文明。西方国家以其工业文明的先进尤其是武器的先进，强行打开了中国的大门，农业文明渐趋衰败，乡村文化由此失去了经济基础，乡村逐步被纳入了城市文化的体系，乡村精英逐步向城市集中。一部分地主、富商追逐城市利益向城市集中，在近代就流传着“一等地主去上海，二等地主去武汉，三等地主去长沙”之说，这是当时乡村精英流失的写照。二是西方文化的冲击。中国历史上有过多次外来文化的冲击，中原也曾多次被外族所占领并建立朝廷，无论是蒙古族还是满族，其统治汉族大地之后，仍不免被汉文化同化，乡村文化仍然保持着传统的连续。只有这一次的西方工业文明，它以其独特的现代科学体系以及高效的产出，让中国文化备受冷落，乡村文化也不可避免地陷入困境，国人重西学，轻中学，擅长儒学的乡绅再也不能成为农民修身齐家的楷模，乡绅所开设的儒学校也鲜有人问津。西方文化冲垮了乡村文化存在的社会基础，乡绅在失去生存基础后，一部分向城市转移，一部分在村落中没落。乡村社会田园风光依旧，却无人有心看风景。

中华人民共和国成立后，在计划经济时期，乡村文化有过短暂的复兴。计划经济时代，人被区别为工人和农民，工人生活在城市，农民生活

① 王钧林：《近代乡村文化的衰落》，《学术月刊》1995 年第 10 期。

在农村。农民被钉牢在农村，党培育了大量的乡村干部，党员干部成了乡村社会新的精英，他们传播和执行党的路线、方针，推动农村社会建设，一种区别于乡绅为主导的乡村文化出现。乡村仍然不发达，但乡村有了自己的文化，这种文化以国家倡导的社会主义文化为主体，其间夹杂着乡村的传统。

进入21世纪，在市场经济建设的浪潮中，城镇化建设逐步推进。市场经济打破了人口不允许流动的计划经济樊篱，城乡收入的差距，驱使人们去城市务工。长期被党和国家培育起来的乡村党政精英，因其拥有宽阔的视野和相对较多的知识，他们率先向城市进军，这就造成了农村精英的大量流失。失去精英支撑的乡村文化也就失去了根本，田园风光无限好，只是近黄昏。

而进入新农村建设、城乡一体化建设、新型城镇化建设过程中，乡村进一步发生了巨变，乡村文化进一步受到了冲击。在新型城镇化建设过程中，各地城镇发展速度加快，城镇以其优质的公共服务和便捷的公共设施，更能满足人的基本需要，城镇在就业、入学、就医等方面的优势，吸引了大量的乡村人口向城镇转移，新型城镇化也将大量的乡村"化"为了城镇，乡村文化赖以生存的物质基础——村庄正在快速消失。乡村文化，"皮之不存，毛将焉附"？

第二节　离土与牵魂：新型城镇化的地理聚集及乡村文化的天人合一

改革开放40多年，乡村的生产力得到释放。一般认为，同一劳动力，从事工业生产所创造的价值数倍于农业生产。将农民从乡土中解放出来，是中国改革开放的最大成就之一。农民离土向城镇流动，是不可阻挡的时代潮流。

一　农民离土，聚集城镇

农民在多种时代背景下离土进城，而农民离土进城又促进了新型城镇化的地理聚集。

其一，计划经济时代，城乡分割，城镇及其居民被人为地划分为高一等级。城镇及其居民依靠国家计划确保了更好的生存和生活条件，有更好的公共服务，也有相对丰富的文化生活。城镇令无数乡土农民向往，当放开社会流动限制之后，无数农民首选进入经济较发达、有着更高收入的沿海地区城镇打工。农民离土，创造了城镇化发展的条件。早期英国资本主义发展离不开“羊吃人”的圈地运动，圈地运动迫使农民离土成为城市工人；中国的城镇发展建立在农民自觉离土的基础上，它促进了城镇产业的飞速发展，而城镇产业的发展，推动了城镇圈地，城镇周边的乡村逐步被圈入城镇之中。城镇摊大饼式地圈地，农村盼通过征地进入城镇成为城镇的一部分，两者合力推进城镇化。人口向城镇聚集，乡村逐步减少，乡村文化也就随之消失。

其二，农民离土及向城镇聚集，也与人们的观念有关。人们在观念上，“往往将乡村看作是经济落后的或具有经济发展潜力的地方，一厢情愿地认为只要创造条件使乡村经济发展了便一了百了，而没有将乡村看作是涵括活生生的个人和群体的文化空间，没有看到他们是凭借自己的生活传统与文化创造在赋予生活意义，经济的穷富只是幸福感的众多维度之一”。[①] 工业化道路带来了国强民富，但是，如果在城镇化过程中仅将乡村等同于落后，看不到乡村发展在中国这样一个人口大国的意义，就很难从根本上解决中国新农村建设的质量问题。一味地强调农民离土并向城镇聚集，而不重视农村的发展，乡村及其乡村文化的没落则为时不远。

其三，农民离土及向城镇聚集，还与政府长期执行的非均等的财政政策有关。乡村因其地域辽阔分散，从来就不是政府财政投入所眷顾之地。自中华人民共和国成立以来，城乡之间的公共财政投入始终没有做到均等化，其结果是乡村基础设施建设极其落后，乡村公共服务也很落后。要想在乡村享受田园风光，居之不易。城镇有更多的就业机会，有更好的公共服务，有优质的教育资源和医疗资源，城乡差距越来越驱赶着人们向城镇聚集。放弃家园，有时也是乡土中国无奈之举。乡村文化从其依存的人及环境，几近破坏殆尽。

---

① 李松：《城镇化进程中乡村文化的保护与变迁》，《民俗研究》2014 年第 1 期。

二　城市危机，崩溃险情

如果说城镇能够实现人的全面发展，那么放弃乡村文化，让人类尽可能向城镇聚集就情有可原了。但是，城镇尤其是大城市，在人口快速聚集之后，频发的城市病让人类反思。城镇化不是人类发展的唯一路径，保护乡村及让乡村文化延续同样很重要。城镇尤其是大城市人口超量的聚集虽说是现代社会发展的必然，而且这一趋势还会继续发展下去，中国的城镇化将是未来几十年内推动社会发展的最强动力，但是，在总体发展趋势确定的前提下，我们需要看到新型城镇化，并非要将全部农村人口转移至城镇，更不是要铲平乡村、消灭乡村，未来城市与乡村的人口流动将是双向的、互动的。当前单一流向消灭乡村及其文化的城镇化道路，不应是新型城镇化的唯一选择，城镇尤其是大城市的城市病正让人警醒。

中国是人口大国，人口流动的管制放松之后，自由流动造就了大批大城市甚至是特大城市，“北上广”都成为庞然大物，一个复杂的城市社会已经形成，超大城市不是我们期望的，但它还是与我们不期而遇，这种复杂社会是人类社会发展的不规则状态，“如果从我们自身的发展历史来看，复杂化和阶层化其实是一种异常现象，而且它一经出现，就必须时刻不停地加以强化。领袖们、党派们和政府们需要不断地建立和维护自身的合法性。这种努力必须具有真正的物质基础，也就是说一定要在某种程度上及时满足民众的需求”。[①] 维持一个复杂的城市社会的运转，需要不断地调动资源，这是复杂社会必须承担的成本。在复杂化的城市社会最初投入的大多是用于未来经济增长的社会投资，但这种状态不会持续太久，城市化速度越快，维持城市人类组织运转的组织性解决方案成本会不断增加，城市正常运转的拐点即将到来：“继续进行复杂化的投资不能获得同比收益，边际回报率开始下降，单位投资带来的收益开始下降。投资的比例增幅越大，收益的比例增幅越小。”[②] 日益严重的城市交通堵塞、城市污染、能源

① ［美］约瑟夫·泰恩特：《复杂社会的崩溃》，邵旭东译，海南出版社2010年版，第263—264页。

② ［美］约瑟夫·泰恩特：《复杂社会的崩溃》，邵旭东译，海南出版社2010年版，第266页。

供给紧张等问题，都是复杂社会物质投入跟不上城市化的进程造成的。城市的危机局面已经到来，而能解决大城市危机的手段也会越来越少，大城市尤其是复杂化的特大城市进入了越来越容易崩溃的阶段。危机频现，出路不多。

三　乡村牵魂，天人合一

中国乡村及其文化是中国传统文化之根。历史上，中国的乡村是中国社会繁荣的基础，中国的乡村创造了世界史上少见的持续千年以上的强大经济实体。“对中国的经济繁荣，也许我们不应如此惊讶，因为在其悠久的历史长河中，中国一向以世界最大经济体的形象问世，直至 19 世纪中叶。”[①] 如果说未来有哪个国家会取代美国在世界市场上的地位，那这个国家无疑就是中国。中国超越美国成为世界第一大经济体，这在不久的将来会成为事实。中国成为第一大经济体是否只能依靠工业化、城市化，而不需其他，则是一个值得我们深思的问题。

有的学者已经认识到城镇化发展道路的多样性以及保持这种多样性的重要性。美国学者贝利认为，“20 世纪快速城市化过程中，通过对世界不同部分的比较，使我深信，尽管城市化存在很多共性，但可以肯定不会只有一种，而是多种路径，各自的成因及相应后果不同。现在许多实用型城市学家也开始认识到要构建新的理论框架，以应付不同的社会政治背景下的城市化过程研究”。[②] 中国是一个大国，人口快速涌入大城市已经导致了大量的城市发展危机，检讨现有城镇化发展模式后，人们在确认城镇化仍将持续发展下去的同时，还需要重点认识中国乡村在新型城镇化过程中的发展模式，简单地消灭村庄的模式，虽然可以加快城镇化，但它也消灭了乡村文化，消灭了中国的部分传统。中国仍将在未来很长时间内走城镇化道路，城镇尤其是超大城市人口聚集的发展模式，着实让人看不清未来是否能做到可持续发展。在这种背景下，如果全国快速消灭乡村及乡村文化，将来也就失去了找寻发展新路的可能。

---

① ［美］戴维·S. 梅森：《美国世纪的终结》，倪乐雄、孙运峰译，上海辞书出版社 2009 年版，第 174 页。

② ［美］布赖恩·贝利：《比较城市化》，顾朝林译，商务印书馆 2010 年版，第 5 页。

乡村文化是中国的传统文化，延续至今有其存在的理由。“传统文化是数千年来中华民族德慧术智的结晶。传统文化中还有许多为我们所独创、为洋人所不及的优秀成果，这些优秀成果集中反映了我们民族固有的根本精神。”① 工业化、城镇化能够带来当前的繁荣，但它需要大量的物质以支持其发展，而中国恰恰缺少能持续支撑城镇长期发展下去的能源和资源，如何可持续发展是新型城镇化过程中不可回避的难题。

让中国退回到以乡村文化和乡村发展来支撑中国经济的状况，已绝无可能。但这不排除保护乡村、维系乡村文化。城镇化和保护乡村文化两者是可以调和的，“针对西方文化的强烈冲击，许多亚洲国家都已开始寻找‘失去的根’，试图重新挖掘传统文化之精髓，重建文化本土之内涵。中国的农村工业化和城市化正处于起步阶段，在发展现代工业文化的同时必须要重视传统文化的发展。而乡土文化圈的形成，无疑会有利于传统文化的再现与发掘”。②

中国的乡土是无数人的根，从乡村转移出来的人们，对乡土的依恋是进入城镇后必不可少的乡愁。在离土不离乡的背景下，乡村及其文化让无数人魂牵梦绕。乡村社会及乡村文化有城镇所没有的优势，乡村生活方式对资源的依赖较少，乡村有着优美的自然环境（田园风光），居住在乡村是中国传统文化中尤其推崇的一种天人合一的生活方式。城镇化冲击了这种可持续的生活方式使其衰败，未来挽救城市文化发展的不可持续，乡村及其文化应该是一个重要的选择。在快速城镇化的过程中，需要人们未雨绸缪，是时候保留中国传统文化之根了，乡村文化以其独特性让我们重视，在新型城镇化建设过程中，保护乡村文化与发展城镇应该并行。

第三节　回归与延续：新型城镇化的道路选择及乡村文化的可持续发展

新型城镇化的道路并非只有一条，作为后发国家的中国，应总结世界

① 王钧林：《近代乡村文化的衰落》，《学术月刊》1995 年第 10 期。

② 甄峰、宁登、张敏：《城乡现代化与城乡文化——对城市与乡村文化发展的探讨》，《城市规划汇刊》1999 年第 1 期。

城市化的经验和教训，根据国情走自己独特的多方向的城镇化道路，保留乡村，适当回归乡村，延续乡村文化也是一条重要的城镇化发展道路。

一　选择道路，适当回归

工业化发端于西方国家，伴随工业化的城镇化道路无疑打着西方国家的印记。人口不断地向城镇尤其是向大城市聚集，就是西方工业文明战胜农业文明后的产物。至今，这一条道路仍然能与工业化相适应。城镇化本应有多种道路选择，而现实并非如此，“现代史上最伟大的悖论之一：旨在为个体提供无限选择的经济体制，最终却导致了人类的同质化”。[①] 不管中国是有意还是无意，中国的城镇化道路，就如中国学习西方的工业化一样，走上了同质化的道路。西方的城市病在中国也显现出来，西方所没有的城市问题在中国也频现。中国是一个人口大国，人口向大城市大量聚集在最近的15年里出现了几何级数增长之势。它带来了中国的繁荣，它也带来了城镇对自然资源、能源极大的依赖。乡村社会及其文化决定其对自然物的需求相对较少，当然其创造的财富也相对少得多，但它是可持续的。可以这样说，若中国农业社会自明清以来不受西方侵略，乡村文化仍然主导乡村社会，可以肯定地说，中国的农业社会持续千年没有问题。当然，历史不容假设。今日中国的工业化道路带来了中国的繁荣，但是，没有几人敢自信地说中国这样的工业化道路也能发展千年。因为工业化及伴随着工业化的城镇化，对自然物的需求过大。工业化越深入，需求将越大，而地球上可用的自然物毕竟是有限的，有限的地球支撑不起无限需要的人类城市化、工业化。若中国城镇化后的消费能力像美国一样，那地球上可用资源离枯竭为时不远了。

中国的城镇化，是该做出道路选择的时候了。

尽管世界性的城镇化潮流裹挟着中国人口急速向城市聚集，尤其向大城市聚集，但在全面检讨城镇化过程弊端后，后发的中国就能从中做出更明智的道路选择。中国是一个具有超强历史和文化底蕴的文明型国家，它“不会跟着别人亦步亦趋，不会照搬西方或者其他任何模式，它只会沿着

---

① ［英］尼尔·弗格森：《文明》，曾贤明、唐颖华译，中信出版社2012年版，第183页。

自己特有的轨迹和逻辑演变和发展”，它“有能力汲取其他文化的一切长处而不失去自我，并对世界文明做出原创性的贡献，因为它本身就是不断产生新坐标的内源性主体文明”。[①] 包括乡村文化在内的中国传统文明，有其特质，它有更多的包容性和创造性，创造一种既符合城镇化又符合乡村发展的新型城镇化道路是完全具备条件的。

在不否认人口向城镇聚集尤其是向中小城镇聚集的城镇化前提下，保护乡村及其文化传统，是新型城镇化必须做出的选择。

首先，城镇化并不排斥城镇和乡村和谐地发展。城镇有着更高的生产率、更完善的社会服务；乡村有着令人着迷的田园风光，能让人与自然融为一体，做到人与自然的和谐。两者互融互通是很多国家在城镇化过程中的共同选择，如美丽的巴厘岛实现了舒适的城镇为稻田所环绕，韩国最令人羡慕的住宅也是可闻稻香的乡村别墅。现代城市的交通越来越便捷，适度回归乡村生活，逆向城镇化也是城镇化的一种形式。

其次，随着现代科技的发展，越来越多的产业不是特别依赖人口高度聚集的大中城市，有着天人合一田园风光的乡村，开始吸引一部分产业（如宅居工作者）远离城市到居住成本较低的乡村，还有一部分以高科技农业为主体的产业更是迅速地转移到大中城市近郊的乡村，社会精英逆向城镇化给乡村文化带来了新鲜血液和新的文化单元。

最后，故土难离，曾经进城务工的农村精英在城市打拼多年后，拥有了现代工业化的生产和创造的经验与技术，回归乡村是其发挥所学的重要时机，返乡创业的高潮时期也将来临。

二　延续文化，持续发展

乡村及乡村文化，具有典型的中国传统，让这种传统延续下去，是我们这一代人对下一代人应承担的责任。对待乡村文化，最理想的应该是利用性地保护，这就是激活它的传统，并使它在现代的发展中产生现实效益。

① 张维为：《中国震撼：一个“文明型国家”的崛起》，上海人民出版社2011年版，第2页。

首先，延续乡村文化必须做到建立一个更合理的价值体系。在这个体系中，城市与乡村不应有高下贵贱之分，“目前建立在物质文明发展基础之上的先进与落后的判断，使得农村成为被抛弃的生存空间，如果没有土地价值的支撑，农村几乎是一无是处，乡土文化保护的呼吁不过是一种怀旧情绪的宣泄”。① 新型城镇化必须建立在大国土空间概念的基础上，城市和乡村同等重要，都是国家经济发展的重要组成部分。长期的城乡分离，将乡村当作落后的表现、多余的地方，这导致了乡村文化的一而再的没落。而“公共”财政更是有名无实，乡村从来没有进入“公共”范畴，“公共”财政仅对城市公共，乡村无“公共”可言。人为地政策性“放逐”乡村，现在必须进行检讨。重建乡村，深入推进新农村建设，保护和延续乡村文化正是当前社会发展所需。

其次，城市文化在当今社会的确有着优势，但是城市的可持续发展问题不容忽视。正因如此，中国的城镇化道路，不能掘了自己的根。乡村及乡村文化，是中国文明之根，我们应该理性地提出这样一个目标：“在未来中国社会的发展中，村落应该成为未来中国全体公民可选择的生活空间之一，而不分高端低端，乡村成为不少人愿意回去建设的地方，成为不少人生于斯长于斯的栖居的地方，这应当是中国村落发展的理想目标。但前提是，那时候富裕起来的村落还为未来保留着我们的精神家园。”② 在一个14 亿人口的大国，社会发展的道路必须是多样性的，单一的城镇化，尤其是向大城市急速聚集的模式必须停止。新型城镇化应该引导更多的人就地城镇化，或引导人们逆城市化，田园风光、干净的空气，这些都是那些像“北上广”那样的大城市所不具备的。如果将乡村建设成了宜居之地，且有优质的社会服务，那未尝不能成为现代人“告老还乡”的重要选择。当前，应该做的是延续乡村文化，造就可宜居的乡村。

最后，乡村生活是对自然物的需求最少的一种生活方式，它符合节约型社会的需求。城市可持续发展一直令人担忧，而乡村生活恰恰可以填补城市发展的缺陷。我们不反对城镇化，我们提倡给乡村留有一席之地的新

---

① 李松：《城镇化进程中乡村文化的保护与变迁》，《民俗研究》2014 年第 1 期。

② 李松：《城镇化进程中乡村文化的保护与变迁》，《民俗研究》2014 年第 1 期。

型城镇化，实现城镇和乡村的共同发展。“大多数的奢侈品，以及许多所谓的使生活舒适的东西，非但不是必不可少的，而且必定阻碍人类的崇高向上。就奢侈和舒适而言，最明智的人过着比穷人更为简单和贫乏的生活。”① 美国著名的环境规划师，宾夕法尼亚大学伊恩·伦诺克思教授在《设计结合自然》一书中也强调“设计要将城市与自然、城市与乡村有机地结合起来”② 的思想。新型城镇化建设应该包含对乡村发展的合理安排，要保证能延续乡村文化，要给子孙留下一片净土。正如梭罗所说：“我们每个人都可能有一块真正属于自己的地方，这块地方可能并不是我们现在正匍匐的地方，但并不是我们每个人都会出发去寻找它。它不仅是我们身体的栖所，也是我们心灵的故乡，精神的家园；它给我们活力，给我们灵感，给我们安宁。我们可能终老于此，也可能离开它，但即使离开，我们也会像安泰需要大地一样时常需要它。”③ 新型城镇化同样要保护乡村及乡村文化。

① ［美］梭罗：《瓦尔登湖》，王家湘译，北京十月文艺出版社 2009 年版，第 9 页。

② ［英］伊恩·伦诺克思：《设计结合自然》，黄经纬译，天津大学出版社 2006 年版，第 10 页。

③ ［美］梭罗：《瓦尔登湖》，王家湘译，北京十月文艺出版社 2009 年版，第 7 页。

第四章　新型城镇化过程中乡村振兴的高质量生活追求

中国特色社会主义进入新时代，“发展不平衡不充分，已经成为满足人民日益增长的美好生活需要的主要制约因素”。[①] 当前，中国发展不平衡不充分问题在乡村最为突出。中西部农村的发展明显滞后于东部农村和城市。乡村振兴战略为解决不同类型农村地区发展差距问题提供了解决契机。实施乡村振兴战略的实质命题是推动城乡一体化和农村内部的均衡充分发展。中西部乡村的一个比较优势是拥有丰富多样的田园风光和生态资源，因而可走开发和打造宜居田园生态之路，以宜居田园生态引领乡村发展和满足人民的美好生活需要。

第一节　生活质量：中西部乡村宜居田园生态振兴的关键节点

一方面，中西部绝大多数农村地区以农业为主要的产业形态，受工业化和城镇化进程影响较小，因而对自然生态环境破坏相对较少，大都保留了原生态的田园风光、自然资源，如各种特色的动植物资源和珍稀的矿产资源等，有先天的生态容量优势。另一方面，城市的高速发展与大规模扩张带来城市工作机会、城市生活便利等条件优势，对中西部农村地区产生一种“磁力”，吸引了大量劳动力到城市，农村呈现村庄空心化、田园生

① 习近平：《决胜全面建成小康社会　夺取新时代中国特色社会主义伟大胜利——在中国共产党第十九次全国代表大会上的报告》（2017 年 10 月 18 日），人民出版社 2017 年版。

态荒芜的窘境，需要进行宜居田园生态建设，挖掘自然资源，振兴乡村。

“田园”即田园风光、田园建筑、田园生活等。“生态”一词是一个系统性的概念，它既包括水、岩石、土壤、地形、地貌等地理要素，也包含各种生物如植物、动物和微生物等组成的有机自然环境。从社会生态系统理论的角度而言，宜居田园生态不仅仅包括上述构成内容，还蕴含一切适宜于人生存、生活与发展的实体要素，是农业生产、农民生活、农村环境的有机统一体。从辩证唯物主义的普遍联系原理看，宜居田园生态与人的生活质量处于相互作用、相互影响的关联之中。宜居田园生态是提升中西部农民生活质量的物质前提和环境基础，高质量生活则是中西部乡村宜居田园生态振兴的主要节点和目标指向。

习近平总书记指出，人民对美好生活的向往，就是我们的奋斗目标。① 改革开放40多年，人民对于美好生活的需要有了质的提升和全面扩展，涵盖了物质、政治、文化、社会、生态、人的全面发展等多方面内容。总体来说，新时代人民需要的变化趋势就是由生存型的需要向追求高水平生活质量的发展型和自我实现型的需要转变。② 进入“生活质量”的学术话语和实践话语追问中，可以发现，生活质量本身就是生态理论和生态建设实践内含的问题域。发展经济学家罗斯托从自然居住环境和社会构成两个方面研究了生活质量问题，在他看来，要提高人的生活质量，必须不断满足人们文化教育消费和环境生态需求。生态学家古迪纳斯认为，“美好生活”是建立在生物中心主义而非人类中心主义的思想体系基础之上的。显然，美好生活是一种高质量的生活，而高质量生活与自然、生态连接紧密。马克思虽然未明确提出系统性的生活质量理论，但其以人与自然的关系为基点精辟论述了人类生活与生态的关系：“人靠自然界生活。这就是说，自然界是人为了不致死亡而必须与之处于持续不断的交互作用过程的、人的身体。”③ 习近平总书记继承并创造性发展了马克思主义的观点，

① 中共中央宣传部：《习近平新时代中国特色社会主义思想学习纲要》，学习出版社、人民出版社2019年版，第40页。

② 任鹏：《新时代主要矛盾的新变化与协调发展的新要求》，《山东社会科学》2017年第12期。

③ 《马克思恩格斯文集》第一卷，人民出版社2009年版，第161页。

指出“人与自然是生命共同体”，因而“要建设天蓝、地绿、水清的美丽中国，让老百姓在宜居的环境中享受生活，切实感受到经济发展带来的生态效益”。①

国内关于生活质量指标体系的研究中，几乎无一例外地把环境或生态作为测量和反映居民生活质量状况的评价指数。目前有些中西部地区正在开展和实施的农村建设项目，如培育特色小镇、美丽乡村建设、打造田园综合体等不仅指向生态环境的保护、修复和建造，而且最终致力于农村经济发展和农民生活质量的提高。如果没有良好的宜居生态，中西部乡村的高质量生活就失去了根基，实现农民的美好生活需要就无从谈起；而宜居生态建设如果不以高质量生活为节点和目标，中西部乡村振兴也就失掉了灵魂和旨归。

第二节　发展落后：中西部乡村空有田园单向度倾斜城市生活

与东部农村地区不同，中部和西部农村地区的特点是以农业生产为主，缺乏工业和商业，经济发展缓慢。虽然在 1978 年改革开放后，中西部农村工业有了一定的发展，但到了 20 世纪 90 年代绝大多数工业企业都消失了，农民开始流动到城市或经济发达地区打工经商。由于缺少工业及各种非农业收入，农民主要收入来源有两类：一是农业，二是外出务工经商。这样的村庄要占到当前全国村庄总数的 70% 左右。②

对于农村流动人口外出务工经商的原因和条件，存在着多种理论阐释。“推拉理论”是最初和最具有广泛性的一种解释。此种理论对中国中西部农村人口转移和流动有一定的说服力。但是，中西部地区农民流入城市或发达地区从事非农职业，除了有推拉力量的影响外，还有更多更深层次原因，比如农村经济体制的改革以及农村劳动力流动政策的变革等。其中，城市生活方式的示范和引导作用，是引发大量中西部农村劳动力迁移

① 《习近平外交演讲集》第一卷，中央文献出版社 2022 年版，第 423 页。

② 贺雪峰：《论中国村庄结构的东部与中西部差异》，《学术月刊》2017 年第 6 期。

的重要原因。

城市生活方式与农村生活方式有着显著的分殊，它是以城乡具体差别为基础的。相对于农村特别是中西部农村而言，城市具有一系列标志性特征：市场经济发达、社会化程度高、开放性较强、文化繁荣丰富、人口构成多样化等。城市生活方式就是在此种独特的环境中孕育和生长出来的，所以，它是城市居民所独有的生活方式。从本质上说，城市生活方式表征的是一种现代或后现代的生活方式，而农村生活方式则是前现代化的生活方式。两种生活方式有着实质性的差异。由于城乡二元结构的逐步解体使得农民有很多机会接触到城市生活，且受其吸引。

一方面，城市生活发达程度较高，城市居民收入水平、消费能力和结构整体上都要高于和优于农村居民，城市生活的内容和种类比农村丰富，城市生活交通、通信也较之农村更加便捷和顺畅，这对农民产生了强烈的吸引；另一方面，农村经营体制的改革以及产业结构的调整，解放了农村生产力，释放了原本被束缚在土地上的大量劳动力，物质生活的不宽裕和对精神生活的渴望增加了大多数中西部地区农民对城市生活的向往，从而加速了农民流动到城市。根据国家统计局发布的农民工监测调查报告，2017年中国外出农民工17185万人，其中进城农民工13710万人，比2016年增加125万人，增长0.9%；从输出地看，中部地区农民工9450万人，比2016年增加171万人，增长1.8%，占农民工总量的33%；西部地区农民工7814万人，比2016年增加251万人，增长3.3%，占农民工总量的27.3%；中部和西部地区农民工增量占新增农民工的比例最高。从输出的形式看，中西部农村劳动力流动主要有两种：一种是最初的形式“离土不离乡”，以“中坚农户”为主体；另外一种是占主导地位的流动形式“离土又离乡”，以“代际分工为基础的半工半耕户”为主体。

随着进城农民工不断增多，中西部农村目前面临着劳动力老龄化、乡村产业衰败和田园资源荒废的多重困境。留守农村的大都是老人、妇女和儿童，还有少部分的生活困难农户，处于农村社会的下层，他们的收入主要源于种植自家承包土地，只能解决温饱问题，很难有节余，生活质量令人担忧。而“离土又离乡”单向度倾斜城市生活的农民工虽然在收入水平和经济地位上有较大的提升，可以划分到中西部农村社会的中上阶层群体，但总体上属于所在城市的偏下阶层。与城市居民相比，他们中的绝大多数人都存在着收入偏低、生产生活条件差、社会保障和权益保障不健全、公共服务不完善等严峻的现实问题，他们完全融入城市困难，生存生活质量低下，出现了城市身份和农民身份的“双重认同”危机。

第三节　宜居田园：中西部乡村供给高品质生态生活推进城乡融合

如前文所述，大批青壮年劳动力单向度倾斜涌入城市生活，使中西部乡村空心化、老龄化、衰败化，中西部农村成为城乡融合发展和美好生活建设中的突出短板。从生活层面看，中西部农村与城市差距明显，农民整体生活水平、生活质量远低于城镇居民；从生态的层面看，中西部农村空有农业生态，田园资源荒弃，人居环境差。同时，城市居民已具备高层次的生活需求和消费能力，对乡村风光、田园生态等方面的需求俱增。

目前，中国城乡高质量发展正在实现新旧阶段的跨越，即正处在城乡二元结构性的对立走向城乡融合的新阶段。从党的十六大首次提出统筹城乡发展，到党的十七大提出建立城乡经济社会发展一体化新格局，党的十八大提出形成新型的城乡一体关系，再到党的十九大提出实施乡村振兴战略、建立健全城乡融合发展的体制机制和政策体系以来，城乡区域发展协调性增强，城乡差距继续缩小。但是，城乡发展依然不平衡，2017 年，中国城乡居民收入倍差仍达到 2. 71，农业部门的劳动生产率只相当于第二产业的 22%、第三产业的 30%，低于世界 33% 左右的平均水平。加速中西部农村发展，是实现工农互促、城乡互帮、全面融合、共同繁荣的新型工农城乡关系亟待解决的问题。中西部乡村的振兴，不可能重走东部乡村的发展道路，因为东部农村抓住工业化的先机，在改革开放早期就已经实现了工业化并纳入东南沿海经济带中，已经成为劳动力输入地之一。由于历史和现实等多种原因，与东部发达农村相比，中西部农村土地仍主要用于农业生产，以普通粮食作物种植为主，工业基础设施差和生产技术不足，以及劳动者受教育水平低、交通密度低，使得长久以来的发展模式单一、落后，传统的农牧业生产成为支撑模式。所以，必须立足中西部地区农村自然环境及经济社会实际，深入分析其基本条件和适应特征，寻找振兴道路与模式。

中国中西部乡村地区地带广阔，土地面积和耕地面积占全国农村的比重大，矿产资源和能源资源密集，植物、森林湖泊、田园山水等自然资源丰富，极具开发价值。相对东部农村地区和城市地区而言，这是中西部乡村的一个天然优势和有利条件。在田园生态越来越成为稀缺资源的今天，中西部农村地区的这些田园风光和自然生态条件本身就是极其重要的生活原料和生活物质基础，又是可以开发的社会财富和经济财富，甚至可打造成可资消费的生态产业和田园产品。中西部乡村振兴的最优基础是田园生态。然而，中西部乡村田园资源大量闲置的问题突出，也面临着经营粗放、保护不力甚至人为破坏的威胁。一些村庄土地不同程度地撂荒，环境污染严重，绿水青山没有变成金山银山。在新时代，这些地区的乡村应该坚守“保护生态就是保护生产力，改善生态就是发展生产力”的理念，探索宜居田园生态建设模式，实现高质量生活目标。宜居田园生态，不仅可以为广大中西部农民提供高品质的生产生活空间，还能够吸引城市人口观光、休闲、旅游和居住，从而催生相关生态产业及其发展，带动城乡协调共同发展和提升乡村经济水平。通过宜居田园生态建设的乡村发展模式，在一定程度上可破解无工业不富裕的困境，成为中西部乡村强劲发展、缩小城乡差距、推进城乡融合发展的内生动力。

第四节　品味生活：中西部乡村宜居田园生态振兴的策略

2018 年 4 月，习近平总书记对浙江实施“千村示范、万村整治”工程作出重要指示。强调进一步推广浙江好的经验做法，建设好生态宜居的美丽乡村，让广大农民有更多获得感、幸福感。获得感、幸福感是新时代农民对“美好生活”需要的丰富和拓展。宜居田园生态是基于中西部乡村生态层面的一个振兴目标，是促进人与自然共生共荣的战略目标，更是农民高质量地生活并且品味美好生活的现实根基。中西部乡村宜居田园生态振兴是一个系统工程，它需要从观念到规划最后到实践的综合性重构。

一　中西部乡村宜居田园生态振兴，需要构筑生态文明理念

构筑尊崇自然、保护田园和绿色发展的整体生态文明观，即需要建立一套与乡村田园生态相契合的观念体系，包含自然至上、生态修复、节约资源和绿色生产等观念。只有观念体系深植于人的认识结构中，才可能形成人的意识自觉，并且塑造人的价值观念、行动逻辑以及行为实践。田园生态的观念体系的建构是保障与之相匹配的制度、规范和准则得以有效实行的基础性力量。

2018 年中央一号文件明确提出尊重自然、顺应自然、保护自然的原则，指出要把农村的山水林田湖草视作一个生命共同体，进行统一保护和修复。中西部乡村千百年来依赖自然并建设了拥有一定田园风光的生态环境，历来都是田园山水、人文乡愁的代名词，在守护和延续生态文明方面有着天然的资源优势、环境基础以及文化使命。但由于工业化和城市化的推进，一直以来农村粗放式的经营方式破坏了自然，农村生态环境遭到不同程度的破坏，传统农业社会时期人与自然天然合一的景象渐渐远去。

世界近代历史上最早主张人与自然和谐共处的是美国哲学家戴维·梭罗，在其著作《瓦尔登湖》中，梭罗对当时正在欧洲兴起的工业经济和旧日田园牧歌式生活的远去表示痛心。保护田园生态的理念表征着一种新型的生活观念，在这种新的生活观念中，自然不再是纯粹的客体，而是人类生活世界的主体和中心，是人类得以存活和发展可依赖的唯一载体；自然也不再是单纯的有用属性对象，它也是人们情感的和审美的对象。今天的中西部乡村建设，不是城镇化建设和工业化模式的机械植入、东部发达农村的翻版，而是贯彻宜居田园建设理念，保护山水基底、空间形态、乡村建筑、田园景观、农业自然风光，重塑和谐共荣的人与自然关系。对于中西部地区农民来说，良好的自然田园生态环境，不仅是他们生存生活的栖居场所和载体，也是农村的最大优势和宝贵财富，因而必须树立尊崇自然、保护生态的理念，要像保护眼睛一样保护生态环境，像对待生命一样对待生态环境，让良好生态环境成为农民生活质量的增长点，成为中西部农村经济社会持续良性发展的支撑点。

二　中西部乡村宜居田园生态建设，需要做好整体设计与规划

作为一项新的乡村建设实践，中西部乡村宜居田园建设亟待做好合理的系统谋划。根据国家乡村振兴战略规划要求，遵循中西部各地乡村实际和发展规律，科学制订建设行动的总体计划，明确行动理念、建设目标、政策措施和制度保障，指导各地区乡村分类有序实施和推进宜居田园生态建设。

中西部乡村田园生态建设应坚持何种理念至关重要，是整体设计中必须优先考虑的问题。田园生态建设发轫于生态至上、绿色发展的理念和诉求，并格外注重维持或还原传统乡村的韵味，在此基础上进行原空间样态、原生态结构和原文化根底建造。也就是说，以山水、田园牧歌、乡愁守望为内容的主体架构是宜居田园生态乡村建设要达成的首要目标。

除了生态学理念，经济学、社会学、美学等都是田园生态建设可以借鉴的理论资源。比如，从经济学来看，田园生态乡村是能够发展地方产业和保证农民就业增收的；从社会学视角看，田园生态是融合农业生产生活和农村生态环境的有机统一体；从美学视角看，田园生态是适宜观光和旅游的乡村景观。因而中西部乡村田园生态建设还包含着发展生态旅游产业产品，以及增加农民收入、提升生活质量的多维目标。建立健全相应的政策体系和保障制度，是整体规划中的核心问题。一是要加强制度创新和供给。建立农村生态保护方面的法律法规，完善制度配套，出台规范性文件，管束、惩治破坏农村生态的行为，正向引导生态行为，保障农村、农民的“生态权”。要建立中西部乡村环境监测机制体制和技术标准体系，使有效监测环境污染情况成为常态，防范和防治农村环境污染。二是要进行政策革新和执行。加强田园生态建设的政策规划，凸显中西部乡村的生态发展效益和绿色 GDP 理念，优化政府部门的政绩考核办法。多元化、多渠道筹措资金，增加对农村环境保护和生态建设的经费投入。探索建立市场化的农村生态补偿机制，用于补偿土地、人才等各种要素单向由中西部农村流入城市、承接城市垃圾转移和工业污染所造成的损失。

三　中西部乡村宜居田园生态打造，需要因地布局、精准实践

由于自身独特的自然地理环境、要素禀赋和传统文化条件，作为构成

中西部乡村社会的基本单元——村庄，呈现出明显的异质性特征。田园景观和生态资源各不相同，经济发展水平不同，改善人居环境的要求也不尽相同。因此，必须科学把握各地乡村差异和特点，不搞“一刀切”，不搞统一模式，不搞层层加码，杜绝“形象工程”，在全面分析乡村的实际条件和适应特征的基础上，进而引申出不同乡村地区不同模式的选择问题。比如，具体的村庄可以采取具体的实践模式：城郊过渡地带的田园生态模式、自然禀赋特殊资源模式、人造模式等。某些国外乡村建设的经验是中国中西部田园生态乡村建设的他山之石。德国图林根地区基于“资源—网络”的乡村“自下而上”发展实践表明，乡村资源的高效使用正在成为乡村进步的核心。[①] 日本世界农业遗产地能登里山里海地区通过景观规划，即建立景观认知与情感、开展景观优化活动、周期性的景观更新修护行为、非营利性法人组织的实体修缮活动等作为乡村振兴的战略探索。[②] 这些经验值得关注和研究，并结合实际加以借鉴。

宜居田园生态不仅仅是一般的乡村生态，更是特色生态、产业生态、生活生态，其已具备特色、田园、宜居和生活保障于一体的功能特点。特色资源和特色产业是中西部乡村宜居田园生态可持续发展的基础。要尊重各地区的实际和发展规律，深入、充分地挖掘和甄别乡村的特色生态资源，将生态优势转换为发展生态产业的优势，建设一批设施完备、功能多样的休闲观光园区、森林人家、康养基地、田园民宿等，创建一批特色田园生态旅游示范乡村和精品线路，积极开发观光、游憩休闲、健康养生、生态教育等服务，打造田园生态环保的乡村生态旅游产业链，吸引外流的农村人口返乡兼业、城镇人口城乡双栖，协调田园乡村与城市社会的关系，减小差距，促进实现城乡融合发展。

---

① 黄璜等：《“后乡村城镇化”与乡村振兴——当代德国乡村规划探索及对中国的启示》，《城市规划》2017 年第 11 期。

② 杨希：《日本乡村振兴中价值观层面的突破：以能登里山里海地区为例》，《国际城市规划》2016 年第 5 期。

第五章　新型城镇化过程中村镇混杂区的振兴困境与改革

20 世纪下半叶，长三角、珠三角、京津冀等农业高度发达、人口高度密集地区出现了厂房、村舍、农田混杂的景象，城乡界限日益模糊，城市首尾相连，形成了新型的“复杂而且复合的区域系统”，但社会经济特征、驱动力等又与西方大都市带（Megalopolis）差异显著。[①] 国内学者将这种城乡混合区域称为村镇混杂区、都市连绵区、半城市化地区等，国际上则以扩展的大都市、Desakota 等命名。[②] 在由“乡土中国”向“城市中国”的变迁中，村镇混杂区由内生动力为主到内外合力为主，再到资源环境倒逼机制主导，表现出阶段性特征（见表 5－1）。人口增长、城镇化和工业化、农业结构调整、城镇居民消费水平、技术进步、土地集约利用、当地文化的价值观、居住方式的演化、县域产业结构差异[③]、规划失效与农村空间发展权益的机制[④]等驱动村镇混杂区不断演变。为了避免空间进一步“碎化”，消解“不可避免”的城镇间竞争，[⑤] 撤县设区“集权式”调整是

---

① 于峰、张小星：《“大都市连绵区”与“城乡互动区”——关于戈特曼与麦吉城市理论的比较分析》，《城市发展研究》2010 年第 1 期。

② 周一星：《“Desakota”一词的由来和涵义》，《城市问题》1993 年第 5 期。

③ 接栋正、庄剑顺：《快速城市化地区土地利用变化的人文因素分析——以泉州市为例》，《亚热带资源与环境学报》2008 年第 2 期。

④ 许学强、李郇：《珠江三角洲城镇化研究三十年》，《人文地理》2009 年第 1 期；魏立华、刘玉亭、黎斌：《珠江三角洲新农村建设的路径辨析——渐次性改良还是彻底的重构》，《城市规划》2010 年第 2 期；刘宪法：《“南海模式”的形成、演变与结局》，北京天则经济研究所编《中国制度变迁的案例研究（土地卷）》第八集，中国财政经济出版社 2011 年版，第 68—131 页。

⑤ 李郇：《珠江三角洲城市间竞争的模式探讨》，《广东社会科学》2002 年第 4 期。

"一个现实而有效的途径"①。但现实中，"城市景观逐年增加且向外围扩展，而农业景观破碎化严重""斑块形状复杂、景观多样性和破碎化程度高、景观动态变化剧烈"②，同时，区域产业遭遇"区域自封闭内部锁定与全球价值链低端陷阱外部锁定"并存困境，"自发形成的产业集群处于产业链低端的条件下，城镇空间低效无序蔓延，从而导致产业、空间都无法完成转型升级"③，生态系统价值评估值持续下行，④ 环境保护远远跟不上经济发展带来的负面效应。⑤

表 5－1　**村镇混杂区演化概况**

发展阶段	年份	发展范式	演化驱动力
初步形成期	1978—1994 年	自下而上城市化	内生乡村工业化
加速扩张期	1994—2005 年	多元扩张城市化	内生乡村工业化、国际产业重构与转移
加速调整期	2005—2021 年	新型城镇化与乡村振兴	城乡产业转型、粮食与生态安全倒逼机制

党的十九大提出乡村振兴战略，村镇混杂区因独特的社会、经济、空间特征，是乡村振兴战略施行的主要阵地之一，也是主要的矛盾集中点。乡村振兴战略既为村镇混杂区发展带来新的机遇，也为其治理带来新的挑战。

第一节　村镇混杂区面临的现实困境

以生态化、绿色化为导向，村镇混杂区粗放的耕地非农化与占林

① 魏立华、阎小培：《快速城市化中城市规划和行政区划的关系研究——以珠江三角洲为例》，《城市规划》2004 年第 2 期；王开泳、陈田等：《对我国大城市行政区划调整的思考——以广州市近年来行政区划调整为例》，《城市问题》2006 年第 7 期。

② 俞龙生、符以福、喻怀义等：《快速城市化地区景观格局梯度动态及其城乡融合区特征——以广州市番禺区为例》，《应用生态学报》2011 年第 1 期。

③ 李晨、樊华：《Desakota 地区城乡空间统筹路径探讨》，《规划师》2013 年第 9 期。

④ 潘晓栋、田莉：《半城市化地区土地利用的经济绩效与生态环境效应评价——以长三角和珠三角的十三个区（县）为例》，《城市建筑》2018 年第 18 期。

⑤ 叶岳、万军、叶青等：《珠三角地区经济与环境协调发展政策研究》，《环境科学与管理》2018 年第 6 期。

(草)、占湿补充耕地的模式难以维系，但土地开发强度超高，可供合法合规开发的后备土地资源稀少，盘活存量建设用地、优化调整农业及农村人居空间布局成为当务之急。在这一过程中，村镇混杂区面临着巨大的生态风险、政府失灵与市场失灵同时并存的风险。

一 土地开发经济性指向鲜明

乡村振兴中，村镇混杂区的土地资源约束趋紧、城乡建设用地指标控制收紧，用地结构和布局调整的范围与规模呈现上升趋势，土地开发活动更加活跃，空间演化的经济指向性显著，土地资源配置政府失灵与市场失灵的案例不断增加。

（一）新增建设用地缺口大

部分村镇混杂区已经接近甚至超过国际公认的宜居城市土地开发强度(30%)。2015 年，江苏省土地开发强度为 21.20%，其中苏州市达到 29.10%，扣除太湖、阳澄湖等河湖水面面积后则高达 84.92%；[①] 虽然广东省土地开发强度不高，但深圳、东莞逼近 50%，中山、佛山超过 30%，珠三角人均城市建设用地 157 平方米。[②]

尽管节约集约用地水平远超全国平均水平，村镇混杂区的新增建设用地缺口仍然巨大。2014—2018 年，浙江省的新增建设用地指标从 25.2 万亩下降到 16.1 万亩，即使单位建设用地 GDP、新增工业用地投资强度比 2010 年分别提高了 64.8%、41.9%，用地缺口依然不断扩大，其中，湖州市用地缺口在 1.5 万亩以上。[③] 2009 年至 2018 年 6 月，广州、佛山、东莞累计完成“三旧”（旧城镇、旧厂房、旧村庄）改造 5.18 万亩、12.45 万亩、2.5 万亩，惠州仅完成 5934 亩，故而，惠州准备将 7.6 万亩批而未

① 《苏州市土地整治规划（2016—2020 年）》，苏州市自然资源和规划局网站，2018 年 12 月 30 日，http://zrzy.jiangsu.gov.cn/gtapp/nrglIndex.action?type=2&messageID=2c9082b564fe66dc01651352e46f0732。

② 《目前广东的深圳、东莞的国土开发强度已逼近 50%!》，房天下网，2017 年 8 月 24 日，http://sz.newhouse.fang.com/2017-08-24/26141522.htm。

③ 《新增用地锐减两成！缺地的浙江该如何破局?》，浙江新闻网，2018 年 9 月 21 日，http://zjnews.zjol.com.cn/zjnews/201809/t20180921_8329389.shtml。

供和低效用地在未来 3 年内全部清理盘活，以获取新增建设用地指标奖励。①

（二）用地结构、布局、景观剧变

乡村振兴中，以广东的“三旧”改造模式、浙江的“先进节地模式七法”② 等为代表的村镇混杂区土地整治步伐加快，通过集体建设用地减少、复垦，来实现城市建设用地指标的增长、对耕地的占用。江苏省“十二五”时期新增建设用地 6.77 万公顷，土地综合整治补充耕地 9.52 万公顷，规划“十三五”时期相应指标数值为 6.13 万公顷、6.33 万公顷，但这两个指标为“通过规划引导，力争实现的目标”，这意味着可能会突破预期。③ 浙江省“十二五”时期新垦造耕地 91 万亩，规划“十三五”土地整治新增耕地 70 万亩，其中垦造新增耕地 60 万亩（省统筹垦造耕地 15.04 万亩、水田 10 万亩），农村建设用地整理新增耕地 10 万亩。④ 广东省规划“十三五”时期整理农村建设用地 14 万亩、改造城镇低效用地 33 万亩。拆迁、整治、复垦、占用、毛地“通”“平”、建设，村镇混杂区景观剧变。

（三）土地与商服楼宇闲置情况突出

以闲置土地与空置商业商务楼宇为主要表现形式，村镇混杂区土地资源配置政府失灵与市场失灵涉及的项目数、用地面积不断增加。

在国家常态化土地监督之下，村镇混杂区土地闲置率仍然较高。2017 年，广东全省有闲置土地约 130 万亩（含疑似闲置 23 万亩）。⑤ 2017 年底

① 2018 年，广东省人民政府决定，未来对珠三角 9 座城市不再直接分配新增建设用地指标，改用根据城市存量用地盘活面积、重大产业项目用地供地以及上年度考核情况奖励新一年度用地指标的方式。《惠州年度新增建设用地指标》，南方网，2018 年 9 月 7 日，http://hz.southcn.com/content/2018-09/07/content_183221179.htm。

② 浙江“先进节地模式七法”指成片开发集聚发展法、退二优二改造提升法、退二进三腾笼换鸟法、行业整治凤凰涅槃法、城市更新空间优化法、空间换地无中生有法、矿地利用变废为宝法。

③ 《江苏省“十三五”国土资源保护和利用规划》及根据《江苏省“十三五”国土资源保护和利用规划》计算。

④ 《浙江省土地整治规划（2016—2020 年）》，浙江省自然资源厅网站，2017 年 10 月 17 日，https://zrzyt.zj.gov.cn/art/2017/10/17/art_1292470_12892802.html。

⑤ 《广东闲置土地已有 130 万亩　将加大力度处理闲置用地》，金羊网，2017 年 6 月 23 日，http://news.ycwb.com/2017-06/28/content_25139122.htm。

开始，浙江省湖州市半年清理3.67万亩闲置低效存量用地。[①] 为消化批而未供土地和闲置土地，《自然资源部关于健全建设用地“增存挂钩”机制的通知》于2018年6月发布。2018年8月，浙江省决定开展清查，力争年底全省批而未供和闲置土地面积均下降20%。[②]

商业服务业载体空置现象严重。截至2017年5月，江苏省苏州市元和街道已建成商业面积228.75万平方米，空置率高达43.33%，在建98.99万平方米，未建9.71万平方米。江苏省昆山市陆家镇物流园区内规划用地1233亩、建筑面积180万平方米的美吉特灯都大面积空置。[③] 而今，以三产融合、设施农业发展、旅游富民的名义，以引导海外旅游消费回流的名义，村镇混杂区出现新一轮“‘进三’热”的苗头。惠州2017年全市工业用地占供应建设用地总量的10.23%，用地多集中在房地产领域。[④]

二 生态系统脆弱性程度增强

（一）农田生态系统自我平衡和恢复能力弱化

村镇混杂区农田生态系统的自我平衡和恢复能力可能出现弱化倾向。村镇混杂区的农田、林地、沟渠与河湖水面在一定程度上是污染源、污染扩散的渠道或被污染地区，但在截留雨水、分洪、调节气候等方面起到了积极作用，再加上此前农田多为一般农田，耕作以农民自愿自主为主，在机械化、现代化、标准化上有很大不足，但“多样性决定稳定性”，多样化的一般农田具有较高的抗风险能力与恢复能力，非灰黑化的田埂、沟渠也利于农田生物生存。耕地保有、高标准农田建设是乡村振兴的重要内容之一，出于成本与工期考虑，村镇混杂区复垦耕地的相当一部分是水稻

① 《浙江省湖州市“五未”土地处置纪实》，中华人民共和国自然资源部网站，2018年7月10日，http：//www. mlr. gov. cn/xwdt/jrxw/201807/t20180710_ 2075465. htm。

② 《浙江清查处置批而未供和闲置土地》，浙江省自然资源厅网站，2018年8月31日，http：//www. zjdlr. gov. cn/art/2018/8/31/art_ 1289955_ 20896585. html。

③ 《华东“灯都”困局：大面积空置 拖欠租金负债高企》，中国经营网，2018年1月27日，http：//www. cb. com. cn/lingshouyuxiaofeipin/2018_ 0127/1222252. html。

④ 《惠州年度新增建设用地指标》，南方网，2018年9月7日，http：//hz. southcn. com/content/2018-09/07/content_ 183221179. htm。

田，这样的水稻田即使验收合格，其质量还是远低于在城乡增减挂钩中腾退出的水稻田质量；高标准基本农田强调“集中连片、设施配套、高产稳产、生态良好、抗灾能力强，与现代农业生产方式和经营方式相适应”，在实施过程中，出现了以次充好、数据造假等情况，为此，2018年3月原国土资源部印发《关于严格核定土地整治和高标准农田建设项目新增耕地的通知》。即使这些高标准农田全部达标，从生态学角度考虑，这些农田生态系统的人为干预程度显著加深，灰黑化田间道路、水渠更对农田生物生存造成影响，农田生态系统的自我平衡和自我恢复能力呈现弱化倾向。

补充耕地的来源多为乡村工业用地、灾毁地、废弃工矿地与零星分散的宅基地，新建农田生态系统还面临巨大的生态风险。在村镇混杂区普遍存在酸雨、水污染、土壤污染严重等问题的情况下，乡村工业棕地作为污染源，其棕地治理任务难度尤其大。常州外国语学校污染事件充分暴露出工业棕地治理施工和监管不严导致的严重后果；苏州化工厂修复土壤约100万吨、修复成本10亿元的预估、至今仍在封闭治理的现实充分说明工业棕地治理的长期性与艰巨性；美国西雅图市煤气厂公园“经历了长达半个多世纪、几轮的环境勘测与污染治理过程，至今场地中仍然可能残存有污染物质”[①] 更暴露出棕地治理的长期潜在风险性。当前村镇混杂区大面积快速拆迁、整治、复垦/再开发存在巨大的潜在生态风险。2018年，生态环境部发布新的土壤环境质量标准与工作方案，也从侧面反映出这一生态风险的严重性。

（二）村庄自然—人文生态系统稳定性和抗风险能力弱化

自然村落短期内大量消失，农民搬迁至集中居住社区，传统社会网络加速消解，在一定程度上对优秀历史文化传承产生影响。浙江省“十二五”期间批准城乡建设用地增减挂钩项目立项2610个，整理旧村庄13459个，涉及搬迁农户28万户；[②] 2016—2018年，江苏省自然村由近20万下

---

① 郑晓笛：《工业类棕地再生特征初探——兼论美国煤气厂公园污染治理过程》，《环境工程》2015年第4期。

② 《浙江省土地整治规划（2016—2020年）》，浙江省自然资源厅网站，2017年10月17日，https://zrzyt. zj. gov. cn/art/2017/10/17/art_ 1292470_ 12892802. html。

降到18万个，消失近2万个。① 新建农民集中居住区一般位于建制镇镇区及其边缘，搬迁农户“看得见高楼，望得见车流，经济关系不变，社会重新组织，享受待遇还在村里”。在江苏的调研发现，拆迁安置农民有社保，宅基地复垦后收益给村里，村民购置拆迁安置房均价不足成本价的一半，一般每户村民至少拿到两套，一套自住，其余出租或出售，定期获得以厂房租赁等渠道获取的村集体资产收益分红，村民生活水平没有下降；但搬迁农户分散在整个社区中，原有的紧密关系被打碎，大量租客的入住则进一步削弱传统乡村社会网络。

新建集中居住社区可能存在稳定性和抗风险能力弱化的倾向。村镇混杂区“似城非城”，极少出现较大规模集中连片的高密度建成区，是半人工—半自然生态系统，不透水面比例较低，村民经常活动范围之外基本上保持着接近自然生态系统的特征，具有一定的稳定性和抗风险能力。按照国家技术标准和行业标准，农民集中居住社区先规划设计后建设、先地下后地上，社区内及社区之间需配建绿地和公共开敞空间、基础设施和公共服务设施。但在现实中，一方面会出现按照国家、省、市等技术标准、实施细则、解释规定的最低标准进行规划设计、施工的情况，防灾能力较低；另一方面，由于建设、施工时序问题，或者运营、维护上往往存在不足，出现居民先入住，雨污管道后敷设（或分期敷设），污水处理设备经常关闭、临检查才运行的情况。这些导致部分农民集中居住社区，既丧失原始村落生态系统的自净能力、稳定能力，又尚不具备城市社区在高度人工干预下的稳定性和抗风险能力，一旦发生灾害，人员生命及财产损失将会更高。

（三）生态基础设施效用有待提高

党的十八大报告首次把生态文明建设放到总体布局的高度论述，提出优化国土空间开发格局、加大自然生态系统保护力度等要求。党的十九大报告指出，建设生态文明是中华民族永续发展的千年大计，必须树立和践行绿水青山就是金山银山的理念，像对待生命一样对待生态环境。

---

① 《江苏18万个自然村完成环境整治》，新华网，2016年4月10日，http：//www. xinhuanet. com//politics/2016-04/10/c_ 128879231. htm；《江苏18万个自然村“内外兼修” 走好乡村振兴路》，人民网，2018年10月23日，http：//js. people. cn/n2/2018/1023/c360301-32188387. html。

村镇混杂区在国家发展战略格局中占据举足轻重的地位，2009 年国家发展和改革委员会公布《珠江三角洲地区改革发展规划纲要（2008—2020年）》，2010 年国务院批准《长江三角洲地区区域规划》，2015 年，中共中央政治局常委会会议和中央政治局会议通过《京津冀协同发展规划纲要》，基础设施现代化、城乡统筹、国土生态安全等是这些规划的核心内容之一。在区域规划指导下，各地纷纷编制生态城市规划，台州①、北京②、天津③、唐山④、广州⑤、东莞等城市先后开展了"反规划"、生态基础设施建设等规划实践。

生态基础设施表示自然景观和腹地对城市持久的支持能力，⑥ 在作为自然系统基础结构的含义之外，生态基础设施也指生态化的人工基础设施，在交通设施被认为是景观破碎化、栖息地丧失的主要原因⑦之后，北美与欧洲许多城市开展了绿色基础设施计划。生态基础设施除一般基础设施特征外还有对人类生存意义的特征：保障可持续发展的多功能性，全民共享的公共性与同一性，建设和使用的超前性与长期性，服务的连续性和多层次、网络化系统性。⑧

① 朱强、李迪华、方琬丽：《基于生态基础设施的格网城市模式——台州市永宁江中心段城市设计》，《城市规划》2005 年第 9 期；俞孔坚、李迪华、刘海龙等：《基于生态基础设施的城市空间发展格局——"反规划"之台州案例》，《城市规划》2005 年第 9 期；王纪武、将婧：《基于生态基础设施规划的酸雨污染防治策略——以台州为例》，《城市规划》2014 年第 5 期。

② 俞孔坚、乔青、袁弘等：《科学发展观下的土地利用规划方法——北京市东三乡之"反规划"案例》，《中国土地科学》2009 年第 3 期；赵华甫、张莉、吴克宁等：《北京城市生态基础设施建设之都市农业途径》，《资源与产业》2011 年第 4 期。

③ 姜耀明、邓毅新：《基于反规划思想的生态园规划设计——以天津市武清区运河沿岸生态园概念性规划设计为例》，《规划师》2010 年第 S2 期。

④ 高娟、吕斌：《"生态规划"理论在城市总体规划中的实践应用——以唐山市新城城市总体规划为例》，《城市发展研究》2009 年第 2 期。

⑤ 汪洋、赵万民、段炼：《生态基础设施导向的区域空间规划战略——广州市萝岗区实证研究》，《中国园林》2009 年第 4 期；朱恒槺、李锋、刘红晓等：《城市生态基础设施辨识与模型构建：以广州市增城区为例》，《生态科学》2016 年第 3 期。

⑥ Liu, H. L., Li, D. H., Han, X. L., "Review of Ecological Infrastructure: Concept and Development", *City Planning Review*, Vol. 29, No. 9, 2005, pp. 70 – 75.

⑦ Forman, R. T. T., *Land Mosaics: The Ecology of Landscapes and Regions*, Cambridge University Press, 1995.

⑧ 张帆、郝培尧、梁伊任：《生态基础设施概念、理论与方法》，《贵州社会科学》2007 年第 9 期。

村镇混杂区宏观区域尺度的生态要素集成的系统化与生态网络建设相形见绌，制约了生态基础设施效用的发挥。尽管“十五”期末，村镇混杂区“基础生态设施表现出高度破碎化、高度人工化和生态不稳定性、低生态服务功能、低景观连通度等特征，并从城市中心向郊区和城市化区域呈梯度差异分布”[①]的特征就已经被认识到，但改变这一状况所进行的实践，收效不大，生态系统服务能力，即“自然生态系统及其构成物种支持和实现人类生命活动的条件和过程”[②]的能力有待于进一步提高。在大规模、高速度的高速铁路网、高速公路网、航道疏浚、港口码头建设中，在以重点项目建设为核心的当前生态文明城市建设当中，村镇混杂区动植物自然栖息地局地改善、整体恶化的趋势并没有得到有效遏制。如江苏省苏州市“四个百万亩”建设和“十大工程”，更多地侧重于人工基础设施的生态化设计与改造，或节点、生态廊道建设，虽然取得了显著成果，如2017年苏州市区PM2.5平均浓度比2013年基准数下降38.6%，空气质量优良天数增加44天，“水十条”省考以上断面水质优Ⅲ比例达74%，无劣Ⅴ类断面，[③]但相较于生态高质量、环境高颜值的《生态环境提升三年行动计划》仍有较大差距。

第二节　村镇混杂区现实困境的制度分析

乡村振兴中，对于村镇混杂区的空间开发经济性指向、农田与社区生态系统脆弱、生态系统服务能力低下的现状，规划失效是表象原因，空间争夺与农村空间发展权益分配是深层次原因，城乡二元管理体制的制度惯性及制度变迁是根本动力，城乡二元管理体制的制度惯性与制度变迁既植根于空间争夺与农村空间发展权益分配，又是空间争夺与农村空间发展权

① 滕明君、周志翔、王鹏程等：《快速城市化城市生态基础设施结构特征与调控机制》，《北京林业大学学报》2006年第S2期。

② Wardrop, D. H., et al., “Wetland Ecosystem Services and Coupled Socioeconomic Benefits Through Conservation Practices in the Appalachian Region”, *Ecological Applications*, Vol. 21, No. 3, 2011, pp. S93－S115.

③《用绿水青山绘就“美丽苏州”新蓝图》，苏州新闻网，2018年6月5日，http://www.subaonet.com/2018/0605/2238090.shtml。

益分配的机制。

一　规划失效是表象原因

在规划引领共识下，规划失效被视为村镇混杂区现实困境的直接原因，规划科学性、规划实施及管理绩效是质疑的焦点，但现实当中，规划失效的原因却值得深思。

首先，部门统计口径冲突、基础数据不匹配影响规划编制。规划引领已成为城乡发展的共识，尽管近年来政府与规划学界对于部门分割、政出多门导致的规划冲突、“规划打架”进行了反思及改进，从土地利用总体规划与城市规划“两规合一”“多规融合”的学术探讨到各地逐步开展的试点探索不断互相激励，但“多规合一”与“多规融合”的争议还未见分晓，不同部门统计要素不一、统计口径不一等导致规划所需的基础数据不匹配等情况仍较突出。大部制改革的推进是否能够切实消除行政壁垒，提高规划所需基础资料质量，增加规划分析的科学性，提升规划审批的严谨性、规划实施与监管的严格性，都还有待时间检验。

其次，够不上城镇建制的乡村、跨行政区域的地区相关的规划技术标准与行业规范的法律效力较低，而且村镇混杂区生产要素的跨区域流动显著，通常以省域、市（县）域、镇域行政辖区为规划范围的土地规划、城乡规划、专项规划，无论对于村镇混杂区跨行政区域的宏观引导，还是村庄的微观引导，都显得力不从心，出现解决一部分原有问题、造成一些新问题的局面。以江苏省为例，上一轮镇村布局规划编制与实施出现规划编制任务指向、镇村规划形式主义严重、镇村规划特色缺乏、政策保障乏力等问题。①

再次，在由国家战略提出引发的“运动式”“突击”规划到常态规划的过渡中，规划编制、审批、实施的时间差往往造成空间差，降低了规划对建设、管理的引导作用。其一，宏观区域尺度（跨省域、跨市域）的规划编制、审批、实施的时间差，直接影响村镇混杂区乡村振兴进程的全局

① 罗小龙、何瑞雯、刘豫萍等：《新型城镇化背景下镇村布局规划的江苏新实践——以扬州市市区镇村布局规划为例》，《中国名城》2016 年第 3 期。

性、方向性把握。《江苏省土地整治规划（2016—2020年）》2017年7月4日组织专家进行论证，浙江省、广东省则分别于2017年10月12日、2018年4月19日印发实施，较长的时间周期无疑会使得时滞期的土地整治工作失去引导，甚至可能会出现反弹性“抢滩”，影响村镇混杂区的用地调整与空间资源优化配置。其二，微观尺度（镇及镇以下乡村）的规划编制，常常存在“按模板换数据”“萝卜快了不洗泥”的状况，被称作“规划编制任务导向”①。乡村振兴中又出现类似倾向，2018年10月发布的《广东省村土地利用规划编制三年行动方案（2018—2020年）》要求，“2020年底前，各地市要基本完成辖区范围确定编制规划的行政村村土地利用规划编制工作”。② 但《广东省土地利用总体规划（2006—2020年）》已至结束期，尽管2017年原国土资源部对其规划指标调整作出回复，调整后的指标理论上满足用地需求，但没有明确的建设用地零增长或负增长承诺下，这一轮村庄土地规划若以2020年规划值进行总量控制，审批后马上就面临新一轮省土地利用总体规划数据调整的窘境，而若以其他规划数据进行控制，又面临法律依据不足的困局。

最后，规划的城市偏好、现代化偏好、整体改造偏好突出。部分地区的乡村规划和建设遵循现代城市主义理念，整体开发、大规模改造，如同百年前被诟病的伏埃森规划一样，将原有不同历史时期叠加、杂乱无章的高密度、低容积率建成区全部清除，再“一张白纸上作图”。这种思路完美契合了市场经济下，成本—收益核算、缩短资本循环周期的需要，但无视了居民的实际需求、生态环境保护与优化的需要，以及优秀历史文化传承的需要。

二　空间争夺和农村空间发展权益争夺是深层次原因

全国性及区域性土地资源瓶颈、粮食危机、生态危机的现实，促使中央及省级政府不断出台土地资源保护、生态与环境保护的制度政策，全局

① 罗小龙、田冬、孙浩浩等：《健康城镇化视角下的农村集中居住点建设研究——以江苏省东台市为例》，《城市发展研究》2012年第6期。

② 《广东出台村土地利用规划编制三年行动方案》，中华人民共和国中央人民政府网站，2018年10月2日，http：//www.gov.cn/xinwen/2018-10/02/content_5327564.htm。

性、整体性、长远性的制度政策与地方社会、经济发展的现实之间必然存在差距，为了应对可能出现的进一步政策“紧缩”，市、镇政府与村集体，都尽可能地“抢占”空间。这既表现为城市建成区积极外扩，也表现为一些镇政府、村集体积极“先上车（改变用地性质）后补票（用地许可、规划许可）”，空间开发呈现经济性指向、“资本逻辑”指向、空间权益即时变现指向。

这种空间争夺，实质上已经不是单纯的20世纪80年代的通过工农业产品价格差来摆脱贫困、发家致富；也不再是20世纪90年代开始的“以土地换资金，以空间求发展”的土地财政，而是期望通过土地争夺、出让来获取城市建设资金，弥补城市基础设施和公共服务欠账，以此招商引资，即致力于城市或产业园区“空间内”的生产、提高工业产出与服务产出，形成以GDP增长为主要目标的发展路径。“十一五”时期以来，尤其是新型城镇化战略、乡村振兴战略提出以后，这种空间争夺更多地在于“生产”空间或“囤地”备产，通过城市或产业园区“空间”的生产，来占领这一轮发展的“高地”与下一轮发展的“先机”。通过高标准、现代化的建成环境营建，教育医疗等公共服务配套并吸引国内外投资，已经成为常态。简言之，20世纪90年代以来，城市一级土地市场从协议出让为主到招拍挂为主、从“毛地”出让为主到“净地”出让为主，从企业自建厂房、楼宇经营为主，到旧城改造办公室及新城管委会国有资产监督管理办公室下辖以国资国企开发集团整体开发、整体推介、招商经营为主；村庄也由自己办厂、招商办厂为主转变到建标准化厂房、集宿楼招商为主。从以促进“空间内”生产为重心到以“空间”自身的生产为重心，村镇混杂区的地方政府、基层政府与村集体，对基于土地资源稀缺性的空间争夺越来越重视，对农村空间发展权益的争夺也越来越激烈。

“撤县设区”“撤市设区”是中心城市破除辖区内的土地开发强度限度，保证GDP增长速度、完成传统产业的改造升级以及新产业的落地、实现生态环境指标好转的“法宝”，尤其是在国外精明增长理论及实践不断丰富，国内学术界愈发强调“增长边界”，“增长边界”写入《城市规划编制办法》与中央政府文件的情况下，未雨绸缪抢“时间差”以获得“发展空间”成为城市政府的选择，在加快实现已被兼并的村镇混杂区用地城市化、现代化的同时，也加快外扩。

村、镇越早（违法违规）改变既有用地性质，就可以拿到由改变之日起到被征收或拆违期间的现实收益，还可以因“历史原因”造成的“既定事实”而获得比未利用地或农用地更多的补偿，这个补偿不仅表现为拆迁补偿等货币形式表现的空间利益，还表现为留用地或用地指标等能够获取长期地租或土地指标交易等收益。“新常态”下，北上广深等中心城市对人口、产业等的强大“拉力”依然促使其不断扩张，村镇混杂区作为中国城乡交流与城乡空间冲突最激烈的地区，这种现实土地价格、租金与经转换后或预期的土地价格、租金之间的差异越大，权益现值与权益预期就越驱使村镇混杂区空间开发呈现鲜明而显著的经济指向、“资本逻辑”指向、空间权益即时变现指向。

村镇混杂区环境治理、生态保护困境，亦源于空间争夺与农村空间发展权益的争夺。村支委没有环境治理的法定职能与能力，同时，频繁而规模较大的行政区划调整、易地搬迁导致村民乡土情结与乡土情结预期大大降低。保留村庄因基建、重点工程等原因而被搬迁，或因规划调整而被搬迁的可能性仍然极大。城市增长边界、生态红线、永久性基本农田红线在现实世界是具有一定面积的地带，界线涉及的村庄，更反向刺激了这种搬迁预期，消极应对环境治理与生态保护。新型经营主体培育确实对于粮食安全、农业现代化至关重要，但农民的职业化在祛除被“农业户口”强化的传统农民社会“身份”和“角色”的同时，也必须面对职业流动、地域流动加剧、企业生命周期短暂、企业有限理性与经济理性的风险。而脱离了直接或间接农业生产经营的村民，尤其是搬迁至镇集中居住区的村民，曾经的家园对其的意义仅剩下资产获得与增值，新型农业经营社会组织也被“异化”为资产管理与增值的中介。“上面千条线，底下一根针”，乡村振兴的种种必然要落于每一个村庄与村民，短期内自然村落消失与“家园文化”消解，无疑对于环境治理与生态保护有一定的负面影响。在这样的状况下，新乡贤培育与新乡贤资源运用能否抵制传统“家园文化”消解带来的不利影响，在产业化、现代化、生态化、绿色化等基础上形成新的“乡土情结”，目前还未可知。

三　城乡二元管理体制的制度惯性与制度变迁是根本动力

城乡二元管理体制改革中，二元管理体制的制度惯性及其路径依赖在很长一段时间内持续存在，这种城乡不同的治理逻辑影响了城市政府与村集体的行为选择。源于局地的自下而上的制度诱致在被中央政府接受后，其自上而下的制度强制推广既可能更容易被接受，也可能产生负的外部性。而源于自下而上制度诱致消极后果的应激性自上而下制度强制，则可能遭遇积极执行式的消极抵抗。

通过制度创新、先行先试释放制度红利，尤其是通过土地要素市场建立与国土资源管理体制改革来撬动经济起飞、经济二次起飞，既是村镇混杂区地方及基层政府、村集体的自发选择，又是自上而下政策强制的必然结果。计划经济时期土地无偿使用的制度惯性，土地要素价格扭曲，造成用地粗放与碎化。随着行政体制改革深化、“简政放权”步伐加快，地方政府自主权加大、村民自治完善极大地推动了土地资源管理体制改革深化与城乡土地要素市场建设。一方面，土地市场交易价格（包括一级、二级、三级市场）趋于正确反映土地价值，改变以前价格扭曲形成的土地要素替代状况，积极进行集约节约用地，土地管理部门也提高了对正在施行的违法违规用地的惩处率和惩处力度；另一方面，土地资源稀缺论、各级土地市场交易价格的公开，诱致违法违规用地增加与土地投机。在改革探索中，往往会出现“钻空子”“搭便车”的情况。尽管管理部门会不断修正改革方案，但对历史形成的违法违规用地及试行期发生的违法违规行为，往往缺少及时有效的应对措施，只能冷处理，留待问题堆积后的自上而下“战略式”“运动式”清理，形成“道高一尺，魔高一丈”与“魔高一尺，道高一丈”的多重、多层次博弈。而在这种多重、多层次博弈中，村镇混杂区用地碎片化、人地矛盾激化。

生态文明建设是对“以经济建设为中心”绝对化、“唯 GDP 论”的反思，新型城镇化、乡村振兴是对以土地城镇化为主要特征的快速城市化的反思。行政体制改革中，新公共管理理念被各级政府接受并实践，以政企合作（PPP）为重要特征的“城市营销”与“乡村营销”在典型案例成功的自下而上制度诱致与自上而下的深化行政管理体制改革的强制中不断发展。在生态优先，永久基本农田保护制度建立，落实的一系列生态环境保护、自然资源保护的制度变迁中，以土地要素为基础、以“空间”生产为核心的“城市营销”与“乡村营销”必然造成村镇混杂区“新型城镇化”“乡村振兴”“快速”实施，完成用地结构与布局调整。尽管符合现行的环保法律、法规、管理规定等，但其实质与可持续发展战略、生态文明建设不符。这种情况的出现不是因为城乡管理部门没有可持续发展理念、没有战略思维，而在于空间与空间权益的争夺已经成为治理的前提。

从“以经济建设为中心”到“生态优先”，全国性的环境保护与生态文明建设制度体系不断完善，2018 年，生态环境部集中发布一系列新的国家环境保护标准、环境质量监测标准、工作方案，一方面，似乎地方政府、基层政府、村集体赢得了“时间差”、获得了制度变迁的先机；另一方面，这些新标准和工作方案的出台、施行，是否能够有效防范如上所述的治理风险，还存在着明显的不确定性，地方的相关条例、实施细则的出台更需要时间，在此之前，存在潜在生态风险的土地可能已经改头换面重新入市。

城乡二元管理体制的制度惯性、制度变迁与空间争夺、农村空间发展权益分配之间，形成了灵敏的正负反馈机制。城乡二元管理体制的存在，是城乡空间争夺的基础，是农村空间发展权益的城市剥夺的基础，但同时也在一定程度上为城市对乡村空间的争夺、权益剥夺设置了阻力，成为乡村内部自发空间争夺与权益争夺的诱因。城乡之间的空间争夺、空间权益争夺，在累积到一定程度后，引发了城乡二元管理体制制度变迁的需要，而这种制度变迁又引发新一轮的空间争夺。

第三节　村镇混杂区的城乡融合进路

乡村振兴中，村镇混杂区困境不仅基于简单的人类活动、人地冲突，土地要素市场建设与国土资源管理体制改革、空间争夺、规划失效导致空间开发经济性指向鲜明、生态熵增加。必须坚持农业农村优先发展，重塑生态伦理，遵循低冲击开发理念，加强区域生态基础设施建设，推进结构性渐进更新，完善机制体制，实现村镇混杂区的生态化、绿色化、现代化发展。

一　推进低冲击与结构性渐进更新

以生态文明建设为出发点与目标，树立低冲击开发理念，尽量减少对现有生态系统的持续强烈人工干预，使其尽可能贴近自然生态系统运行模式，持续提高生态系统服务能力；改变目前普遍采用的以镇（村）为基本单元村镇混杂区整体开发模式，推进结构性渐进更新。

（一）加快低冲击开发理论研究与实践

重塑生态伦理，变革技术乐观主义至上的“征服自然”，促进人与自然和谐发展。以低冲击开发来有效应对现行规划中的城市偏好、整体性改造偏好。“低冲击开发”是20世纪90年代由美国马里兰州的乔治王子郡与西北地区的西雅图、波特兰市提出的，最初针对雨水管理，是基于微观尺度景观控制措施的雨水管理技术，通过分散的、均匀分布的、小规模的雨水源头控制机制，[①] 使开发区域尽量接近于开发前的自然水文循环状态，[②] 随后，低冲击开发逐渐从雨洪管理领域扩展到城市规划，深圳市[③]、中山市开展了相关实践。

首先，坚持“对自然生态系统最低影响”原则，进行村镇混杂区“乡村双修”，生态修复、乡村修补，尽可能地采取措施缓解或修复自下而上工业化以及森林、草地、湿地围垦等人类活动造成的生态干扰。在实现对自然生态系统最低影响，尽可能降低对自然—人工农田生态系统影响下，对资源能源进行优化配置、循环利用，提高土地集约化、生态化、绿色化开发程度。也就是说，土地集约化利用的测度指标不能仅限于地均产出等经济指标，而要采取生态系统服务能力等综合指标。

其次，村镇混杂区各种类型、尺度的“乡村双修”与开发、再开发活

---

① Prince George's County, *Low Impact Development Design Strategies: An Integrated Design Approach*, Maryland: Department of Environmental Resources, Programs and Planning Division, 2000, p. 4.

② Coffman, L. S., “Low Impact Development Creating a Storm of Controversy”, *Water Resources Impact*, Vol. 3, No. 6, 2001, pp. 7 – 9.

③ 丁年、胡爱兵、任心欣：《深圳市低冲击开发模式应用现状及展望》，《给水排水》2012年第11期；丁年、胡爱兵、任心欣：《深圳市光明新区低冲击开发规划设计导则的编制》，《中国给水排水》2014年第16期。

动，其规划设计都要遵循“低冲击”原则。目前，国内低冲击开发理论及实践还处在探索阶段，相关实践多位于新城区，也即原属村镇混杂区区域，以示范区或项目形式存在，空间尺度相对狭小，而由于“乡村双修”的外部性与整体性、长远性特征，必须从一开始就预防“局部改善、整体恶化”的状况出现。

最后，低冲击开发不仅指自然生态系统的扰动最低，还包括尽可能降低对人文生态系统的急剧扰动。在规划设计中尽可能保留自然地理特征、独特的景观标志记忆以及长期形成的文脉。以这些自然地理特征、独特景观标识记忆、文脉的原真性保护为基础，梳理、发现各种节点、标志、枢纽、路径、区域之间的内在联系，推动乡村文化网络的保护与开发。切实推动多规合一与规划的公众参与，将地方政府、基层政府、村集体、开发商、规划师、使用者、居民充分调动起来，通过多元主体积极性的调动与发挥，确定自然生态系统与人文生态系统的规划目标，并将低冲击目标与行动贯穿于村镇混杂区全域规划编制、实施、管理的全部过程中。

（二）积极推进结构性渐进更新

所谓结构性渐进更新，即摒弃传统总体规划“终极蓝图”加“强制性大项目”的被动控制规划模式，充分尊重市场在地区经济发展中的决定性作用，一方面以结构性蓝图抓住地区的核心结构，保证城乡空间的远期合理性；另一方面，抓住若干具有战略意义的精致空间节点，保证近期建设的可操作性，并且以此为主要手法，渐进式地向结构性理想蓝图推进。①

首先，将村镇混杂区战略规划与生态基础设施建设结合，通过战略规划，科学确定村镇混杂区的核心结构，确保村镇混杂区空间规划的合理性。以生态基础设施的远期规划为指向，实现道路交通体系的调整与完善，构建具有较高根植性的产业体系，尤其是构建基于农业景观和自然廊道的绿地开敞空间系统。

其次，制订战略性行动计划，确定一系列核心项目，分期分批施行，形成渐进式更新的发展路径。基于低冲击开发理念，充分尊重历史形成的

① 陈易、袁雯：《Desakota 地区的结构性渐进更新——以汕头市潮南区为例》，《北京规划建设》2014 年第 4 期。

地区自组织发展模式，以精致产业与精致空间为导向，采用渐进式空间改造方法，通过对村镇混杂区的农用地与城乡建设用地范围内的更新与改造行为进行难易区分，有针对性地进行规划与行动，如结合生态基础设施建设的生态、生产安全方面的强制性行动与项目规划，针对不同类型与成因的城乡聚落与产业区的精致空间开发与项目规划，针对交通优化、产业精明增长、生态网络重塑、公共服务补缺的微更新行动与项目规划，针对近期实施难度大但具有全局意义的重大高难度行动与项目规划。

最后，依据生态风险评级结果，以渐进式更新方式推进土地利用方式和功能转变的具体地块整治。根据国家环保标准对拟变更用途地块优先建档进行生态风险综合评估，确定其生态风险等级，根据风险等级确定是否能纳入近期土地整治规划当中。将生态风险评级与土地用途管制结合，拟变更为湿地、永久基本农田的农用地、建设用地，拟变更为居住、教育、医疗、休疗养用途的农用地、建设用地，必须从严控制生态风险等级。

二　加快加强生态基础设施建设和管理

在划定城市增长边界、基本农田保护红线、生态保护红线，保证“落地上图”的同时，积极探索、推广村镇混杂区生态基础设施建设。

首先，以“反规划”指导村镇混杂区空间规划，提高“反规划”理念的公众认可度，促进“反规划”内化。“反规划”理论是可持续发展理论在中国城市规划上的应用，它以景观安全格局为方法论，以生态基础设施为规划战略和成果，主张“维护土地自然过程、生物过程和人文过程的连续性和完整性，保障国土生态安全”，强调“在规划城市建设用地之前，优先规划和设计生态基础设施，作为非建设区域进行严格管控”。[①] 对于村镇混杂区而言，以三级社区治理网格为基础，把传统入户走访与新媒体、自媒体运用结合，深入细致地宣传，让在村的当地村民、不在村的当地村民、在村的外地居民接受“反规划”理念，将充分赋权与效率提升结合，扩大镇村规划的参与人群、参与环节、参与力度，真正发动在村的当地村民、不在村的当地村民、在村的外地居民全程、全方位参与村镇混杂区区

① 李博、黄梓茜：《“反规划”途径：理论、应用与展望》，《景观设计学》2016 年第 5 期。

域——村、镇两级规划，以及真正落实规划方案，是重中之重，也是最主要的难点。

其次，因地制宜规划、建设生态基础设施，提高生态系统服务能力。严格主体功能区管制，优先控制非建设区域，构建维护国土安全、生态安全，保障土地生态系统服务功能的生态网络。生态基础设施由廊道（河流/河谷、绿化带等线性生态用地）、斑块（湿地、森林公园自然保护区等有重要功能的生态用地）和小尺度地块（小游园、街道绿地、宅旁绿地等小节点）等组成。① 其一，对于农田及农田水利设施用地，以生态农业为导向，提升农业现代化水平，提倡多功能经营，在保障农产品生产、保障生态安全的基础上，充分发挥其生态系统服务功能，充分发挥其生态缓冲作用，以及传承优秀历史文化场所的作用。其二，对于湿地、森林公园、自然保护区、生态缓冲带等生态斑块，划定生态基础设施核心区、缓冲区、实验区和外围保护地带，尽量减少包括生态基础设施科研活动在内的人类活动对生态系统的干扰，保护生物栖息地，使其充分发挥局地调节气候、维持生物多样性和景观完整性的生态系统服务功能。其三，对于河流/河谷、交通绿化带、农田水利沟渠等廊道，通过交通设施生态化改造，尽可能逐步替换掉外来景观物种，恢复本地原生植被，逐步减少人工经营的规模和频度，促进其自我演替能力的提升与恢复，发挥连接生态斑块的功能，为动物迁徙、移动提供路径。其四，对于小游园、街道绿地、宅旁绿地等小尺度地块，充分发掘其提供日常休闲游憩场所、缓解压力、提供面对面交流机会等功能，通过良好的人本化景观生态设计，提高其使用率，通过植物品种的选择与替换，将人工经营与自然恢复逐步结合，适度提高植被的原生性与生物多样性，结合传统造园手法、植物、街道家具、文化要素与标识等运用，增强其在当地传统文化传承中的基地作用，增强场所感。

最后，加强生态基础设施管理，强制性管理优先，积极推进引导式管理。鉴于村镇混杂区生态环境危机的严重程度，基于其历史、社会、经济等实际情况，强制性管理优先是必然，在对环境保护法、基本农田保护条

① Weber, T. C., Sloan, A., Wolf, J., "Maryland's Green Infrastructure Assessment: Development of a Comprehensive Approach to Land Conservation", *Landscape and Urban Planning*, Vol. 77, No. 1 – 2, 2006, pp. 94 – 110.

例、土壤质量标准等法律法规、强制性标准等以灵活多样的形式进行普法宣传的同时，对于违反法律法规和强制性标准的行为坚决打击，降低负的环境外部性。大力推广引导式管理，通过生态保护政策、惠农政策等引导，主体功能区规划、生态保护红线划定等规划引导，全国文明村、国家农村现代化示范村、人居环境范例奖等荣誉称号、奖励引导，生态补偿制度、地票制度等市场引导，公益广告、微电影及其衍生物等文创引导来引导企事业单位、个人、社会组织等的社会行为。根据生态基础设施建设的难度与严重性，需要将原引导式管理中允许作业区域改变为禁止作业区域，如湿地占用、围网养殖等导致的重要水源地污染等，采用说服教育、生态补偿、过渡补贴等方式进行，将引导式管理转化为强制性管理。

三　优化空间权益分配与再分配

公共政策是有效治理的核心工具。实现乡村振兴，提高村镇混杂区的可持续发展能力，必须在加快破除城乡二元管理体制壁垒、弱化制度变迁可能产生的不利影响的同时，审慎使用政策工具，促进空间权益的分配和再分配，为低冲击开发、渐进性结构更新、生态基础设施建设提供支撑。

西奥多·罗伊提出了“政策决定政治”的新的政治学范式，从强制的可能性和强制的应用两个维度将公共政策划分为分配性政策、构成性政策、再分配政策和规制性政策四种类型，每一类型政策催生与之相应的政治形式（见表5－2），为政策工具运用提供了分析框架。①

表5－2　　罗伊的政策类型理论的主要内容②

	分配性政策	构成性政策	再分配政策	规制性政策
强制的可能性	低	低	高	高

① 胡润忠：《美国政治学“政策决定政治”的代表性理论比较》，《国外理论动态》2013年第2期。

② 胡润忠：《美国政治学“政策决定政治”的代表性理论比较》，《国外理论动态》2013年第2期。

续表

	分配性政策	构成性政策	再分配政策	规制性政策
强制的应用	个体	行为环境	行为环境	个体
特征	服务和利益分配给特定的人群或地区，但不给目标群体施加义务	是关于规则的规则，关于权威的规则，将权力授予掌权者，监督政府权力的运行	将财富或其他有价值的事物在不同阶级、阶层或团体之间进行转移分配	政府控制社会及个体行为的方式之一，与制定或执行给个体施加义务的规则有关，并规定对不服从行为的惩罚
围绕政策的冲突	少	较少	多，涉及意识形态纠纷和阶级冲突	利益集团充当个人与国家之间的桥梁

首先，以分配性政策优先保障生态空间权益，通过土地确权明晰产权边界。通过差异化、个性化的生态补偿政策，自然保留地政策，农田补贴政策，工程基础设施绿色化项目、海绵城市建设项目等将服务和利益分配给村镇混杂区，使村镇混杂区与其包围的中心城市、次中心城市的民众都能够从中获益，政策的成本则由广大纳税人共同承担，从中央、省、市财政按一定比例支出。在推进农村土地确权、明确产权边界的同时，开展农村建设用地普查，尤其是摸清位于城市增长边界、基本农田保护红线、生态保护红线范围内的“散、乱、小”工业用地、仓储用地与居住用地的情况。对生态基础设施范围内的建设用地，即使其符合土地确权规定，也不应核发相关土地使用证，通过征收、货币或留用地指标补偿方式对相关企业或居民进行补偿，引导其逐步退出或促使其积极将用地转变为生态用途。

其次，深化简政放权、完善村民自治，以构成性政策重构村镇混杂区的权力格局，改变当前“企业家城市”与“类企业家”乡村的利益集团政治（interest group politics）困境，改变以土地资源稀缺性为基底的城市或产业综合体“空间”生产为核心的“城市营销”“乡村营销”模式。有学者提出“镇改市”的构成性政策建议，[①] 但从“市带县”“省直管县”等

① 朱旭辉：《珠江三角洲村镇混杂区空间治理的政策思考》，《城市规划学刊》2015 年第 2 期。

改革经验来看，最关键的不是“镇”或“市”的称谓，而是权力的分配，以及与之相应的财力、编制等。自上而下政府机构改革和行政管理体制改革，与推动村党支部去行政化，实现政企分开、政社分开的自下而上村民自治改革结合，根据村镇混杂区范围内镇、村的自然、社会、经济发展状况，分类指导，强化镇级政府的行政资源和财力资源，如江苏省、浙江省、广东省等地区陆续开展强镇扩权试点镇工作，包括一级财政、财政超收返还、审批权与执法权下放等措施，总结正反经验，尽快出台明确的镇级政府机构和行政管理的上位法、《村民自治法》，对《村民委员会组织法》进行完善，从根本上消解基层政府与村集体事财不对称窘境。同时，以新乡贤培育与新乡贤资源有效运用为主要内容，提高村民自治能力，完善村民自治权力监督，以村庄治理权力与能力的提高，减少急功近利式开发与消极环境治理行为。

再次，以再分配政策促进空间权益在村镇混杂区居民、企业、社会团体之间进行转移分配。通过土地整理、增减挂钩、整存挂钩、开发权转移等实现空间权益的“变现”与“潜在变现”，扭转极度扭曲的经济指向性与超高负外部性，回归生态环境容量正常值，实现空间权益的长远性与土地的可持续利用。通过政策性银行对村镇混杂区信贷的控制、税制改革、生态补偿财政转移支付、社会保障制度等实现空间权益在代际代内、在城乡，以及在村的当地村民、不在村的当地村民、在村的外地居民之间合理分配。这种空间权益以经济权益为主体，但更应该注重社会权益、生态权益的再分配。

最后，以规制性政策控制村镇混杂区的开发、再开发与保护行为。其一，完善生态风险评估及生态风险评级制度，完善村镇混杂区区域——镇村两级产业准入负面清单制度，结合业已施行的主体功能区规划，严控优化开发区、重点开发区域、限制开发区的生态风险评级高的地块的开发、再开发行为；结合企业诚信体系建设建立企业生态风险诚信档案，对于持续低企业生态风险诚信评级的企业责任人进行追责与全国范围内的行业禁入，对于持续高企业生态风险诚信评级的企业责任人进行荣誉奖励与全国范围内的行业准入优先。其二，对于重大、区域性的生态基础设施、建设项目，通过规划审批权、规划许可权、空间管理权的上收，占用自然生态空间的耕地补充、未经棕地治理重污染地块复垦的禁止，甚或生态敏感地区空间产权的政府购买，来控制对自然生态空间、农业生态空间的无序占用，以及城乡聚落和独立工矿用地的无序蔓延。其三，明确区域规划、乡村规划的法定定位，完善区域规划、乡村规划法规、条例及实施细则，以协同创新推动村镇混杂区区域规划的编制、实施；推动多主体参与式“多规合一”村庄规划，并将村庄规划成果与村规民约结合，转化为简单明了、通俗易懂的语言，提高村民的接受度与自觉自愿参与度。

第四节　结语

乡村振兴中，村镇混杂区的用地结构和布局调整加快，景观变化显著，这既是解决曾经“村村点火、处处冒烟”乡村工业化遗留问题的必然选择，也是实现农业产业化经营、规模化经营的必然选择，更是以土地稀缺性为基础的城市或产业综合体“空间”生产为核心、以政企合作为主要特征的“企业家城市”“类企业家村庄”的局部自下而上制度诱致与国家收紧东部沿海地区新增建设用地指标规模、加强土地管控的自上而下制度强制博弈的必然选择。这些必然导致村镇混杂区的节约集约用地倾向与土地、商服楼宇空置并存，自然村落短期内大量消失、自然与人文生态系统风险性加大，生态基础设施的生态系统服务能力不高等问题。

乡村振兴中，村镇混杂区需要完成从“征服自然”到“人与自然和谐发展”的生态伦理的转变，坚持“农业农村优先发展”“建立健全城乡融合发展体制机制和政策体系”，围绕新颁布的一系列环境与生态保护法律法规、国家标准，通过分配性政策、构成性政策、再分配政策和规制性政策的调整、制定与施行，实现自上而下制度强制推动与自下而上制度诱致自觉的结合，改变环境治理、生态保护的应急专项式治理的短期改善、长期恶化，“集权式”环境规制下的局地好转、整体恶化，移花接木式治理的即时改善、后患潜藏的状况，以新乡贤培育和新乡贤资源有效运用为主要手段，提高村民自治能力，以参与式全域规划引领，以低冲击开发、结构渐进性更新、生态基础设施建设为主导，充分发动以新乡贤为骨干的在村的当地村民、不在村的当地村民、在村的外地居民的自觉、自愿、全过程、全方位公众参与，提高农田生态系统和村庄生态系统的服务能力，实现“望得见山，看得见水，记得住乡愁”的初衷，实现“产业兴旺、生态宜居、乡风文明、治理有效、生活富裕”目标。

乡村振兴“让农业成为有奔头的产业，让农民成为有吸引力的职业，让农村成为安居乐业的美丽家园”①，也让乡村成为资本与投机的热土，成为“情怀”与“权益”博弈的战场。囿于篇幅，本章主要针对村镇混杂区乡村振兴中的自然生态风险，以及政府间、城乡管理部门间博弈进行初步探讨，政府、村党支部与企业、村民之间的权力、资本、社会博弈，如何消解业已出现的乡村优秀历史文化“建设性破坏”“保护性破坏”倾向，如何充分调动市场与社会的力量全面参与乡村振兴而避免“开发区热”“CBD 热”等都值得深入调研与探索。

① 《乡村振兴战略规划（2018—2022 年）》要求“坚持农业农村优先发展，按照产业兴旺、生态宜居、乡风文明、治理有效、生活富裕的总要求，建立健全城乡融合发展体制机制和政策体系，统筹推进农村经济建设、政治建设、文化建设、社会建设、生态文明建设和党的建设，加快推进乡村治理体系和治理能力现代化，加快推进农业农村现代化，走中国特色社会主义乡村振兴道路，让农业成为有奔头的产业，让农民成为有吸引力的职业，让农村成为安居乐业的美丽家园”。

第六章　新型城镇化过程中乡村振兴的新业态

2018年年初，中央又一个惠农一号文件《中共中央　国务院关于实施乡村振兴战略的意见》出台，文件要求“完善农民闲置宅基地和闲置农房政策，探索宅基地所有权、资格权、使用权‘三权分置’，落实宅基地集体所有权，保障宅基地农户资格权和农民房屋财产权，适度放活宅基地和农民房屋使用权，不得违规违法买卖宅基地，严格实行土地用途管制，严格禁止下乡利用农村宅基地建设别墅大院和私人会馆”。[①] 农房是农民在农村宅基地上的农村房屋，即是指拥有宅基地使用权的本村村民在宅基地上建筑的自住房屋。长期以来，宅基地、农房都是政策的禁区，在中央乡村振兴战略下，农房的流转成为可能，盘活农民的资产将成为中西部乡村振兴的全新产业，并形成一个新的更有活力的业态。

第一节　城中村农房流转的新业态试验及其成功条件

宅基地及建在上面的农房，因涉及农村土地所有权的问题，长期以来在理论上未有重大突破。而在具体的实践过程中，一些大中城市城中村中的农房开始流转起来，人们不禁好奇“农房”为何能率先在城市中开始流转起来？其中，深圳市龙华区有关农房流转的“万村计划”很有代表性。

① 《中共中央　国务院关于实施乡村振兴战略的意见》，中华人民共和国中央人民政府网站，2018年2月4日，http：//www. gov. cn/zhengce/2018-02/04/content_ 5263807. htm。

深圳市龙华区在其下辖的一个名叫“万村”的城中村进行了一个“万村城中村改造”的计划。该项目将政府、运营企业、村股份公司以及村民有机联动起来，积极发挥各方优势。其一，政府的主导。政府主导城中村综合治理，对村内水、电、燃气等公共安全环境基础设施进行改造与美化，提升消防安全性；并改善城市公共界面以便城中村美化，提升消防安全性；利用城中村闲置空间增设村民活动场所，为老人、孩子提供安全的区域。其二，村集体的市场化运用。万村在保障村民收益的前提下，通过市场化运作的方式，将城中村内村民自建房或村集体自有物业进行统一租赁、专业化改革和规模化运营。其三，村民的配合。村民拥有自己物业的支配权。保障村民现有的收益并有所提升，免除烦琐的日常管理，转移安全消防等主体责任，三者结合共同促成村民将物业（农房）进行托管管理。其四，企业介入。深圳万科启动“万村计划”，通过市场化运作的方式，将城中村内村民自建房或村集体自有物业进行统一租赁、专业化改造和规模化运营管理，并成立专门负责城中村统租运营管理的全资子公司——深圳市万村发展有限公司，在深圳市政府支持下率先展开城中村改造实践，通过有机化更新，赋予城中村新的活力。

深圳市龙华区的“万村计划”率先试验将城中村的“农房”流转到企业（万科）手中，实现了农房的有效流转。在政府主导下，农房流转顺利得以实现。充分证明农房流转也是可行的。

总结深圳市龙华区的农房流转试验，取得成功的条件至少有如下几个方面：

其一，城中村农房流转是在当地政府主导和推动下进行的。在现有的管理体制下，城中村的农房存在着严重的治安和消防隐患。城中村由于年久失修、早期的规划缺位，造成市政配套和生活基础设施配套不全，特别是消防、燃气、供电等公共基础设施缺失或老化，既对居民的生活造成不便，也存在着消防安全隐患。加之城中村人多楼密的特殊性，也使应急救援比较困难，一旦发生火灾，极有可能引发重大事故。城中村的农房管理成了令政府头痛的问题。政府有积极性去主导和推动城中村改造。这是农房流转的重要社会条件。

其二，城市化建设过程中，城中村的农地及其上的农房，早就被看作城市的一部分，其农地、农房，人们自然而然地不再提其“保障”功能。人们不自觉地将这种农地和农房从社会保障（包括社会稳定）功能中剥离出来，仅仅将其看作物业（财物）进行“统一租赁、专业化改造和规模化运营管理”。强行附加在其上的社会性功能的剥离，有利于农房的流转且没有多大社会阻力。

其三，政府、村集体、农户及企业，在城中村农房流转中均是受益者，改革的阻力很小。在城中村农房流转过程中，政府实现了社会治理目标，农房流转后得到了改造，治安好了，消防困局破解了，城中村环境美化了，群众更加拥护政府；村集体在城中村改造中，实现了更好的社会环境，有了更安全的小区环境；农户从农房流转中，比以前管理麻烦更少，而收益反而增加了；企业介入后，有了一个全新的市场，企业摒弃旧思维、调整角色定位，全面转型为城乡建设与生活服务商。企业有了新的业态和出路。各方受益，这才是真正的增量改革，也是阻力最小的改革。

第二节 中西部乡村振兴中农房流转的顾虑及其消除前提

农房是农民的自有财产，理论上农房入市流转是可行的。但在现实生活中，长期以来人们赋予了农地和农房诸多社会功能，如社会保障功能，导致国家对农房流转有诸多顾虑且用诸多法律和政策规定限制农房流转。要让农房在市场上流转起来，需要研究这些顾虑的根源在何处，并要从中找到消除这些顾虑的条件。

一 中西部乡村振兴中农房流转的顾虑

农房流转对中西部乡村振兴的作用是不言而喻的。对农房流转，人们有如下几个方面的顾虑。

首先，人们将农地以及宅基地上的农房赋予了诸多的社会功能，剥离这些社会功能人们有许多顾虑。中国农村的土地问题，“历来是中国农村的一个复杂而敏感的话题，也是一个远未完成的话题”。[①] 在计划体制下，中国实行的是二元保障制度，城市居民由国家保障，农民的保障由村集体来实现。村集体既是生产单位，也是社会保障单位。村集体是一个很脆弱的组织，其经济能力很弱，让其实现国家的社会保障功能，在生产力极为低下的年代，其只能将这一功能与土地挂钩，从土地上刨食，依赖农产支撑农民的社会保障；在改革开放之后，尤其在计划经济和市场经济转变的过程中，我们将农地细分为小块，分配给农户生产，各农户的社会保障由农民自己去解决。许多农民在现代化过程中进城务工，但农地仍然由其持有。各城市政府无法抑或不愿承担农民工的全部社会保障，甚至农民工子女的义务教育权都实行区别对待，国家仍然以农地作为农民（包括进城农民工）的社会保障，以防止农民在经济下滑无法在城市生存时返乡务农。直至近年，在经济产值成为世界第二的基础上，中国政府有了较好的经济条件，开始在农村实现广覆盖的养老保险、医疗保险。因为政府在农村实行的社会保障措施还处于初创阶段，且保障水平仍然不高，基于安全顾虑，原来赋予农地以及宅基地上的农房的社会保障功能仍然没有剥离。

其次，政府对农地以及宅基地上的农房有诸多管制，要打破法律和政策进行突破性的改革，人们有着许多顾虑。农村村民取得宅基地使用权需要履行一定的法律手续。中国人多地少，长期实行最严格的土地管理制度，且为防止出现农民转让宅基地后流离失所，进而影响社会稳定这一大局，中国立法禁止城镇居民购买宅基地。国务院在《关于深化改革严格土地管理的决定》中再次强调：“加强农村宅基地管理，禁止城镇居民在农村购置宅基地。”《土地管理法》中有关“农村村民出卖、出租住房后，再申请宅基地的，不予批准”的规定，也体现了不允许宅基地使用权向集体经济组织外的城镇居民转让的意思。综上，根据现有法律和政策规定，农村宅基地只能在村集体成员内部之间转让，不能转让给城镇户口的居民。农村地权（包括宅基地权）的转让有严格的限制，进而地上的农房自然而然地也被限制了。虽然农房是农民的自有财产，但是在宅基地转让有

① 陆学艺主编：《内发的村庄》，社会科学文献出版社 2001 年版，第 73 页。

严格限制的基础上，各地的农房也被列入了限制流转之列；虽然打破农房财产可以转让的限制理由充分，但是人们顾虑让农房流转后，无法严管农房赖以存在的农地。

再次，在农地使用管制不严的前提下，人们对农房流转后，城市资本进入农村圈地，无法守牢耕地保护红线存在顾虑。抑制土地的兼并是自封建社会以来，国家长期采取的政策。“历史上土地兼并所引起的社会危机的爆发，大多具有突然性。在王朝前期，这一问题并不很突出，但到了某一转折点，这个问题就爆发。”① 王朝抑制不住土地的兼并，则王朝的社会危机就可能爆发。共产党人自土地革命时期开始，就非常成功地实行了“耕者有其田”制度，“打土豪，分田地”深得民心。中华人民共和国成立之后，土地归国家或集体所有，农民无偿获得农地。这既保障了农民的生产和生活，也实现了农村社会稳定。若让农房流转，人们就会忧虑农地会被买卖；在农地使用管制不严的前提下，农房流转后，人们就会忧虑城市资金进入乡村圈地，更担心城里人用农田建别墅，使国家的耕地保护红线无法被守牢。

最后，村集体和村民对“外来”文明冲击本土管理和本土文化存在顾虑。中西部乡村社会仍然处于相对封闭的状态，在城市化、现代化过程中，大量的农村精英进城务工，既增加了乡村与城市的交流，又在一定程度上加剧了乡村的孤立和封闭。国家治理末梢的村委会与传统的“宗法家族”都对中西部乡村产生着影响。“宗法家族结构，也是保家产续祖业的强有力的控制手段，尤其自宋代以后，宗法家族制日益完善，出现了不能买卖的族田，对稳定宗法家族内部的等级起了相当大的作用。宋人就说过族田‘百亩之田或传十数世而不失一’。”② 村委会和传统的宗法家族有着延续千百年文化传统的责任，若农房放开管制，允许外来人口置业，则会打破乡村传统，这是当地村民和村委会所顾虑的。因此，对于部分村民有流转农房的想法，大多数村民会产生抵制情绪，甚至直接阻挠。

① 金观涛、刘青峰：《兴盛与危机——论中国社会超稳定结构》，法律出版社 2011 年版，第 100 页。

② 金观涛、刘青峰：《兴盛与危机——论中国社会超稳定结构》，法律出版社 2011 年版，第 99 页。

二 消除中西部乡村振兴中农房流转顾虑的必备前提

农房流转可以在中西部乡村形成新的业态。要消除农房流转的顾虑，必须具备如下几个前提。

（一）中国经济平稳发展以及乡村社会保障水平持续提高

“如果我们想要摆脱对传统土地养老保障的依赖并用城乡居民养老保险制度来替代其发挥主导作用的话，就必须让新型养老社会保障制度为农民养老提供适度合理的待遇保障水平。但根据人社部统计，截至2015年底，这一制度为农民提供的养老保障水平仅为116.7元/月，这一低于同期低保水平的养老金待遇对于农民而言根本无法切实发挥养老保障作用。”① 出于千百年来人们对农村稳定的顾虑，任何人在没有彻底对农村稳定放下心来之前，不敢妄言“改革”。

中国多数改革往往会找到“正当”或“正义”的理由去进行，而又以实际的结果来证实其行动的“正确性”。政府在乡村农地或农房的任何“改革”上，都是那么“谨慎”，如履薄冰，正是基于农村社会稳定的顾虑。消除这一顾虑，不仅取决于中国经济能持续稳定发展，还取决于农村养老、医疗保障持续增长，直至最终城乡养老保障一体化，农村社会稳定的隐忧消除。有了这样的前提，附着有农村社会保障功能的农地与农房，就可以自由入市流动了。

（二）中国农地和农房的相关法律与政策需要清理和整合

农民建在宅基地上的农房用于出租或出售，不是没有合法依据，只是这些依据之间常常相互冲突，或不甚明了。合法的依据有：

其一，党的八届十中全会通过的“人民公社60条”，明确“社员有买卖或者租赁房屋的权利”。此后，再没有任何一次同规格或更高规格的中央决定废除或修订此项权利。

其二，1988年的宪法修正案明确了“土地的使用权可以依照法律的规定转让”。这不但终结了之前禁止土地使用权转让的所有规定，而且为以

① 姚金海：《农地三权分置改革与农民养老社会保障制度优化——基于主体利益耦合的视角》，《社会发展研究》2017年第3期。

后的法律完善奠定了必须遵从的宪法原则。

其三，党的十八届三中全会《决定》指出，建立城乡统一的建设用地市场。在符合规划和用途管制的前提下，允许农村集体经营性建设用地出让、租赁、入股，实行与国有土地同等入市，同价同权。

其四，2018 年中央的一号文件进一步明确了“保障宅基地农户资格权和农民房屋财产权，适度放活宅基地和农民房屋使用权”。

上述合法依据完全可以支撑农房流转，但是要完成这一行动，需要对现有的法律和政策进行梳理，因为有的法律表述与此表述有一定的冲突，当前缺乏正面的允许性的规定，而中国人不太习惯“法不禁止则可行”的思维方式。在有顾虑的前提下，宁可不做，也不冒险。一般来说，若无明确的法律或政策支持，地方政府就不太敢对农地或农房放手进行改革。

（三）最严格的耕地保护制度能够落地

最严格的耕地保护制度是党的十七大提出的生态文明制度建设的一个重要组成部分，2008 年党的十七届三中全会通过的《中共中央关于推进农村改革发展若干重大问题的决定》明确指出，“坚持最严格的耕地保护制度，层层落实责任，坚决守住十八亿亩耕地红线”。我们知道耕地红线不能碰，但是城市化过程中，政策落地很难。难就难在地方政府自身，随着耕地保护和生态建设力度的加大，中国可用作新增建设用地的空间十分有限，各项建设用地的供给面临前所未有的压力。违规违法用地现象屡禁不止，地方政府违法违规用地比例高，违规违法形式多，遏制违规违法用地的形势依然严峻。[①] 政策落地的最大阻力是地方政府，因为城市化对于地方政府来说具有不可抗拒的吸引力，而城市化则需要土地，靠地方政府来落实“最严格的耕地保护制度”并非总能奏效。

正因地方政府对自身是否能抵挡住城市化而不占用耕地尚且存疑，所以对放开农房入市后大量的城市资本和城市居民进入中西部乡村后如何控制占有耕地，心存顾虑。若地方政府做不到控制自身的城市扩张用地的欲望，就遑论市场主体尤其是城市居民进入中西部乡村后，做好“最严格”的耕地保护工作了。

---

① 田春华：《坚持最严格的耕地保护制度》，《中国国土资源报》2008 年 3 月 6 日。

（四）中西部乡村城乡一体化的进程加快

消除中西部乡村村集体和村民对外来文明冲击本土管理和本土文化的顾虑，则取决于中西部乡村的城乡一体化进程。

城乡一体化是未来中西部乡村振兴所要走的大方向，“城市化是发达国家不久前刚走过的路，可世界上最宏大、最富创造性的城市化奇迹注定属于中国。当农民开始大批离开农业，离开农村，吃饭经济就变成了创造利润的经济，乡村中国就变成了城市中国。当农民变成‘居民’，中国的人均产值就能赶上发达国家”。[①] 农民顾虑乡土中国有大量的外来人员会冲击其乡村传统，这是情有可原的。当中西部乡村与城市形成了互动与一体化之后，乡村居民可以根据需要移居城市，那么允许城市外来人口居住在乡村，就不存在顾虑了。若具有了这样的大前提，乡村农房入市流转，当然就没有太多的阻力了。

第三节　农房流转将成为中西部乡村振兴的优势业态

党的十九大报告，尤其是2018年年初的一号文件，将乡村振兴作为国家战略，农村深化改革进入了一个新时期，当前改革最容易推动的是让农房流转起来。农房流转不改变宅基地的性质，却可以让农民的资产活起来。当前法律规定建立农房的宅基地不能买卖，但并不禁止宅基地上的农房流转。允许农房流转，中西部乡村大量的闲置农房流转就会形成一个全新的乡村业态，这个业态既包括农房资产流动的产业链，也包括农房流动后形成的农房继续建设的产业链，还包括了接受农房流转的新业主可能将农房装饰用于乡村旅游业、乡村房租业。所有这些产业链的形成，将成为中西部乡村振兴的增长点，产业发展的新业态将形成。

一　农房资产流动的产业链

农房是农民建在宅基地上的建筑物。宅基地归农村集体经济组织所

① 潘维：《农民与市场——中国基层政权与乡镇企业》，商务印书馆2003年版，第413—414页。

有，宅基地由农民使用，农民获得土地使用权并用于建设自住农房。宅基地上的农房是农民的财产，农民拥有农房财产的处置权。农房是农民的最大宗财产，大多数农户的主要积蓄用于建设农房，外出务工的大多数农民也将务工收入寄回乡村并用于建设农房。改革开放40多年，农村住宅也越建越美丽。

然而，城镇化是不可阻挡的大趋势，拥有美丽农房的农民流动到城市务工，家乡农房闲置，年久失修逐渐破败。即便农民出售农房，因政策所限，也难以操作。农村空心化，农房破败乃至坍塌，比比皆是。

城市的房地产可以买卖，这是一些大城市居民最近20年财富急剧增长的主要原因。农房流转起来，农民的财富就可以实现流动。农房流动，农民就有望实现财富的增值，也有利于接收流转的住户维护和修缮农房，保持乡村的美丽，阻遏乡村的衰败之势。农房流转是助推乡村振兴战略，并将其落到实处的重要途径。

中西部乡村农房资产流动，就可以像在城市一样形成农房流转产业。城市的房地产业是城市发展的“发动机”，“房地产经济包括房地产的生产、流通和消费过程中所发生的各种经济活动及其条件，涉及建筑、建材、家具、家电、机械等大小约50个行业，是国民经济的重要组成部分；它既受到整个国民经济发展水平的制约，又发挥着促进国民经济发展增长点的作用”。[①] 房地产业是国民经济的增长点和支柱产业，其发展规模和速度制约或促进国民经济增长和产业结构的协调。农村的农房比城市房产涉及的地域更广，若让这个产业在中西部乡村兴盛起来，同样也会成为中西部乡村振兴的“发动机”。

二　农房继续建设的产业链

改革开放以来，中西部乡村外出务工人员不断将务工收入寄回乡村，然后又主要用于乡村农房的建设，中西部乡村闲置的农房数量巨大。在城里人眼里，这些农房大概就是梦寐以求的乡村“别墅”。由于年久失修、

① 林志勇：《浅议经济新常态下房地产经济在国民经济中的地位作用》，《现代经济信息》2016年第20期。

乡村建设规划缺位，造成生活基础设施配套不全，特别是消防、燃气、供电等公共基础设施缺失或老化，既对村民的生活造成不便，也存在着消防安全隐患。加之乡村人多楼密的特殊性，也使应急救援比较困难，一旦发生火灾，极有可能引发重大事故。

乡村是美丽的，引发无数城市人向往。“继城镇国有土地入市之后，城镇内外农村集体土地及农房也以多种方式入市转让，不但为大批农民工进城提供着落脚之地，且具有在得到合法承认后进一步改善、升级的巨大潜力。”① 允许农房流转，城市资本将带动城里人回归中西部乡土，哪怕乡村仅是其旅行、休闲地，外来资本及其秉承的理念将对乡村建设品位的提升起重要作用。随着城市资本的流入，城市文化也随之流入，城市美化的成功经验将由城市外来人员带来并撬动乡村建设的新高潮。中西部乡村的院落，将是城市花花草草落根之地。

长期以来，中西部乡村的新农村建设依赖地方政府的投入，这项工作已经难以为继。让农房流转起来，就有更多的市场主体或城市居民主动地来建设其在乡村的“产业”（农房）。中西部乡村新业态也将形成，更加美丽的乡村指日可待。

三　乡村旅游业、农民闲置农房租赁流转的产业链

田园诗人对乡村“采菊东篱下，悠然见南山”美景的描绘，引发了无数中国人挥之不去的乡愁。人们在城市高楼林立的“水泥森林”中待久了，就向往着乡村的恬静。

中西部农房流转起来后，必然会有更多的城市资本投入乡村旅游业。接受现成农房的流转，是最省资本的一种乡村旅游投入方式。利用现有农房进行改造，既符合乡村振兴对乡村生态环境建设的需要，也符合城里人长期在“水泥森林”中住腻后对新鲜感的需要。乡村的宁静，鸡犬相闻，这些都是乡村旅游业的魅力所在，农房流转就会在很短的时间内促成乡村旅游业，全新的乡村业态将形成。

除了乡村旅游业，城市化进程加快后，城市将难以满足更多的从乡村

① 《周其仁：城市化离不开农地农房入市》，《农村金融研究》2014 年第 12 期。

流动出来的人口的住房问题，城市商业住宅的高房价排斥低收入的农民工，这将仍然是全国各地城市的一个普遍现象。中西部大中城市近郊的农房将成为农民工集聚和租赁居住的又一选择。让农房流动起来，有助于城市化进程的深入，并成为中西部乡村振兴的一个新的财富增长点。

第四节 构建中西部乡村振兴新业态的农房流转途径

农地不可卖，农房可以转，让农房流转，让城市居民拥有接受农房流转的权利，可加速中西部乡村资产的流动，促进财富的快速增长；同时又可满足乡愁，是让进城精英落叶归根的有益举措。让农房流转可以形成中西部乡村全新业态，当前中西部乡村振兴的一项重点工作是如何构建农房流转的可行途径，让农房流转起来，乡村振兴就找到了突破口。

一 落实中央乡村振兴战略，推动农房流转

（一）做好剥离附加在农房上的社会稳定功能的工作

基于中国经济将持续稳定发展的基本判断，中国全面提升广覆盖的社会保障水平，是可以得到肯定答案的。因此，剥离附加在农房上的社会稳定功能，已经完全具备了条件。农房作为财产并取得收益是合情合理的。农村的社会稳定，当然要作为重点来抓。从世界范围来看，社会稳定的功能主要由社会保障措施来实现，即中国人所说的“民生工程”。近年来，农村已经实现了广覆盖的医保和社保，这是最有利的社会稳定措施，我们在这方面已经取得了巨大的成绩。若能进一步完善这些民生工程，就可以做好农村社会稳定工作。剥离宅基地、农房的社会保障功能，已经具备了条件。让农房流转，让市民也能获得农房，也已经具备了条件。

当前，在做好剥离附加在农房上的社会稳定功能工作的同时，要制定随着经济持续增长不断提高中西部乡村社会保障水平的中长期政策。以政策稳定民心，用政策约束政府自身的行为。中西部乡村的农民对于农地（包括宅基地及其上的家房）流转的顾虑，恰恰是年老失去工作能力、丧失工资性收入后的老年生活保障问题。“政府在支持或推进农地流转，保

障国家粮食安全的过程中，必须将土地所承载的养老社会保障功能纳入政策考量范围。通过整合城乡居民基本养老保险制度把进城落户农民完全纳入城镇养老社会保障体系，在土地流转中通过合理的利益分配，建构起政府和集体经济组织匹配缴费、农民个体积极参保的农民养老社会保障制度，从而反过来消弭农户土地流转的后顾之忧。"① 在短期内，农地及建立在宅基地上的农房，对于中西部乡村的农民来说是其内心的"保障"，也是国家认为社会稳定的"保障"。

深入分析，我们就可以看到，这些仅仅是认知因素、心理因素而已。因为中国城市化率已然很高，国家统计局 2018 年 2 月发布的《中华人民共和国 2017 年国民经济和社会发展统计公报》显示，"2017 年末全国大陆总人口 139008 万人，比上年末增加 737 万人，其中城镇常住人口 81347 万人，占总人口比重（常住人口城镇化率）为 58.52%，比上年末提高 1.17 个百分点"。② 根据中国的长期规划，未来中国的城市化率将达 65%，将会有越来越多的农民离开土地进入城市，以农地生产粮食作为农民的保障功能已经大大降低，未来将更依赖国家的社会保障功能来实现全社会的社会保障，这也是世界性的潮流。当中国经济持续发展，经济实力越来越强大的时候，实现全面的社会保障为时不远。

（二）做好中西部乡村农房流转的相关法律与政策整合工作

党的十九大报告及 2018 年年初的中央一号文件，为农房流转提供了理论依据，并指明了方向。一号文件要求"完善农民闲置宅基地和闲置农房政策，探索宅基地所有权、资格权、使用权'三权分置'"。宅基地的"所有权""资格权""使用权"三权可以分置，农民有资格使用宅基地，农民在宅基地上可以建农房。根据一号文件，建农房的资格权可以与宅基地的"所有权"分离，农房的财产权也可以与宅基地"所有权"分离。这样农民将自己的农房财产流转，就与现行法律法规不相冲突。一号文件有利于促进农民财产的流转，促进农村农民资金的流动。通过农房流转，实现外来资本注入乡村社会，可以在中西部乡村形成新业态并促进乡村

① 姚金海：《农地三权分置改革与农民养老社会保障制度优化——基于主体利益耦合的视角》，《社会发展研究》2017 年第 3 期。

② 《最新数据！2017 年中国城镇化率达 58.52%》，《经济日报》2018 年 2 月 28 日。

振兴。

中国农地及农房流转的改革始终未能深入全面地进行，“20世纪80年代，中国迈出了土地使用权可转让的重要步伐，以此适应当时改革开放的紧迫要求。但迄今为止，城镇国有土地可以合法入市转让，但是曾经得到宪法原则支持的郊区与农村集体土地使用权的转让，仍广受歧视，得不到有效的法律承认、保护与服务”。① 这就导致“政府一手征地、一手卖地”的畸形体制，城市政府一手操纵征地和卖地，其中的地方政府收益是不言而喻的，中国城镇化过程中某些地方政府正是依赖卖地来支撑地方“财政”，土地财政严重影响了中国城镇化的健康发展，也影响了中西部乡村新业态的形成。

深化中西部乡村的改革，应该采用新的思维方式，既然法不禁止，又有中央文件的支持，中西部地方政府应做好乡村农房流转的相关法律与政策整合工作，支持中西部乡村的农房流转，促进乡村新业态的形成。农房流转，资产仍然在农民手上，即便城市化的速度下降，出现城市发展减速现象，农民仍然可以重新置产置业，不会危及农民的生存；相反，若让农民的财产流动起来，在流动的过程中国家和社会也在不断增长财富，国家更有能力提高全社会的社会保障水平，国家更有能力承担起社会稳定功能。

二　顺应逆城市化发展要求，促进农房流转

城市化、工业化是当前发展的大趋势，但是“逆城市化”（也称非都市化）与其相伴而生。逆城市化产生于20世纪70年代的美国，“这种‘非都市化’或‘逆城市化’是城市扩张即郊区化进程的继续，是大都市区进一步膨胀的结果”。② 中国改革开放40多年来，城市摊大饼式扩张，已经将大量的农村圈入城市成为“城中村”。城市将其“手臂”——村村通公路——延伸至更加遥远的乡村，城里人越来越有条件选择多地居住，或工作日居住城市，休闲时光在乡村；甚或出现了工作在城市，居住在乡

① 《周其仁：城市化离不开农地农房入市》，《农村金融研究》2014年第12期。

② 孙群郎：《20世纪70年代美国的“逆城市化”现象及其实质》，《世界历史》2005年第1期。

村。这是现代化美好生活的一个表现形式。

未来这种逆城市化现象将越来越普遍。多种场景都可以促使逆城市化现象发生，比如，美丽乡村建设，使越来越多的城里人选择在乡村居住（或作为第二居住地）；汽车产业快速发展，中国人拥有汽车交通工具越来越平常，汽车可以将中国人的居住—工作场域延伸至 30 千米之外；休闲产业的快速完善，也促进了人们越来越频繁地在城市与乡村之间切换。

适应这种逆城市化要求，放开乡村农房流转的管制，让农民财产流转起来，这将是一个与逆城市化互动的过程，也是将乡村与城市化结合的过程，使乡村与城市进一步对接。农房自由流转，农村新产业就会不断涌现，中西部乡村的振兴就看到了希望。农地农房等问题的争议不断，“既然破绽百出的‘理论’解不开它，喧嚣的歧视奈何不了它，哗众取宠的‘方案设计’也替代不了它，我们不妨踏踏实实，多看多想，继续从中汲取营养和力量”。[①] 在逆城市化过程中，城市人开车跑出城市居住在乡村已经不是难题，实践紧跟其后，让农房这种财产自由流转，可以先做起来，利国利民的事，即便有些异议，可以“多看多想”，促成农房流转，可以先试先改。

三　回归城乡一体发展文明，助力农房流转

城乡区隔的二元体制是在中华人民共和国成立之后形成的。自古以来，中国城乡之间的文化是交融的。连接城乡之间的纽带是士人，士人读书高中进入城市为官，官员解甲归田又将城市文化重新注入乡村。外出的士人通过落叶归根连起了城市与乡村。今日，改革开放让更多的中西部乡村精英在城市和乡村之间游走。乡村振兴，离不开精英的回归，所以 2018 年的中央一号文件强调：“鼓励社会各界投身乡村建设。建立有效激励机制，以乡情乡愁为纽带，吸引支持企业家、党政干部、专家学者、医生教师、规划师、建筑师、律师、技能人才等，通过下乡担任志愿者、投资兴业、包村包项目、行医办学、捐资捐物、法律服务等方

---

① 《周其仁：城市化离不开农地农房入市》，《农村金融研究》2014 年第 12 期。

式服务乡村振兴事业。”①

坚持城乡融合发展、一体发展，这是传统的城市与乡村文明方式的继续。长期以来，我们对落叶归根的重要性认识还不到位。在中华人民共和国成立初期，我们将“落叶归根”当作封建思想，认为与社会主义思想相悖。老一辈的无产阶级革命家都将骨灰回归大自然，作为一种崇高品质。由此，大多数的社会精英，包括我们的老一辈无产阶级革命家，都把工作地（主要是城市）当作自己的家。不可否认老一辈无产阶级革命家对社会主义建设的贡献。但也要认识到，大量的社会精英（包括政治精英）全面流入大城市，导致了乡村的衰败，更导致千百年来形成的“落叶归根”乡村文明的衰败。城市文明一枝独秀不是春，万花齐放春来到！乡村振兴战略给了各类人才落叶归根的机遇。让农房流转起来，可以突破几十年来形成的思想障碍。

城乡一体发展，就要做到“坚决破除体制机制弊端，使市场在资源配置中起决定性作用，更好发挥政府作用，推动城乡要素自由流动、平等交换，推动新型工业化、信息化、城镇化、农业现代化同步发展，加快形成工农互促、城乡互补、全面融合、共同繁荣的新型工农城乡关系”。② 中西部乡村的农房财产要素在城乡一体发展中起着重要作用。农房流转交给市场，由市场起资源配置的决定性作用。在市场作用下，农房流转将更顺畅，更有利于城市一体繁荣。

四　做好确认登记服务工作，完成农房流转

在中西部乡村出现衰败、空心化的大背景下，如何重振乡村，挽回乡村发展颓势，当前中西部各地并没有太多可以依凭的手段，而农房流转则恰好是中西部地方政府不可多得的手段。让农房流转能形成多种新产业、新业态。按新市场规律，新产业和新业态的形成必将带动乡村经济的发展，这是中西部乡村经济发展的机遇。哪一个地方政府率先抓住机遇，这

① 《中共中央　国务院关于实施乡村振兴战略的意见》，中华人民共和国中央人民政府网站，2018 年 2 月 4 日，http：//www. gov. cn/zhengce/2018-02/04/content_ 5263807. htm。

② 《中共中央　国务院关于实施乡村振兴战略的意见》，中华人民共和国中央人民政府网站，2018 年 2 月 4 日，http：//www. gov. cn/zhengce/2018-02/04/content_ 5263807. htm。

个地方乡村经济就可能率先取得突破，就可能成为当地挽救乡村发展颓势的拐点。

中西部地区的地方政府在推动农房流转的过程中，首先要克服认知障碍。长期以来，地方政府将农地作为禁区，害怕农民失去土地后，社会不稳定。这种担忧是有理由的，改革开放初期中国社会剧烈变迁，很多社会问题不断出现，农村不稳则社会不稳，所以地方政府常常赋予农村社会的各项事务及农民财产以“社会稳定”的重大责任。“三农”问题越严重，地方政府在认知上就越放不开，在农村政策上趋于保守，改革难以深入下去。对于农房流转不仅不支持，甚至采取各种手段阻止，最后，乡村少有的一条“发财”路被地方政府阻断；进入21世纪，中国全面建立起了社会主义市场经济体制，农房也是财产，地方政府没有理由阻止财产的流转，更何况这种财产的流转可以促进乡村的振兴、挽救中西部乡村发展颓势呢！所以，中西部地方政府必须从思想上改变认识，找准乡村振兴难得的一条道路。

中西部地区的地方政府在推动农房流转过程中，还要克服法律和政策对农房流转各种说不清讲不明的表述障碍。法律规定农村土地为农民集体所有，土地使用权30年不变，哪怕农民早已流动到城市务工，土地抛荒，使用权仍然不变。而对于宅基地则禁止买卖，连带宅基地上的农房也不支持买卖。农房是农民自己的财产，不支持买卖就阻隔了农民最大宗财产的流动，使农民的农房投入变成“沉没成本”。中央乡村振兴的精神，给了中西部地方政府理论上的支持，因此，地方政府应做好农房流转的登记和确认工作。村外精英流入中西部乡村置房，接收流转来的农房，政府应做好服务工作，应帮助他们确认其农房的使用权和财产权，并解释清楚农房的宅基地没有所有权，所有权归集体所有。要解决流入者接收流转的农房的后顾之忧。乡村越建越美丽，乡村生活稳定，乡风文明，这是乡村振兴的重要组成部分，也是吸引外来者进入乡村的重要原因。城里人下乡置业、外出精英归乡置房，哪怕这只是其居住地之一，只要房在那里，乡愁就留在了那里。乡村之外的精英能常“回家”看看，就能把其熟知的城市信息传播到乡村，这对乡村社会的振兴是非常有利的。中西部乡村社会越开放，就越能更好地接受现代工业文明，实现城乡的相互融合和协同发展。

中西部地区的地方政府在推动农房流转过程中，也要克服不重视市场的障碍。中西部地区的地方政府在面临诸多发展压力时，往往习惯于政府干预手段，忽视利用市场手段。财富从富人手中流入穷人手中是很困难的，因为富人之所以在改革开放过程中成为富人，一般来说，其具有理财的路径，更会在市场经济运转过程中积累财富。财富从富人手中向穷人手中流动的最主要途径是，“穷人通过自己的劳动为富人服务，为社会创造物质财富，从富人那获得劳动报酬，满足自己的生活，进而致富。富人消费，不仅解决了失业的问题，同时也促进了财富的流动。流量财富的分配不均、存量财富的拥有差距，是经济社会中必然存在的现象”。① 让农房流转起来，就可以充分地利用市场的力量，让市场起决定性的作用，市场这只“看不见的手”，可以带动中西部乡村多种产业的兴盛，也能带动中西部乡村新业态的形成。这正是中央乡村振兴战略所期盼的。

① 张波、邹东涛：《消费与就业视角的贫富差距轨迹：自 2003—2013 年基尼系数解析》，《改革》2015 年第 3 期。

第七章　新型城镇化过程中乡村振兴的领导型人才队伍建设

习近平总书记在党的二十大报告中指出，我们对新时代党和国家事业发展作出科学完整的战略部署，明确了“我国社会主要矛盾是人民日益增长的美好生活需要和不平衡不充分的发展之间的矛盾，并紧紧围绕这个社会主要矛盾推进各项工作，不断丰富和发展人类文明新形态”。① 其中，这种“不平衡”在中国的“城乡二元”结构的发展模式中体现得最为明显。长期以来，“三农”问题一直是党和国家领导人关心的重大问题，也是中国在全面实现社会主义现代化建设过程中亟须攻克的难题。为此，习近平总书记在党的十九大报告中强调要实施“乡村振兴战略”，并把“乡村振兴”作为中国决胜全面建成小康社会、全面建设社会主义现代化国家的重大历史任务。为了配合乡村振兴战略的实施，近年来从国家到地方密集出台了各项支持性政策，尤其是在人才与组织方面提供了大量的制度性供给，团中央在2019年3月发布了《关于开展乡村振兴青春建功行动的通知》，鼓励广大青年投入乡村建设；而一些地方政府如湖北省十堰市早在2016年就出台了《十堰市中长期人才发展规划纲要》，就山区农村实用人才队伍建设提出了系统规划。中央和地方的一系列举措，再次释放了明确的信号——人才的储备是开展乡村振兴工作的前提。而在乡村各类人才中，具备领导力的领导型人才队伍的建设又最为关键，他们不仅是乡村振兴这一项系统化工程的主要规划者，也是主要实施者，在一定程度上决定

---

① 习近平：《高举中国特色社会主义伟大旗帜　为全面建设社会主义现代化国家而团结奋斗——在中国共产党第二十次全国代表大会上的报告》，人民出版社2022年版，第7页。

了乡村振兴工作的最终成效。

第一节　乡村领导型人才画像

习近平总书记在党的十九大报告中强调，我们要培养造就一支懂农业、爱农村、爱农民的“三农”工作队伍，为我们刻画领导型人才画像提供了理论支撑。乡村振兴工作是中国历史上对农村进行改革的最伟大、最深刻的工作，它是国家在现代化进程中的必然产物，是农村进行科技、产业和生态等全方位的改造与提升。在这一背景下，乡村振兴工作的领导型人才在能力素质要求方面与传统乡村的领导型人才相比，具有更深刻的内涵与要求。

首先，乡村领导型人才应具备理解党和国家乡村工作政策的能力。乡村是具有中国自然、社会、经济特征的基本地域单元，兼具生产、生活、生态、文化等多重功能，在中国工业化进程取得辉煌成就的今天，它依然是国家发展的关键命脉。总结历史经验，中国的乡村问题非常复杂，其背后隐藏着多重利益群体的诉求，“牵一发而动全身”，因此乡村振兴中的每一项工作都必须谨慎对待。这就要求领导型人才必须在政治上、思想上和行动上具有高度的前瞻性和大局观，要具备能够充分理解与领会党和国家关于乡村工作方针政策的能力，政治敏锐度高，思想意识较强，能够创造性地推进乡村振兴的各项工作开展。

其次，乡村领导型人才应具备推动乡村现代化建设的现代技术产业知识。乡村振兴工作从本质上来说是一次农村建设现代化的改造，相比于以往的历次乡村工作，它在规模和程度上更加宏大。它不仅仅聚焦于农业本身的现代化，更关注整个乡村结构和产业的现代化。未来，乡村将在农业、现代产业、物流、文化艺术等方面全面发展，完成现代化进程。因此，乡村的领导型人才不仅要懂农村、懂农业，更要具备某一方面的现代产业知识，最好具备一定现代产业工作经验。尤其是在现阶段农村产业、技术人员储备不足的背景下，未来的领导型人才必须成为产业方面的领军人才，从技术和专业上打开工作局面，培养领导权威。

再次，乡村领导型人才应具备立足农村发展的强烈的乡村情结。中国的农村至今依然保留着强烈的自有文化，尤其是其建立在农耕文化基础上的民俗与历史，形成了特有的乡村情结，哺育并连接了一代又一代的人。这种情结不只是表现在对农村文化的高度认同，更重要的是对农村的归属感，从内心深处愿意为它的建设与成长奉献与付出。乡村振兴工作是一项长期工作，它需要践行者有着极强的耐心和百折不挠的精神。这种精神并非只源自说教或者物质激励，而是来自践行者本身的信仰与认同。因此，作为乡村振兴工作的“领头羊”，我们的领导型人才一定要具备这种发自内心的乡土情结，甘于为自己热爱的事业无悔地付出，能够抵挡住来自外界大城市工作机会的诱惑，扎扎实实立足脚下，带领乡村百姓发家致富。

最后，乡村领导型人才应具有经科学实践验证的领导潜质。乡村振兴是一项现代化工程，它建立在科学的基础工作之上。在领导人员的选用上，未来的乡村领导人员将更强调其自身特质的全面性和科学性，摒弃“学而优则仕”的传统观念，要把是否具备领导潜质作为重要的考察点。这里应当学习和借鉴现代企业制度和相关测评工具，对领导型人才与专业型人才通过测评进行区分。尤其是一些只适合从事专业工作的专业型人才，应放在专业通道中进行任用和培养，不宜硬性选拔为领导型人才，避免人员错配。

第二节　乡村领导型人才队伍建设的瓶颈

据统计，中国当前农业人口中受教育的比例依然偏低，截至2016年，大专以上的人口只占农业人口的1.2%，具有产业知识经验的领导型人才更是严重不足，这与整个农村人才队伍在“止血”“输血”和“造血”机制上的失灵与缺位有着重大的关系。

其一，止血机制缺位：农村空心化趋势仍在持续。改革开放以来，随着国家城市化进程的快速推进，城乡差距逐渐拉大，城乡二元结构被阶段性地固化。城市经济体量的增强增大，对农村人才产生了巨大的虹吸效应。再加上户籍、土地政策使生产要素资源包括资金、土地等从农村地区向城市单向流动，农村的资源越来越少，成为“落后”“贫穷”的代名词。来自农村的人才不再愿意留下来进行“面朝黄土背朝天”的农业活动，农村空心化的趋势仍在继续。面对这种情况，农村至今未建立起有效的“止血机制”，采取有效的措施进行人才保留。虽然有些地方通过宅基地政策进行了努力，但也只是留下了户口而未留下人。

其二，输血机制不灵：外部人才引进步伐缓慢。“输血机制”指的是通过外部人才引进，引导各类社会优秀人才回归农村支持建设，这是乡村人才尤其是领导型人才队伍建设的重要途径之一。相比于“止血机制”，“输血机制”的失灵对农村人才队伍的建设更加重要和关键。然而，近些年农村在人才引进上采取的方法多是碎片式的，缺乏政策的底层逻辑和主线，同时，人才引进的配套制度和资源投入严重不足，在和城市人才竞争中难以占上风，很多怀有“乡土情结”的人才囿于现有的人才吸引政策，或是观望不前，或是另攀高枝，即使回到乡村工作了一段时间后，也因为难以扎根而离开。

其三，造血机制失效：人才培养的质量与数量不足。尽管“止血”和“造血”失灵，但从人口总量上来说，中国农村地区依然有大量的人口资源待开发。然而，由于缺乏完善的育才机制以及科学的发展平台，农村人才管理存在空白，大量青壮年劳动力、农村籍大学毕业生等“新鲜血液”流向城市，农村的“造血”机能弱化，难以形成人才、产业汇聚的良性循环。[①] 尤其是现有的乡村领导型人才，多由普通的农民担任，其受教育水平比较低，仅能在传统农业活动中进行领导和管理，完全不能胜任未来科学化现代化的乡村振兴工作。

第三节　乡村领导型人才获取的主要来源

乡村振兴战略为农村未来获取更多的人才提供了政策性的支持。根据乡村领导型人才的内涵，未来乡村领导型人才的获取途径主要分为三类：第一类是本土化精英，即新乡贤；第二类是青年知识型人才，主要以大学生为代表；第三类是社会专家型人才，这一类以城市退休人员为主。

第一类，以新乡贤为核心的本土化精英。2018 年，《中共中央　国务

① 方中华：《乡村振兴如何破解人才瓶颈》，《人民论坛》2019 年第 9 期。

院关于实施乡村振兴战略的意见》明确提出要“积极发挥新乡贤作用”，正式把新乡贤作为未来乡村治理的关键性人群。一般来说，新乡贤有如下几个特征：一是熟悉乡村的特性；二是在某一领域具有某些专业特长；三是有强烈的乡土情结，愿意参与乡村建设工作。但从实践中来看，对新乡贤的选择有一定的“关门主义”误区，把主要精力都集中在了退休官员、经济精英上，但其精力、道德水平未必能够满足领导型人才的要求。其实，新乡贤是由多元主体构成的，包括村干部、医生、教师等，他们都具有新乡贤的特征，同时具有很好的领导型人才发展潜力，是领导型人才最理想的人选。未来，可结合乡村领导型人才培养体系对此类人才进行有意识的识别和培养，将其作为未来领导型人才最重要的资源池。

第二类，以大学生为代表的技术和知识型青年。2018 年，中共中央政治局审议了《关于适应新时代要求大力发现培养选拔优秀年轻干部的意见》，对干部年轻化、年轻干部的培养选拔提出了新的要求。乡村振兴工作是一项纷繁复杂的系统性工程，年轻有为的领导型人才将成为这些工程推进的领头人和主力军。因此，必须加快对技术和知识型青年的引入，建立具有年龄优势的领导型人才资源池。其中，大学生群体是最主要的引入对象，他们不仅在学历和年龄上具有优势，其相当一部分人本身就来自农村，对农村生活有感情、有认识、有想法，具备建设新农村、报效家乡父老的原动力。目前随着大学生村官工作的不断深入，已在大学生的人才储备上有了一定的积累。未来，还需要通过其他渠道，引入各种学科专业的大学生来到乡村工作，尤其是加大对本土化大学生的吸引力度。

第三类，以返聘人员为代表的社会专家型人才。有经验的专家型人才是乡村振兴工作领导型人才的潜在对象，他们不仅要发挥领导职能，更要发挥其在专业上的领军作用，帮助农村脱贫致富。从目前的情况来看，在相当长一段时间内，乡村在与城市的人力资源竞争中仍将处于下风，在专家型领域更会如此。因此，在乡村振兴中，鼓励和支持专家型人才群体的返聘与使用，是目前现实状况下较为可行的人才策略。其中以下两种人才可以成为重要的选择对象：一种是出自农村，愿意回归农村的人才；另一种是依然希望退休后发挥余热的人才。这两种人才不仅具有较强的专业技能和丰富的工作经验，还保持了对故土及乡村工作的热爱，对于乡村振兴人才的稳定具有积极作用。

第四节　乡村领导型人才队伍建设的思路与策略

一　提供吸引乡村领导型人才聚集的优越政策环境

习近平总书记在十三届全国人大一次会议参加山东代表团审议时指出，“要推动乡村人才振兴，把人力资本开发放在首要位置，强化乡村振兴人才支撑”。① 实施乡村振兴战略，需要“筑巢引凤”，为各类乡村人才提供更加积极、开放、有效的人才政策环境，吸引各类人才投身乡村振兴。

（一）完善村民自治制度，构建新乡贤参与乡村治理的新体系

村民自治是乡村治理的关键内容，是村民自我管理、自我服务、自我教育、自我监督的制度保障。② 在乡村振兴过程中，需要搭建新乡贤参与乡村治理的政策平台，拓宽民主参与乡村事务的渠道，鼓励并支持新乡贤参与民主管理与民主决策，充分保障其在乡村治理中的合法性地位，积极建立新乡贤沟通联系平台，广泛吸引四方新乡贤回归乡村参与建设与治理。

（二）搭建创业绿色通道，打造支持乡村开发创业的营商环境

整合乡村现有的实际资源，鼓励各类返聘社会专业人才回乡村进行科研开发，开展咨询服务，进行技术推广，鼓励并扶持产业技术、生态农业、物流管理、文艺宣传等各类专业型领导人才到乡村进行开发创业，在资源共享、建设用地、创业培训、项目立项、减免税费、金融支持等方面给予优惠和支持。

二　建立科学高效的乡村领导型人才培养体系

在乡村各类人才的培养中，领导型人才的培养是较为复杂和长期的过程，这与领导型人才本身能力要求的全面性有着密切的关系，同时还受制于当前乡村在领导型人才培养理论和实践上的局限性。乡村振兴工作具有

① 《农民日报评论员：始终强化人才振兴硬支撑》，中国共产党新闻网，2018 年 3 月 10 日，http：//dangjian. people. com. cn/n1/2018/0310/c117092-29859676. html。

② 刘昂：《新乡贤在乡村治理中的伦理价值及其实现路径》，《兰州学刊》2019 年第 4 期。

国家战略层面的意义，它对领导型人才的培养有了全新的要求，必须“快速、精准、实用”。这就要求我们在乡村领导人的培养体系中，坚决贯彻“测评—培养—选拔”的闭环式管理模式，更要注重结合现代科学技术如人工智能等在人才培养方面的效率和优势，构建有效的领导型人才“造血”机制。

（一）建立科学的人才测评体系，严把人才培养的入口关

在现代人才管理实践中，评价中心技术已被广泛运用于培养对象的领导力测评。评价中心通过一系列模型与测评方法，可以对培养对象的性格特征、行为动机以及领导岗位胜任力进行科学的评测，成为培养对象是否可以进入领导后备梯队并开展相关培养的重要依据。乡村振兴工作固然对人才有着迫切的要求，但只求速度不顾质量的方式并不可取，尤其是培养资源较为宝贵，必须精准投入合适的人选之上。未来乡村领导型人才培养工作开展的首要前提是把好质量关口，通过巧妙借鉴现代人才管理理念中的评价中心技术，分类分级地根据行业和职能特征建立科学的领导力模型和评价标准，做好领导型人才后备的筛选和精准识别。

（二）打造“以选促培”的培养体系，提升培养工作成效

乡村领导型人才培养的最终目的是为乡村振兴事业输送一批“实用型”人才队伍，在培养中要避免“撒胡椒面”式的培养方法，不仅浪费了培养资源，也不能提升培养的针对性，最终无法输出乡村振兴工作需要的领导型人才。在资源有限和高质量、高标准的双重前提下，未来的乡村领导型人才培养工作必须在培养理念上进行革新，确定“以选促培”的核心理念，以“人才选拔”的结果导向为目标建立培养体系，强化“竞争意识”和“资源倾斜意识”，让后备人才在同一条赛道上进行阶段性的选拔和淘汰，对于选拔出的人才再次投入培养资源，持续而有针对性地赋能，最终确保有符合乡村工作发展需要的领导型人才输出。

（三）广泛利用现代科学技术，建立高效的培养方式

自2010年起，以互联网、人工智能为核心的现代科学技术进入大爆炸、大发展的时代，给各行各业的发展带来了深刻性的改变。在人才培养领域，基于人工智能和互联网化的智慧型培训和学习模式在很多政府、企业都得到了广泛的应用。这种智慧型学习模式有以下几个特点：第一，便

捷，它通过手机、电脑客户端就可以轻松地进行自我学习，不受制于时间和空间的限制；第二，资源更丰富，能够广泛地链接各行各业的资讯和知识，让用户有更多的选择；此外，它可迭代，能够及时更新知识，将最新的资讯输入给用户。未来乡村领导型人才的具体培养方式，必须广泛利用现代科学技术所提供的便利性，可以有效地克服因资源短缺、地域偏远而导致的人才培养上的诸多困难。

三 探索完善乡村领导型人才激励保障机制

（一）探索运用经济政策激励人才

农村集体经济的发展壮大推动着乡村振兴发展。农村产权制度改革是农村集体经济发展壮大的有效途径，通过改革赋予农民更多财产权利，明晰产权、完善权能，保障农民集体经济组织成员的权利。在人才激励方面，可以探索用集体经济股权作为激励人才、留住人才、为人才提供保障的重要举措，在维护农民利益和集体资产保值增值的前提下，借鉴现代企业制度，视人才的贡献和业绩，经村集体经济组织成员合议，允许农村留乡人才、返乡人才、下乡人才持有股份，以改革的红利增强人才下乡的动力。①

（二）完善乡村人才激励和保障服务机制

探索建立一套与乡村工作业绩紧密联系、充分体现人才价值、鼓励人才创新的分配激励机制；探索推行“岗编适度分离”，健全完善编制、工资、职称等政策激励机制；积极宣传并表彰奖励各类优秀人才，探索建立人才中长期薪酬激励机制，缩小与发达地区薪酬水平差距。

（三）建立乡村人才评价机制

要以目标为导向，突出品德、能力和业绩评价导向，进一步优化乡村领导型人才评价考核方式，最大限度激发和释放人才创新和创业活力，为乡村振兴提供强大的人才支撑和保障；探索适当放宽长期在贫困乡村及基层一线工作的专业技术人才职称评定条件，实行倾斜支持政策，向科研创新人才倾斜、向产业需求领域倾斜、向立足基层做贡献倾斜。

① 刘馨：《关于乡村人才振兴的研究》，《农场经济管理》2018 年第 10 期。

总之，当前，中国乡村面临着前所未有的变化，乡村治理和乡村秩序的基础正在发生巨变。要适应乡村变化、推动乡村振兴，必须要把好“人才关”。[①] 乡村振兴是国家现代化进程中的关键一环，未来乡村领导型人才队伍的建设工作，也应该放在乡村振兴的宏观背景下去讨论。当前应紧扣时代脉搏，利用好国家的政策风口，在人才获取、政策营造和培养方式上广泛借鉴现代社会最新的人才管理与发展理念和实践，紧紧围绕乡村领导型人才的特有内涵进行有针对性的引进、培养和激励，努力为乡村振兴战略打造一支过硬的领导型人才队伍。

① 于永达：《切实提升乡村振兴战略的领导力》，《人民论坛》2019 年第 6 期。

第二篇　新型城镇化视角下社会体制的运转

文化尤其是传统文化对于乡村振兴具有特殊的意义和不可替代性。孝文化是农村传统文化的根基，几千年来孝的积淀已经成为中国农村所归依的“生活世界”，因而是形成和影响乡村认同的重要文化基础。然而，改革开放40多年来，由于快速的工业化和城镇化进程带来的农村大量人口的流动、城市文化的冲击、各种反文化的侵蚀，孝文化面临着生存和发展的困境，现代乡村孝文化的认同式微。在当前乡村振兴宏伟命题下，需以补齐孝文化短板为突破口塑造现代孝的认同，需对孝文化进行创造性转化。对孝文化进行创造性转化，需要结合历史传统和新时代要求，从理论层面、制度层面和物化层面展开路径探索。

沿海经济发达镇正在试行的扩权强镇改革，面临着诸多困境，对政府的过度依赖导致了权力扩张、机构膨胀的老毛病频发。社会更看重政府服务职能，而不是提供服务的主体。进一步的行政体制改革应着眼于政府的社会服务职能，依靠信息化手段，通过流程再造，机构下沉，同样可以解决政府治理现代化问题。

改革开放以来，中国取得长足的进步，得益于乡镇政府党政干部的创新能力。然而，在深入实现法治化建设的过程中，乡镇党政权力边界混乱，严重影响了乡镇实现法治化。推行乡镇党政权力清单制度，是解决这一问题的途径。地方政府有自发创新体制的激情及相应的能力，对基层制度创新的程序、程度及操作方式娴熟，党政权力关系法治化已经具备了良好基础，以党政权力清单提升乡镇法治化具备了可行性。

苏州的新型城镇化建设走在全国前列，苏州农村集体经济发展中的困境也是其他地区正在面临或即将面临的，研究苏州农村集体经济发展的道路，对全国农村集体经济的发展有着参考意义。当前，一方面，苏州集体经济的模糊产权所带来的经营性及经营效率不高的现象被广泛诟病；另一方面，农村集体经济所拥有的资源及其增值，又被赋予了提供农村公共产品的职能。苏州农村集体资产经营性与公共性混一，导致职责不清、市场拓展受阻。可以通过立法、政资分开、借助市场等手段促使两者职能的分离。

社会主义核心价值观之公正理念的高校教育策略是：其一，宣讲主流意识形态对马克思主义公正观的解读；其二，回应现实社会对公正理念的多元解读并按照文化包容的态度辩证分析流行观点；其三，从哲学的“善”理念角度整合核心价值公正观与社会多元公正观。选择适合的公正观念，在乡村教育实践中探索实现公正观念教育的一元导向与多元取向整合统一，是有益的教育策略。

第八章　新型城镇化过程中社会体制运转的党政支撑

第一节　党委领导下的经济发达镇改革

自2010年中央部署经济发达镇行政管理体制改革以来，在各级政府的推动下，经济发达镇取得了较快的发展。但是，在人口集聚多、经济规模大的沿海经济发达镇行政管理体制仍然存在诸多不适应，尤其是扩权强镇式的改革面临着诸多困境，需要创新思维来继续改革。

一　背景：沿海经济发达镇对政府依存度过高

沿海经济发展快得益于政府的推动，这是几十年来大家的共识。除了沿海的大中城市快速发展起来之外，沿海一些乡镇也趁“势”发展成了“经济发达镇”。政府对经济发达镇的推动作用大，造就了经济发达镇对政府的依存。具体来说，这种高度的依存表现在如下几个方面：

首先，经济发达镇对政府“势”的依赖。政府所造之“势”主要包括改革开放以来的经济发展“好政策”以及地方发展经济“好决策”。一波又一波的好政策推动了沿海经济的发展，一些乡镇只需要趁“势”而为，“随波逐流”就能有机会成为“发达镇”。

其次，经济发达镇对政府服务的依赖。沿海经济发展快，政府行为有序而“规范”。这些地区首先受惠于开发政策，形成一步领先、步步领先之势，这种大势之下，政府逐步形成了廉洁高效的大好局面，政府服务成为其主要职能，社会有序发展，人们对政府行为的认同度高，经济发展过程中政府服务的可确定性也高，这样的社会发展较少依赖“人情”。政府高质量的服务及高效的服务，以及由此而形成了良好的发展环境，经济发达镇的可持续发展对政府良好服务的依存度很高。

再次，经济发达镇对政府放松规制的依赖。政府干预与经济自由，看似冲突，实则统一。经济发达镇对政府“干预”有着高度的依赖，尤其是希望政府争取到更多的发展机会及更多的优惠政策的依赖度高。但这与经济发达镇对政府放松规制的强烈需要并不冲突。在经济发达镇，社会、市场发展起来的另一重要因素是，这些镇的企业发展更多由地方自主发展起来的民营经济做支撑，集体制单位提供了优良“物业”也是当地 GDP 的重要组成部分。政府规制多，则其发展积极性低；政府放松规制，则其收益增加。

最后，经济发达镇政府对上级政府的依赖。众所周知的“政治锦标赛”迫使乡镇领导层依赖上级县（区或市）政府给予更多更大权限，使其能发挥更大的创新空间，从而能获取经济发展附带的政绩认同。除此之外，镇政府群体也对上级政府的放权高度依存。因为放权越多，经济发达镇的整体收益及工资收入也越多。

二　困境：沿海经济发达镇扩权强镇改革并非最优选择

自 2010 年来，沿海经济发达镇行政体制的改革措施，大多数不外乎扩权强镇，这一措施并非最优选择。

其一，扩权强镇的改革措施的确在短期内使这些经济发达镇进一步“强大”起来，但是，经济发达镇“孤零零”发展，并非我们所要的，我们要的是更多的镇在经济发达镇的带动下也成为“经济发达镇”。赋予经济发达镇更多权力的形式以促进经济发达镇进一步“发达”，形成了“马太效应”，进一步抽取周边乡镇的人财物资源。

其二，扩权强镇的改革措施并非与经济发达镇市场的需要总能达成一致。随着经济发展程度越来越高，经济发达镇民营经济对放松规制的呼声同时升高。镇政府扩权强镇改革使其权力扩大，其管制的权力亦在扩张。权力的“双刃”作用也越来越明显。在中国，乡镇本是“弱政府，大社会”的代表区域，现在沿海经济发达镇正逐步走向“强政府”。扩权强镇改革在某些方面正背离我们长期主张的“大社会”目标。

其三，扩权强镇的改革措施并非与经济发达镇社会的目标总能达成一致。沿海经济发达镇社会的目标，更希望政府强化社会服务功能，而不是管制功能。公开办事依据和标准，精减程序和环节，规范自由裁量权。公众更注重社会生活的舒适与安逸，尤其是社会的融合与和谐。镇政府权力的扩张与其生活的安逸度并无正相关，因为便利生活的服务，既可以由镇政府提供，也可以由政府购买服务后的市场提供，还可以由县区政府的职能部门下沉服务来提供。社会看重的是服务的结果，而不是服务的主体。

其四，扩权强镇的改革总免不了人们对机构膨胀的诟病。公众需要便捷的社会服务，而不是庞大的政府机构。伴随着沿海经济发达镇的扩权，往往是机构的扩张，而机构的扩张常常带来社会的负担。再加上机构扩张具有不可逆性，扩张容易，精减难上加难！通过扩大权力、扩张机构来获得沿海发达镇的更快发展，并非最优选择。

三 创新：沿海经济发达镇行政体制改革的思维变革

行政体制改革的深入推进，应该以着眼服务、下沉机构等创新思维方式来实现。

首先，要认清沿海经济发达镇扩权强镇措施仅为限制性改革措施，不应推广。县级管理权限包括行政审批、行政处罚及相关行政强制和监督检查权等，向具备条件的镇赋权是有条件的。即便赋权也要看这些镇是否接得住、用得好。无限赋权的负面效应是政府机构膨胀，权力不断扩大，最终导致沿海经济发达镇也变成“强政府”。过度的政府干预可能导致一些经济发达镇偏重于极个别产业，一旦这些产业衰败，则镇经济衰败。成也政府，败也政府，这种现象在某些经济发达镇已经出现。个别“经济发达镇”就曾昙花一现，其主要原因是过度依赖政府，尤其是过度依赖政府的某个领导的重视。乡镇经济发展的最优状态是政府与市场有机结合。沿海经济发达镇扩权模式的改革应有所限制，应在严格的限度上进行。

其次，县乡两级政府的流程再造是行政体制改革中必备的创新性思维。扩张乡镇权力，易被诟病。政府部门的流程再造，同样可以解决沿海经济发达镇人口集聚多、经济规模大的难题。数据治理转型就给予了政府部门以机遇，在沿海一些发达地区政府部门的数据从信息公开正走向数据治理、数据服务。大数据、块数据、整体性治理，正被许多职能部门学习和运用，向技术要生产力已经成为职能部门改革的潮流。通过跨界思维，大数据、块数据、整体性治理的运作，数据手段可以解决原来依赖政府权力才能解决的问题，基础公共服务中的许多文牍管理与审批的问题，用技术手段可以大大提高生产力，用大数据再造管理流程，用手机解决“申请—审批”中反复文书往来的困境，技术上已经能够解决。关键是县乡两级政府是否真的愿意从流程再造上下功夫，因为流程再造，技术将“排挤”权力，缩权乃至“弃权”往往不是政府单方愿意的，这需要大智慧、大毅力，去做革自己“命”的事。

再次，县级政府职能部门的权力下沉是另一种创新性思维。乡镇机构的扩张，易导致机构膨胀，而县级政府职能部门的权力下沉，则被普遍看好。县级政府职能部门将组织架构下沉置于沿海经济发达镇，既体现了部门贴近群众，提供优质服务，又能精准地执行政策，提高服务质量和效率。在通信、数据技术极为发达的今天，将机构重新架构，机构下沉到乡镇，免除经济发达镇社会往返县（市）—镇之间的成本，提供优质的服务。县级乃至地级政府的职能部门的职能，在信息已经现代化的今天，完全有能力实现这种权力下沉、打通乡镇便民服务“最后一公里”。

最后，把服务功能侧重给政府，把经济发展功能侧重给市场。沿海经济发达镇政府之所以在发展过程中感受到了巨大的管理压力，甚至感受到权责不对称导致的有心而无力。究其原因是，上级政府赋予了乡镇政府高难度的“发展经济”的职能，一个乡镇的机构和人员都很有限，知识文化程度亦受限制，而且赋予其过多的经济发展职能，往往让乡镇政府勉为其难。明确经济发达镇政府的职能重在社会服务，将更有利于乡镇政府的治理能力现代化的实现。

第二节　政府负责下的农村集体资产管理：基于苏州调研

苏州农村集体经济组织既承担了不断增值（经营性）职能，又要承担供给农村公共产品（公共性）职能。在新型城镇化过程中，经营性的要求越来越强烈，而其承担的本不该由其承担的公共性阻碍了它的快速发展，深入改革势在必行。苏州的新型城镇化走在全国前列，苏州农村集体经济发展中的困境也是其他地区正在面临着或即将面临的，研究苏州农村集体经济发展的道路，对全国农村集体经济的发展有着参考意义。我们知道公共产品由国家承担，不管是城市公共产品，还是农村公共产品，都应由国家承担。只有这样才能体现公共财政的均等化，然而，农村公共产品并非完全由国家承担。长期以来，在中国农村有很大一部分公共产品，国家并没有承担起来，国家能力的有限使国家长期放任这一部分公共产品的供给于不顾，最终依赖农村集体资产的增值部分来负担。“公共性”一词在思想演变史上是来自普遍性的，归属于一个全社会的视角，农村集体组织具有群体、团体等限定性的内涵，它不应该承担社会公共产品，但是，无论如何国家在相当时间里，就是让农村集体经济组织承担着许多本不该由其承担的公共产品职能。让农村集体资产承担的公共性职能阻碍了农村经济的发展，农村集体资产的经营性与公共性分离正当其时！

一　苏州农村集体资产发展的过程

在计划经济时代成长起来的苏州乡镇企业是市场经济的开拓者，也是“苏南模式”的标志，这一模式使苏南一跃成为中国最发达的区域之一。苏州工业化、城镇化道路成为全国农村发展的样本之一。

然而，基于集体所有制的苏州农村集体企业，遭遇了由产权不清引致的发展瓶颈。邓小平南方谈话后，苏州进入社会主义市场经济快速发展的时期，基于所有制的集体企业向基于产权制度的现代企业改制，也就成了乡镇企业得以持续发展的唯一选择。1996 年起，在外有宏观调控，内有产权不清、权责不清、政企不分、管理混乱等多重压力下，苏州乡镇企业走出了凤凰涅槃式的制度创新，即乡镇企业的产权制度改革。1997 年，苏州全市乡镇企业加快改革步伐，至年底，全市 1.2 万家镇、村企业中，通过多种形式改制、转制的占 92%，2000 年，产权制度改革面达 99%，2000 年底，有近 1000 家股份合作制企业实施“二次改革”，向有限责任公司、私营企业转化，到 2001 年年底，乡镇企业产权制度改革全部结束，苏州市原有 8811 个村办集体企业（包括戴帽企业、租赁承包企业），有 87.9%

转化为个私企业或私人股份企业，有7.4%转为集体参股企业，仍为村集体独资企业和转为集体控股企业的仅占4.7%。基于集体所有制的乡镇企业完成了向基于现代产权制度的集体投资参股企业、“三资”企业、个体民营企业转化，这为苏州后续经济的整体腾飞打下了市场微观组织（企业）基础，也使苏州农村集体经济实现形式的创新成为可能。①

乡镇企业改制就企业层面理顺了政企关系、增添了发展活力、规范了企业管理，就集体经济层面对农村集体经济的再认识，从僵化的“集体经济就是村办企业”的传统思维中解放出来，农村集体经济从兴办乡镇企业到参股向各类企业转变、从注重运营管理到专注财务投资转变，改革了原来依靠管理经营企业发展集体经济的单一方式，集体经济组织走上了依靠经营资源、资产和资金（“三资”）壮大集体经济的新路子，通过推进承包土地股份合作制、社区股份合作制、投资性物业（富民）合作制等制度创新，使传统的集体经济的实现形式和发展路径发生了重大变化。截至2006年年底，苏州市有113个镇建立了集体资产运营公司，并按规定对集体资产进行了建账核算。截至2008年年底，苏州全市社区股份合作社、土地股份合作社、农业专业合作社总计达2512家，投股农户占比达到80%，全市1249个行政村级集体收入平均达到339万元。根据我们的调研，大多数村（社区）干部反映自进入21世纪以来，村集体经济普遍增值4倍以上。

不仅农村集体经济在不断创新，苏州市基层政府在管理农村集体经济的过程中，手段方式措施也在不断创新，这些大大促进了农村经济的发展，并大大提高了农村民主管理的水平。

苏州农村集体经济发展的过程在全国具有代表性。农村集体经济体制的改革过程大体都如此，苏州的不同点在于农村集体经济发展较有特色、较为成功，在改革开放的过程中，苏州农村集体经济体量越来越强大，越来越有能力提供更多的农村公共产品。

二　苏州农村集体资产经营性与公共性两者的共存

苏州城乡一体化发展极为快速，政府及村民对农村集体经济组织寄予

① 资料来源：中共苏州市委农村工作办公室相关文件。

了过高的期望，既要求集体资产快速增值，又要求集体经济组织提供更多的优质的公共产品与服务。我们知道农村公共产品应该由国家承担，但是长期以来形成的部分公共产品由农村集体经济提供的事实，进一步决定了这些公共产品的质量和数量增长后，仍然由农村集体经济组织供给，进而形成了"路径依赖"。农村集体经济无法摆脱的这种"公共性"，严重地挤压了其经营增值的能力。

（一）政府及村民对苏州农村集体资产经营性的强烈需求

首先，对农村集体资产经营性的强烈需求源自农村社会主义集体经济性质规定。苏州农村集体资产是社会主义的经济组织，它以社会主义的公有制为基础。苏州农村以土地为中心的主要生产资料，为组织内的农民集体所有，并以宪法和法律直接予以确认。它是具有中国特色的社会主义在苏州农村的经济基础和组织保证；它是适应农村在社会主义初级阶段的必然发展规律，它能够适应农村生产力的发展和维护最广大农民群众的根本利益。为了管好这一资产，苏州市制定了有效的地方性规章《苏州市农村集体资产管理办法》，这在地方治理中并不多见，《苏州市农村集体资产管理办法》第四条规定："乡镇、村（以下简称乡村）应建立健全农村集体经济组织，行使农村集体资产所有权和经营管理权。"第五条规定："农村集体经济组织对其所有的集体资产依法享有占有、使用、收益和处分的权利。在遵守国家法律、法规的前提下，有独立进行经济活动的自主权。"从上述规定来看，苏州农村集体经济组织是一个"经济性"的组织。从全国范围来看，农村集体经济组织包括两类：一是原人民公社组织演变过来的。乡镇（街）集体经济经营实体（如公司、联合社等）、村经济合作社、村股份经济合作社、自然村组经济实体等。二是新型联合组织。农民专业合作社、专业农场（庄）、其他合伙农村企业等。不管是全国的法律，还是苏州地方立法，都非常重视通过发展农村集体资产，实现农村集体资产的保值和增值，以之证明社会主义农村集体经济形式的优越性。

其次，对农村集体资产经营性的强烈需求源于改革开放以来的苏州城乡一体化进程。苏州城镇化率达72.3%，城镇化质量全国排名第九。随着城市快速路和轨道交通建设的全面推进，苏州城市形态出现重大变化。苏州的城市功能进入全面优化期和功能提升期。轨道1号线、2号线投入运行，轨道交通让苏州步入大城时代。“一核四城”的城市发展空间，使苏州的城市建设迈进“太湖时代”，人口、产业、空间、资源在城市的发展中得到更优化的组合，苏州城市发展品质跃上了新台阶。随着城乡一体化综合配套改革的推进，中心城市辐射功能的增强、中小城镇互联互补，城市功能和形态日趋完善，为苏州产业结构的调整及经济功能的优化发展提供了更为广阔的承载空间。随着苏州城乡一体化进程的加速，苏州市、区、镇、街道办对进一步的城镇化有着强烈的利益驱动，外资、民资对苏州经济的发展起到了重要作用，而农村集体经济组织为外资、民资的发展提供了较好的发展空间（如物业管理），农村集体经济组织提供的具有经营性的社会服务、场地，与城乡一体化进程相辅相成，与外资、民资发展也相辅相成。农村集体经济组织已经成为推动城乡一体化进程的重要组成部分。

最后，城乡一体化后农民为了增加自身利益也强烈要求农村集体经济组织加强其经营性。苏州城乡一体化走在全国前列，一体化后，农民土地基本流转完毕，农村各种合作组织发展起来，从农村集体经济获取的利益中分红成为苏州农民的重要来源。因此，为了获取更多的利益，农民强烈要求农村集体经济组织要加快增值速度，这是农村集体经济组织经营性日益增强的内在动力。

（二）政府及村民对苏州农村集体资产公共性的强烈需求

对苏州农村集体资产公共性的强烈需求，一方面是农村集体经济组织的无奈之举；另一方面是农村在富裕后对实现农民共同富裕责任的主动承担。

1. 苏州农村集体经济组织的无奈之举

城乡二元财政体制将农村公共产品提供责任推给农村集体经济组织，提供农村公共服务和公共产品成了农村集体经济组织的无奈之举。其根源是法律上农村集体资产的管理主体不够明确。

农村集体资产的管理主体是农村集体经济组织，还是村民委员会呢？

《苏州市农村集体资产管理办法》第四条规定：“乡镇、村（以下简称乡村）应建立健全农村集体经济组织，行使农村集体资产所有权和经营管理权。”第五条规定：“农村集体经济组织对其所有的集体资产依法享有占有、使用、收益和处分的权利。在遵守国家法律、法规的前提下，有独立进行经济活动的自主权。”

从上述规定来看，农村集体经济组织是一个“经济性”的组织。从全国范围来看，农村集体经济组织包括两类：一是原人民公社组织演变过来的。乡镇（街）集体经济经营实体（如公司、联合社等）、村经济合作社、村股份经济合作社、自然村组经济实体等。二是新型联合组织。农民专业合作社、专业农场（庄）、其他合伙农村企业等。

苏州市农村集体经济组织主要有如下两个特点：

其一，它是社会主义的经济组织。根据《农村土地承包法》第十二条规定：“农民集体所有的土地依法属于农村集体所有的，由村集体经济组织或者村民委员会发包。”依据宪法规定，农村集体经济组织建立在社会主义公有制基础上，实行土地家庭联产承包责任制，其生产资料属农民集体所有，宪法和法律保护农村集体经济组织的合法利益。这是对当前农村集体经济组织性质的准确定位。

其二，它是民事法律主体的其他组织。根据《苏州市农村集体资产管理办法》第五条规定：“农村集体经济组织对其所有的集体资产依法享有占有、使用、收益和处分的权利。在遵守国家法律、法规的前提下，有独立进行经济活动的自主权。”由此可看到，苏州农村集体组织具有民事权利能力和民事行为能力。但它又有特殊的性质，区别于自然人和法人，在当前的司法实践中，法官一般这样认定：在设立程序和条件、终止条件、生产经营方式和目的、财产（主要是土地）处分、管理职能等方面却又不同于法人。故其作为民事主体，有别于自然人和法人，只能把它作为其他组织对待。

那么，在苏州的实践中，农村集体经济组织具体形态如何呢？

苏州农村集体经济组织重合于农村基层社会的自治组织。1983 年中央一号文件《当前农村经济政策的若干问题》和《中共中央 国务院关于实行政社分开建立乡政府的通知》都规定了农村集体经济组织的基本独立，农民由此整体取得农村集体经济组织成员资格。而按照《村民委员会组织法》规定，农村基层社会的自治组织虽然是村民委员会和其下设的村民小组，但在苏州的实践过程中，大多数情况下，农村集体经济组织（经济合作社）与村民小组或村民委员会是同一机构，即两枚印章一套机构，两者高度合一，政社合一为主要模式。

根据上述分析，在实践中苏州农村集体经济组织的职能和地位有着复杂性，在法律性质认定上一般认为农村集体经济组织既不同于企业法人，又不同于社会团体，也不同于行政机关，自有其独特的政治性质和法律性质。正是由于这种特殊性，决定着农村集体经济组织的职能作用及其成员的资格权利等重要内容。

调研发现，目前在苏州农村推行村委会一体化的经营管理模式。一体化模式，事实取消了或根本不设立农村集体经济组织。面对新型城镇化发展的现状，一体化模式难以适应。在苏州城乡一体化过程中，经常会并村并组，合并后一个村五六千人口，五六十平方千米，这样大的区域和人口管理，仅依靠村委会的几个干部实在是力不从心。再加上新型城镇化发展过程中，村委会与新型城乡社区的职能也是合一的，这种多职能合一的组织结构，决定了村委会难以适应当前农村发展的需要。村委会、居委会、社区、农村集体经济组织，这些本应职能有所区分的组织，当前在苏州出现了高度重复（至少是职能交叉）现象，这种一体化的做法导致了自治功能取代生产经营功能，农村集体经济组织的地位常常隐藏于村委会之下，这对农村集体经济组织的经济职能的发挥极为不利。这一现象在全国其他地区也普遍存在，它是制约农村经济发展的一个重要原因。

正是由于法律上对农村集体资产管理主体的不明确，尤其是苏州农村“村社合一”管理模式，管理农村集体资产的组织同时也是农村村委会。村委会是要提供乡村社会的公共服务及公共产品的，它是村民实现自我治理的社会组织。村委会承担着提供乡村公共产品之责，但是作为自治组织，村委会能够提供的公共服务的能力是非常有限的，特别是村委会的财力是有限的。当前，苏州农村村委会为什么还能承担得起充足的高质量的农村公共产品，主要原因是村委会与农村集体资产合二为一，村委会用农村集体资产的增值部分来保障公共产品、补充作为社会自治组织财力的不足，若剥离了农村集体资产增值部分的支撑，苏州农村村委会大多难以提供足够的农村公共产品以满足农民需求。

当然，从理论上讲，城市与乡村都是国家的一部分，理应共同均等享受公共财政。但事实上，由于城乡二元化财政体制，城市的公共产品由国家提供，农村的公共产品一般由农村村委会来提供。这从财政体制上决定了村委会必须想尽办法来创收，否则无法实现提供相关农村公共产品的职能。苏州农村总体经济实力较强，即便如此，村社仍然合一，其根源就在于离开了集体经济的增值村委会难以实现其自治职能（无法提供农村公共产品和服务），村社合一实属无奈。

2. 苏州农村在富裕后对农民共同富裕责任的承担

农村集体经济组织的政社合一双重性特点，决定了农村集体经济组织还得承担除经济增值功能之外的提供基本社会保障、农村共同富裕的相关社会功能。过去和现在，国家对农民生老病死、衣食住行的社会保障能力十分有限。

农村集体经济组织要为本集体经济组织成员提供基本的社会保障。

在古代中国农村，无社会保障可言，农民养老靠自己，所以常常有"养儿防老"之说。农民从无"退休"之说，活到老，干活到老；无儿户，尤其是无子女户的养老问题非常严重。中华人民共和国成立后，尤其是改革开放之后，苏州农村集体经济组织的经济实力越来越强，有些村已经实现了富裕，如张家港永联村，依靠现代化的钢铁生产，走上了富裕道路。2012 年村集体企业永钢集团销售收入达 380 亿元，税收达 23 亿元。富裕后村集体经济完全承担起了农民的社会保障，比如永联村就实行了四个 96%："96% 的村民实现了城镇集中居住；96% 的土地实现了集中流转；96% 的劳动力实现了就地就业；96% 的农民享受到比城里人优越的福利和社保。"苏州农村比中西部农村富裕得多，大多数村集体经济组织都承担着农民的社会保障职能。

另外，苏州农村集体经济还以其他方式为成员提供必要的社会服务和相关责任。如乡村环卫、道路通行、饮用水源、墓地使用权等。苏州一些村还承担"五保"义务（国务院新的《农村五保供养工作条例》施行后，农村集体经济组织不再承担此项义务），如提供集体住房、每月生活补助等。

三　苏州农村集体资产经营性与公共性两者的冲突

（一）苏州农村集体资产经营性与公共性混乱导致职责不清

农村集体经济组织对本组织内农民集体所有的资产行使管理权和经营权。这是农村集体经济组织最本质的体现。其中，最重要的就是对本组织内农民集体所有的土地进行管理经营。土地权利是广大农民群众赖以生存的不可分离的依靠，这是公认的事实。

一方面，苏州农村集体经济组织在新型城镇化过程中，必须做到保持独立行使财产权利，任何组织或个人都不能也不得侵害农村集体资产。农民集中行使其资产管理权，就是保证社会主义的性质不变，就是维护社会主义公有制。

另一方面，村委会与农村集体经济组织合一的体制，超越了村委会的职责，村委会既要行使自治权，又要行使农村集体经济的增值职能，多重功能合一，加大了农村自治组织的负担。“农村集体经济组织不仅是政策取向所指和有法律规定的保障，还因为随着城乡一元化的制度改革的推进、覆盖城乡的公共财政政策的实施、乡村治理结构的完善而逐步将其社会职能剥离，促使其可以更好地发挥发展经济的职能。”

当农村集体经济不断增值后，持有农村集体经济股份的成员要求进行分配权益时，村委会的双重功能往往会反对其成员的权益分配。分配还是不分配，往往成为村委会与农村集体组织成员之间冲突的重要内容，这不利于村委会的自治功能发挥，也在一定程度上影响了农村的稳定。

（二）苏州农村集体资产经营性与公共性混乱导致市场拓展受阻

现有法律法规对农村集体经济组织成员资格的规定，充分体现了农村集体资产的公共性。作为农村集体经济组织的成员，在具体的组织内部，集体资产是公共的，拥有集体经济资产的人，享受平等的权利义务承受能力。因此，平等性是农村集体经济组织成员资格的重要特征，不分入社时间长短，不分出生先后，不分贡献大小，不分有无财产投入等，其成员资格都一律平等。

根据农村集体经济组织的性质和职能，成员资格还应该具有以下三个特点。

其一，一般来说成员资格与村民资格具有统一性。经历 40 多年的改革开放，农村已然发生了巨大变化。城镇化的加速，使原来的村民离乡不离土，成为城市居民，而根据江苏省苏州市人口和计划生育委员会 2008 年《〈江苏省人口与计划生育条例〉有关问题具体适用的解释》，其中第二条规定符合下列条件之一的，为农村居民：（一）户口依法登记在村民委员会，在所在村依法承包农村土地（包括田、土、山、水等）或依法具有承包农村土地资格的农村集体经济组织成员；（二）成建制转为城镇居民，但所在地未纳入城市（城镇）社会保障和福利待遇的覆盖范围，本人也未享受城市（城镇）居民社会保障和福利待遇的原农村集体经济组织成员。人口流动加速，户籍地域和生活地域分离越来越常见，保护成员资格和村民资格合一具有重要的意义。

其二，成员资格非股东性。苏州农村集体组织成员的资格，并非以资金入股而取得的。而是依宪、依法在逐步实现改革的过程中，按社会主义集体所有制原则而自动享有的。这一性质决定了在集体组织中其行为、权利模式，不能等同于现在在农村中农民以入股方式建立的一些专业经济合作社。苏州农村集体组织成员的资格及其管理必须依据农业改革的现状来确定。

其三，成员资格非劳工性。农民是农村集体资产的主人，而不是打工者。农民不管其在农村集体经济组织中是否有劳务，都享有农村集体经济组织所带来的收益。

上述三个应然特点，在苏州现实生活中受到了农村集体资产经营性特征的挑战。

从第一个特点来看，快速的城镇化及乡村居民的社区化，人员流动越来越大，户籍变迁也会越来越频繁。人地分离，人与集体资产分离的状态将越来越多，因农村集体资产能带来相应的收益导致户籍逆城市化现象加剧，成员资格与村民资格具有统一性受到了挑战。

从第二个特点来看，成员资格非股东性也遭受了现代农业发展的挑战，党的十八届三中全会提出要鼓励农村发展合作经济，要让工商资本进入农业，这些都将冲击成员资格。因为合作经济将越来越向股份制发展，工商资本入股必将要求得到相应的财富分配，是否赋予股东以成员资格，没有法律规定。正因如此，如果没有明确的产权分配制度，工商资本入股必然受挫，仅靠已有的资本来实现现代企业的转型是非常困难的。市场业务的拓展建立在明晰的产权制度之上。现行农村集体资产的公共性抗拒工商资本入股，这与资产市场拓展的模式相悖。

从第三个特点来看，成员资格非劳工性，经营目的也是直接为了全体成员的利益，这也将遭受挑战。因为股份合作吸纳外来资本之后，外来资本最直接的目的是带来更多的利益，而不是将其盈利用于全国成员的公共利益。苏州在快速城乡一体化建设中，现行法规对享受农村集体资产成员资格的界定越来越阻碍其市场拓展。

四 苏州农村集体资产经营性与公共性两者的分离

（一）以立法促使农村集体资产经营性与公共性的分离

当前政府基层组织对农村集体资产主体的多头管理体制颇多诟病。政府多头管理体制，事实上缺少一个明确的管理主体，政出多门并不少见。这就需要有明确的法律法规对农村集体经济组织的性质作出界定。

首先，应在法律上明确农村集体资产的管理主体。在农村集体经济组织与村民委员会合二为一的前提下，是否将农村集体经济组织与村民委员会分开，实行“政资（社）分离”，这需要进行广泛的讨论与探索。根据党的十八届三中全会的精神，鼓励农村发展合作经济，更多的非农村村民成员的参股是未来农村发展最有力的发展趋势，赋予农民更多的财产权利，将是大势所趋。政资分离，就能促进村委会承担公共性，集体经济组织承担经营职能。两者权责划分明确，职能分开。

其次，应通过法规明确农村集体资产管理主体的具体职能。村委会与农村集体经济组织实际上合一的体制，超越了村委会的职责，村委会既要行使自治权，又要实现农村集体资产的增值，多重功能合一加大了农村自治组织的负担。因此，明确农村集体资产管理主体的职能有现实意义。

最后，应通过法规明确农村集体资产管理体制。农村集体资产的管理主体是社区集体经济组织，政府机构对农村集体资产管理只是进行业务上的指导监督，且涉及多部门，因此必须明确管理体制，解决多头管理问题。

（二）以政资分开促使农村集体资产经营性与公共性的分离

随着苏州市农村集体经济组织的行政性减弱、经营性增强，农村集体经济组织日益按照政资分开的改革思路推进。如股份合作制经济形式，这一形式现有的企业法对其行为有规范性的法律进行调整。

根据企业法的相关规定，从事商业经营的农村集体经济组织就应该按国家税法规定缴税。从规范的角度，“村经济合作社”也正被法律进行规范管理，因村经济合作社与相关法律有一定的冲突，“村经济合作社”即将逐步消失，取而代之的将是社区股份合作、土地股份合作和农业专业合作等几种主要形式。

村经济合作社具有鲜明的村公共职能，它不仅是经济组织，还承担着村集体的公共服务，并提供农村公共产品。取而代之的经营性的经济组织更侧重于要盈利，政府税务及其他管理部门也以企业组织进行管理，如税收、企业标准年检等。这就无形中将村经济组织的经营性与公共性割裂开了。不管村集体经济组织是否按企业管理，它仍然在承担村集体的公共职能，这就导致一方面现行的集体经济组织既要承担纳税义务，又要承担社会服务，甚至还要提供本应由政府提供的社区公共产品。财权与事权出现了较为严重的分离。

农村集体经济组织经营性与公共性混一导致农村集体经济组织与村民（股东）之间的矛盾，主要体现在农村集体资产增值后的收益分配问题。农村集体经济组织如社区股份合作制，其股份来源于村集体作价分配给村民后由村民以股份参与合作，既然社区股份合作制是股份制的，股民（村民）要求收益分红就成为必然。然而，有一些社区（村）已有较长时间没有分红了。股民要求分红，而集体资产增值大部分又用于了村集体的公共开支，已经没有太多的收益用于现金分红。且农村集体经济组织还面临着上级要求其进一步快速增值的压力，若将仅余的现金收益用于分配，则扩大再生产将难以为继，进一步增值的任务也就无法完成，实行“政资分离”是未来的必然趋势。

当然，政资分开前需要解决一些矛盾冲突，如政资分开将给农村社区管理和公共财政转移支付带来新的问题。若产权制度改革完成后，农民将要求“政企分开、政资分离”，集体资产的收益不再承担社会公共服务开支，势必要加大公共财政的转移支付力度，在地方经济薄弱、政府负债居高不下的情况下，将给地方政府财政带来新的压力和风险。这就需要解决现有体制下的城乡二元财政体制的问题，不解决苏州农村公共产品也是国家公共产品中的一部分这一问题，靠农村村委会解决农村公共产品，就如巧妇难为无米之炊。

（三）借市场促使农村集体资产的经营性与公共性的分离

农村集体经济的主体是依附于土地的地域概念上的农民集体组合，其所有者权益是在生产组或村内进行有差异的分配。当城郊村落被城镇化打破了地域的凝聚性，原有地域的群体被割裂、主体的成员分散到各个地方，新增人员又被纳入这个地域范围内，农村集体经济发展面临新问题。原来行政村是按地域进行划分，城镇化主体成员生活的社区是按人员居住区域来划分的，不管原行政区域是什么，新的城乡社区性质的居民更具有流动性，人员变化快速。

现有的农村集体经济已经突破了初始的一定地域范围内的地域性，当土地集体所有权属下的作为国家福利分配的土地使用权被村组织按照初始契约（国家政策）分配后，分散到农户的土地使用权被集中然后和土地所有权合并，继而按照合作制的原则，加入合作社。

作为农村集体经济组织管理合一的村委会，一方面，拥有对集体十地进行国家福利分配的权力；另一方面，作为依附于土地集体经济所有的集体经济，村委会拥有管理职能。而村委会作为基层自治组织，是有地域限制的，当地域概念不存在了，农村集体经济组织的职能也就发生了重大变化。

既然作为苏州农村集体经济组织依附的制度基础已经从所有制制度基础向产权制度基础转变，农村集体经济的主要形式也转变成股份合作经济，将农村集体经济彻底向股份制和合作制转变，这是历史的必然。按照市场经济原则，属于股份制部分的，应该将农民股权权益量化到个人，按股份制企业来进行管理；属于合作制的，成立合作经济法人组织，政府从中退出。

现在推行中的社区股份合作社及其实行的企业化规范管理，也正是走的这样一条市场化的道路，按市场原则来运作农村集体资产，可以最大限度地发挥市场的力量，可以实现农村集体资产的增值。“就一个具体的村而言，集体经济组织有多少资产，特别是可计量的经营性资产如流动资产、长期投资、固定资产、无形资产等，每个集体经济组织成员又拥有其中的多少股份？集体经济组织成员并不清楚。”① 按市场原则办事，既可盘清家底，又可引导股份拥有者参与股份合作的管理与监督。这是推进农村集体资产经营性的重要措施，将经营性与公共性两者分离，可以大大加速农村集体经济步入市场，实现其在市场中运转的职能。

当然，随着新型城镇化建设速度的加快，农村集体经济将继续保持快速增长的势头。然而，苏州农村集体经济收益将有更多部分用于公共开支。如劳动力就业、失地农民社会保障、外来人口管理、基础设施建设、环境卫生（村庄环境整治）、社会治安等，这些本应纳入政府财政支出的公共产品，在未来较长时间仍会由农村集体经济提供。改革的深入发展，尤其是市场力量的推动下，集体经济资产将最终要实现经营性与公共性的脱钩。

第三节 新型城镇化过程中乡镇党政协同

改革开放以来的中国，处处充满活力，不仅经济越来越发达，还在政治、行政、社会、生态文明各个领域的改革中成绩斐然。创新是乡镇党政最具有活力的根本所在。中国要加快实现经济发展方式和社会治理方式的转变，除了靠科技创新和引进人才，还有一个重要因素，就是要让法治成为乡镇党政核心竞争力的重要内容和标志。基层政府实现法治程度提升，可以从乡镇党政权力界分（法治化）来破局，基层党政权力界分（法治化）是提升乡镇政府核心竞争力的抓手。当前，在乡镇的党政之间，也应进行权力（权利）的清理，这是乡镇党政关系法治化的必然要求和重要途径。

一 乡镇党政权力行使中存在着法治化困境

改革开放以来，中国取得长足的进步，得益于乡镇党政干部的创新。

① 孔有利、王荣：《农村集体经济组织产权结构分析》，《财经问题研究》2004 年第 4 期。

然而，在深入实现法治化建设、提升乡镇政府核心竞争力的过程中，仍然存在着阻碍乡镇创新发展的党政权力边界混乱、无法实现法治化的问题，主要体现在如下方面。

（一）党政权力不分现象在基层没有得到大的改观

党政权力不分是一个长期遗留的老问题，在党的建设的各个时期，我党都非常重视党政权力分开，且已经取得了许多重大成果。自20世纪80年代以来，中央及省市级政府在党政关系改革中下了很大的功夫，取得的成绩更是十分明显。党政关系的改革为最近几十年来的经济发展提供了制度保障。

1. 乡镇党政权力一元化的优点，使党政权力分开难以实现

改革开放初期，邓小平同志就着手进行了党政关系的改革，他指出："中央一部分主要领导同志不兼任政府职务，可以集中精力管党，管路线、方针、政策。这样做，有利于加强和改善中央的统一领导，有利于建立各级政府自上而下的强有力的工作系统，管好政府职权范围的工作。"① 经历了几十年的党政关系改革与调整，成绩很不错，省地级以上的国家机关，党政关系有了很大的改进，党政做到了各司其职，共同促进政治、经济、社会、文化、生态的发展。

但是，在一些基层的乡镇，党政权力不分问题仍然严重，第一个原因是基层党政的共同目标是发展本地经济，它需要一个强有力的一元化的地方权力组织来领导和执行，而基层乡镇党政权力一元化，也的确发挥出了集权体制的作用。

第二个原因是"乡镇是中国政权组织结构中最基层的组织，是直接面向群众、贯彻党的路线方针政策的最终落脚点。上级各项决策部署和工作最终都要依靠基层干部去落实和完成。乡镇党政一把手的执政能力和水平至关重要，直接影响地方经济发展和社会安定"。② 省地级以上的国家政权机构可以实现党政权力的明确界分，即使党政权力关系中还存在着不够顺畅的地方，也能通过矛盾向下级转移来缓解。但是，到了乡镇这个国家政

① 《邓小平文选》第二卷，人民出版社1994年版，第321页。

② 廖小军：《乡镇党政领导与乡镇发展》，《中共福建省委党校学报》2012年第10期。

权的末端，上级交付的任务最终要靠乡镇来解决和落实。乡镇政权组织对于上级交付的任务无处可推，此时执行力的重要性超过了党政权力不清的危害，权衡利害关系后，对于消极影响，“两害相权取其轻”是乡镇的最佳选择。完成乡镇经济和社会发展的重任，是乡镇党政领导的首要目标，为此目标，两者的权力分歧倒是变得次要。

第三个原因是乡镇集体经济在改革开放后的很短时间里成为庞大的经济体，它需要一个强有力的一元化的乡镇党政组织来领导。“在1980年到1995年这15年中，乡镇企业以每年30%到40%的速度扩张，成长为中国经济中的一个庞然大物。在农村基层政权的带领下，成千上万的乡镇企业竞相争夺资源和市场，促成了一个竞争极为激烈的中国工业市场。”① 如此惊人的经济巨变，对乡镇政权组织的领导力提出了挑战。直至市场经济快速发展的今天，乡镇政权仍没有最终与市场脱节或阻碍市场发展，它充分说明了乡镇党政权力不分仍然有其存在的社会基础。深入分析可知，中国农村社会仍然需要一个强有力的国家政权领导和组织，否则分散且缺乏组织力的农村社会容易偏离发展方向，或者容易让中国农村封建的东西回潮，中国农村当前最为迫切的任务是走现代化道路，它不可能再回到锁闭的农业社会时代。

第四个原因是在一些乡镇，因为拥有一元化的地方党委决策和执行体制在引进外资和内资来发展经济上没有任何的阻力，党政协力促进了地方经济的发展，也促进了该地区的核心竞争力提升。在乡镇的主要矛盾面前，次要矛盾，尤其是党政权力不分之间的矛盾与冲突往往被忽视。甚至有些地区为了加快经济发展，党政权力的“亲密度”进一步强化，更有些地区政府行政权力直接成为地方党组织的“执行”机关，政府执行力得到了强化，发展经济的效率大大提升。

2. 部分地区乡镇经济成绩掩盖了矛盾，使党政权力分开难以实现

“一俊遮百丑”，乡镇在经济建设过程中所取得的成绩，常常能掩盖党政权力关系的冲突和矛盾。地方经济快速发展起来后，原有的党政权力不分所导致的工作上的冲突往往也被淡化，“发展才是硬道理”掩盖了一些

① 潘维：《农民与市场——中国基层政权与乡镇企业》，商务印书馆2003年版，第6页。

客观存在的老问题。

一方面，乡镇经济成绩仍然是很重要的。在 1994 年分税制改革后，地方好的税种被中央政府收走，乡镇的财权与事权已经不匹配，在此背景下，很多乡镇在财政上入不敷出，若没有像样的企业（商业）发展，大多数乡镇运作十分艰难。

另一方面，乡镇经济成绩也被乡镇所管辖的村组所看重。在村组的农民看来，党政权力关系那是国家政权内部的权力配置问题，与百姓的生活关系不大。农民看重乡镇的经济发展，乡镇无发展，则农民被迫外出打工，过漂泊的生活；乡镇经济发达，村民也能“发财”，那就用不着走四方去求生活。在村组农民的希冀下，乡镇经济成绩也掩盖了党政权力不分的矛盾，乡镇党政不分问题不被农村社会关注。

（二）党政权力不分未能纳入乡镇政府权力清单范畴

2015 年 3 月，中共中央、国务院办公厅印发《关于推行地方各级政府工作部门权力清单制度的指导意见》，明确指出：“推行地方各级政府工作部门权力清单制度，是党中央、国务院部署的重要改革任务，是国家治理体系和治理能力现代化建设的重要举措，对于深化行政体制改革，建设法治政府、创新政府、廉洁政府具有重要意义。”① 在这里明确规定了权力清单的清理范围，是“地方各级政府工作部门”。

在全国推进政府权力清单的大前提下，各级政府尤其最基层的乡镇政府所公布的权力清单，被公众广泛认同。权力清单推进了地方政府行政的法治化程度，也大大增强了政府执政合法性。权力清单规范了行政权力，它对于行政机关来说是自我约束，是将自我权力主动“关进笼子”，这是政府行政行为的一大创新，的确具有重要的意义。

但是，在深入推进权力清单的过程中，不可避免地要涉及党政权力，权力清单公布的是行政权力，行政权力是由党领导的，乡镇政府党政权力常常没有明确的界限，且乡镇政府在行使权力的过程中往往是书记为主导，存在着事实上的“书记行政”。在一些乡镇政府出现的“书记行政”现象，表明仅限制行政权力是远远不够的。对于事实上存在的“书记行

① 赵兵：《中办国办印发〈关于推行地方各级政府工作部门权力清单制度的指导意见〉》，《人民日报》2015 年 3 月 25 日第 1 版。

政”，必须做到明晰乡镇党政中的“书记”的权力，更有必要明晰书记和乡镇长之间的“权力清单”。“书记行政”混淆了党政权力界限，严重影响了权力清单的深入推进，既不利于基层法治化建设，也不利于地方政府核心竞争力的提升。

（三）党政权力不分导致了基层党政之间权责错乱的法治难题

基层党政权力界限不清，还导致了权责错乱、乡镇法治建设受阻的问题。在一些乡镇，“书记一把手”是一个常见的事实，这个“一把手”常常既决策又执行，其效率是毋庸置疑的，但是一旦决策失误，常常是“行政首长”（乡镇长）担责。权力错乱，严重影响了乡镇党政权力的正确运用，也严重影响了乡镇权力行使过程中的法治建设。

责、权、利一致是乡镇政权完善法治化的必要条件。但是，乡镇党政权力之间本身就存在着职责交叉、表述不明问题。根据党章和《中国共产党农村基层组织工作条例》规定，乡镇党组织是乡镇各项工作的核心，是乡镇的领导力量，担负着联系、宣传、组织、团结农民的任务，同时也担负着领导乡镇经济发展的重任；根据地方政府组织法，乡镇政府（行政）的主要职责（主要在《地方政府组织法》第61条中有相关规定），与党组织的职责极为相似。现有的法律法规一般习惯于正面阐述乡镇党组织和政府组织之间的职责，乍一看，似乎表述得很清楚明白；深入对比，就会发现，除非有极为清晰的解释性文件，这些职责很难绝对地区分。

不管是自上而下，抑或自下而上，各方面都未将区分乡镇党政权力作为首要任务，界分党政权力的工作没有被提上重要议程。这就导致了乡镇决策仍然延续集权体制，决策权往往掌握在书记手中。乡镇决策权虽然集中于书记手上，一旦决策失误，承担责任的反而是乡镇长，这违背了责权一致的原则，也违背了法治原则，不利于乡镇长工作的开展。面对当前乡镇党政权责错乱问题，明晰乡镇党政权力清单，则是克服这种矛盾的重要手段。

乡镇党政权力一元化的老问题一直未得到有效解决。老问题一拖再拖，直至矛盾累积到今天，严重影响了乡镇深层次的行政改革。在进行乡镇法治化建设时，这一矛盾就显现了出来。因为当前除了经济发展这一目标仍然重要，我们还有更多的社会发展目标也提上了议事日程。比如法治化、社会治理，这些都需要更多地分权，而不是乡镇党委高度集权。社会治理工作，将来有许多方面更需要在政府的指导下，由社会组织自行去完成。在这一前提下，党政权力高度集中的体制优势不再，相反，其劣势将逐步显现。

二　以党政权力清单提升乡镇法治化程度的有利条件

党的十八大报告指出，更加注重改进党的领导方式和执政方式，保证党领导人民有效治理国家。这一思路指明了中国法治建设的方向。通过界分基层党政之间的权力清单，可以明确党与政之间的关系，从而深入进行改革，提升乡镇政府的核心竞争力。在法治的前提下界分乡镇党政权力，中国已具备良好的现实条件和基础。

（一）乡镇党政机关有自发创新体制的激情及相应的能力

近年来，中国各地方政府爆发出来的体制创新能力被中央广泛关注。中国沿海一带先发展起来的地区的创新，往往能做到全国首创，并推广至全国。如江苏太仓的政社互动体制创新，它以乡镇基层政府与乡镇基层社会组织之间的两份清单（权力清单和权利清单），对两者之间的权力（权利）作了明确的分界，这一改革带动了全省乃至全国推进政社互动。

乡镇基层的体制创新既实现了社会管理体制改革，带来了生产力发展，又让各地方政府和村居组织（包括基层乡镇村）名声大振。地方政府的法治化程度就明显提升。越是具有创新能力的地方政府，其名声越会影响全国，并成为全国学习的榜样，这就是某些地区成为核心竞争力高地的原因之一，也是这些地区法治化程度提升的一般规律。

同时，体制创新带来的正能量，进一步促进了地方政府（基层）创新的动力和激情。正如习近平总书记所说："把创新摆在第一位，是因为创新是引领发展的第一动力。发展动力决定发展速度、效能、可持续性。对我国这么大体量的经济体来讲，如果动力问题解决不好，要实现经济持续健康发展和'两个翻番'是难以做到的。"① 乡镇政府推行党政权力清单

① 习近平：《在省部级主要领导干部学习贯彻党的十八届五中全会精神专题研讨班上的讲话》，《人民日报》2016 年 5 月 10 日第 2 版。

的体制创新既可以带来社会效益，又能得到社会的认同、群众的支持。这就是乡镇发展的动力，也是地方法治化程度提升的表现。体制创新越是走在前列，就越能得到上级的认同，这也是地方政府及其官员累积“政绩”的重要方式。体制创新将带动地方按法治办事，尤其是乡镇基层党政将自觉地按自己所创新的体制来规范自己的行为。即：因为源于自觉，乡镇政府在“将权力关进制度的笼子”的过程中，将自觉地依法进行，并严格遵守。

乡镇基层体制创新的动力充足，它所带来的良好结果是乡镇自觉地遵循法治的要求，依法行使党政各自的权力，这正是乡镇法治化程度提升所需要的。

（二）乡镇党政机关对基层制度创新的程序、程度及操作方式娴熟

中国乡镇政府对基层制度创新的程序、程度及操作方式娴熟，可以做到试验方案完备，过程无懈可击。东部沿海一些城市的竞争力在全国名列前茅，它靠的是基层党政组织强烈的创新欲望和稳重的有序改革。

乡镇体制改革是法治化建设的重要内容，但是体制改革是存在风险的，只有正确把握改革方向，明晰改革的过程和程序，才能起到防范风险的作用。当然，“回顾近代以来世界发展历程，可以清楚看到，一个国家和民族的创新能力，从根本上影响甚至决定国家和民族前途命运”。[①] 乡镇政府推行党政权力清单，既符合大方向，即全面推进权力清理工作，实现权责的法治化，同时也符合中央精神的创新。

推进乡镇政府党政权力清单，是能从根本上影响地方党政权力的规范化的，它不是要削弱执政党的权力，它的目标是以法治手段规范权力的运行，实现更好地落实党政之间的权力分工。乡镇党政权力清单符合中央精神，“按照结构合理、配置科学、程序严密、制约有效的原则，逐步建立健全决策权、执行权、监督权既相互制约又相互协调的权力结构和运行机制，确保国家机关按照法定权限和程序行使权力”。[②] 乡镇党政权力清单就

① 习近平：《在省部级主要领导干部学习贯彻党的十八届五中全会精神专题研讨班上的讲话》，《人民日报》2016年5月10日第2版。

② 《习近平总书记系列重要讲话读本》，学习出版社、人民出版社2014年版，第86页。

是在乡镇建立党政权力协调的机制，它能确保党政机关按照法定权限和程序行使国家权力。

一般来说，只有条件具备，中央允许试行，乡镇政府就会有强烈的动机、娴熟的技能、完备的方案。长期以来，东部沿海一带的地方政府创新走的就是这样一条常规道路。根据中央精神，“要形成科学有效的权力制约和协调机制。扎紧制度笼子，首先要做好顶层设计，合理分解权力，科学配置权力，形成科学的权力结构和运行机制”。[①] 就乡镇而言，乡镇党政权力清单就是一项重要的制度设计，它是形成科学的权力结构和运行机制的重要手段，落实了这一制度，乡镇的法治程度无疑就又上了一个新台阶。

在明确了乡镇党政权力清单的重要性之后，接下来的工作就是如何落实权力清单。乡镇党政机关对基层制度创新的程序、程度及操作方式十分娴熟，中国最基层的乡镇政权组织具有特殊的韧性，乡镇政权组织就是“一座用千百万人的生命建造起来的社会主义的桥梁，为中国经济的市场化和繁荣昌盛铺平了道路，也为经济体制转型中的政治稳定构筑了坚实的基础”。[②] 中国乡镇改革的成就来自乡镇政权组织（党组织和政府行政组织），经历60多年的风雨，乡镇政权组织的办事能力和创新能力经受住了考验，在方向正确的前提下，以权力清单推进乡镇法治化的具体操作组织和人员都是现存的、充分的，只有想去制度创新，才能完成预定目标。

（三）乡镇党政权力关系法治化基础良好

在党政权力关系的法治化上，乡镇政府已经具备了良好的理论和实践基础，并已经做好了前期理论准备。西方学者很难理解中国的乡镇政权在国家发展中的作用，某些西方学者想当然地认为中国就是一个极权主义国家，他们认为中国通过政府对乡村生活进行渗透和控制。这种想象“掩盖了地方权力是如何扩大、自我巩固和捍卫地方利益的，也使人看不清宗派网络是如何产生其固有生命力的”。[③] 事实上，中国的乡镇政权从来都是务

① 《习近平总书记系列重要讲话读本》，学习出版社、人民出版社2014年版，第85—86页。

② 潘维：《农民与市场——中国基层政权与乡镇企业》，商务印书馆2003年版，第5页。

③ ［美］爱德华·弗里曼、［美］毕克伟、［美］马克·赛尔登：《中国乡村，社会主义国家》，陶鹤山译，社会科学文献出版社2002年版，第371页。

实的，它直接面对乡村社会，从其管理人员及其管理对象来看，主要源自乡村社会自身。乡镇政权中的党组织与行政组织都同样面对着乡村社会，表面看是非常明确的二元体制，而事实上两者都是国家政权的组成部分，两者的矛盾无论多么突出，也仍然处于法治框架之内。党政矛盾有时也会危及法治底线，但无论如何，乡镇党政关系回归到国家法制体系是必然的。党政保持良性互动关系，是乡镇社会中的常规，当然若某个乡镇党政关系出现极不和谐的现状，上级国家权力机关就会出面予以纠正。

乡镇党政权力关系法治化的另一个重要基础是在长期的制度创新和促进地方发展上，党政保持着亲密的合作关系。在合作过程中，权力的界限被模糊，乡镇权力集中于书记身上，有时是乡镇长被动放权，有时却是主动放权。两者在解决乡镇大事、进行大决策时，合作的意向大于严格界分权力的冲动。乡镇领导在乡镇发展的大事上，一般不会“糊涂”。

当国家与社会组织权力界分（政社互动）任务完成之后，进一步的深入改革，理所当然应该上升到一个更高的层面，即乡镇国家政权层面，其中党政关系改革是其首选目标。当乡镇党政权力现状成为改革阻力时，在长期良好合作的背景下，通过权力清单解决两者法治化的问题，也并非难事。

乡镇政府的政社关系、政事关系等方面的改革，已经进行了多年，并为地方服务型政府建设做了大量的前期工作，乡镇竞争力也越来越强。改革是一个不断推进的过程，政社关系基本实现良性互动和有效衔接之后，深入的改革就是基层党政权力关系，即从基层政社的权力清单（以及权利清单）到实现党政权力清单，顺理成章，符合逻辑。当乡镇清理权力清单成为推进乡镇法治化程度的大事件时，党政权力的合作与协调在长期的良性互动的基础上，实行乡镇党政权力的清理已经具备了良好的基础。

三　以权力清单落实乡镇党政关系法治化的可行性及其路径

以权力清单落实乡镇党政关系法治化，当前已经具备了可行性，在实践中也是可以操作的。

（一）以权力清单落实乡镇党政关系法治化的理论可行性

一方面，党政权力清单具有行政体制改革的属性，它遭遇的阻力较小。以政治体制命名的改革措施，往往改革的阻力很大，这也是政治体制改革相对于经济体制改革滞后的重要原因。而属于行政体制改革范畴的改革则阻力较小，事实上行政体制改革正是政治体制改革的一个方面。乡镇政府的政社互动之所以能在全国推动，就与其属于行政体制改革密切相关。正因为政治体制改革难度大，而通过行政体制改革（哪怕是一小步）则能在全国产生重大影响，进而形成地方政府的核心竞争力。乡镇从法治的角度破解当前行政体制改革，深化当前政社改革成果，从乡镇党政关系着眼进行行政体制改革，必将再次掀起全国基层组织改革热潮。改革的风险可控，改革的成绩是迅速形成地方政府核心竞争力，增进乡镇法治化程度，并再次推进乡镇政府的深入创新发展。

另一方面，党政关系法治化建设从乡镇做起符合从基层到上层的理论总结过程。改革开放以来，大多数的改革措施，一般都会走先在基层具体实践（试点），然后再做理论总结和全国推广的程序。从政权的最低一个层级进行改革试点，它的风险最小，制度变迁的成功率高。来自乡镇的这种诱致性制度变迁，存在着制度转向法治化的重大利好，“也就是说，由于某种原因现行制度安排不再是这个制度安排选择集合中最有效的一个了”。[①] 当乡镇发展到除了经济发展以外，还需要重点关注乡村社会管理以及政权法治建设的时期，乡镇原有的党政不分的权力配置制度，已经不再符合当前社会发展要求了。深入改革乡镇党政关系，风险不大，但收益甚巨，通过党政权力清单的清理，推进乡镇党政关系法治化成为可能。

（二）以权力清单落实乡镇党政关系法治化的实践可行性

以权力清单落实乡镇党政关系法治化在实践上也具备了可行性。现有的乡镇党政体制过度地依赖党的权力，忽视党政职能之间的区别，虽然体制的效率较高，但它不利于中国长远政治体系的完善，实现国家治理主体和治理能力的现代化需要我们不断地通过法治途径完善基层政党关系。

全国各地正在深入完善的乡镇政府与社会组织关系的权力界分（权力清单和权利清单）实践，说明了只要依据法律以及党章党纪，清理两者之

① 林毅夫：《关于制度变迁的经济学理论：诱致性变迁与强制性变迁》，载［美］R. 科斯、［美］A. 阿尔钦、［美］D. 诺斯《财产权利与制度变迁——产权学派与新制度学派译文集》，刘守英译，上海三联书店、上海人民出版社 1994 年版，第 384 页。

间“权力”“权利”，形成“权力清单”和“权利清单”，依“单”执政和行政，防范权力超过边界，其操作途径并不艰难，只要各地乡镇党政领导决心去做，就能推行。

同时，乡镇党政权力清单清理符合当前正在全国推行的各部门拿出“权力清单”的改革实践。政府将各部门权力清单改革深入到基层党政之间权力清单的改革上来，并界分两者之间的权力边界。它既符合中央精神，也符合中国改革实践，乡镇党政权力关系的法治化指日可待。

（三）以权力清单落实乡镇党政关系法治化的基本思路

以权力清单落实乡镇党政关系法治化改革的基本思路，必须做好如下三方面工作。

其一，一个体系。构建党政权力界分法治化的理论（逻辑）体系，尤其是制度体系，包括权力界分决策主体制度、界分后效能管理制度、乡镇政府核心竞争力评价制度、改革成效考核制度等内容。这个理论体系中，要把依法治国和依法执政结合起来，要做到“善于使党的主张通过法定程序成为国家意志，善于使党组织推荐的人选成为国家政权机关的领导人选，善于通过国家政权机关实施党对国家和社会的领导，善于运用民主集中制原则维护中央权威、维护全党全国团结统一”。[①] 乡镇党政权力划分的逻辑依据是找准各自的职责，定位各自的角色。习近平总书记提出的上述“四个善于”就界定了党组织的职责范围，确立了党政权力清单的理论基础。

其二，两个着眼点。中国社会重大需求和理论建构的逻辑起点是着眼于和谐稳定和经济协调发展的地方法治化的现实需求，有效的国家治理长效机制着眼于理性认知基础上的党政关系理论建构。这两个着眼点，可以从权力清单的两个方面突破：一是寻找两种权力的交叉处。二是界定两种权力的“负面清单”。

其三，三个科学问题。乡镇党政不分的深层原因探究、乡镇党政权力界分体系（两者权力清单）内涵与外延、乡镇党政权力界分的绩效评估机

① 《习近平总书记系列重要讲话读本（2016 年版）》，学习出版社、人民出版社 2016 年版，第 88—89 页。

制。这是在乡镇实行党政权力清单时必须面临的三个问题，解决了这三个问题，与之相关的问题就较容易解决：基层党政权力界分的主体由谁承担？权力清单的法治依据是什么？乡镇党政权力清单与乡镇法治化的内在关联有哪些？党政权力清单在乡镇法治化体系中居于什么样的地位？在实行乡镇党政权力清单时，这些问题都需要予以高度重视。

（四）以权力清单落实乡镇党政关系法治化的衡量标杆

以权力清单落实党政关系法治化，还需要有一个衡量改革成就的标杆。这个标杆应该是各司其职，各担其责。

一方面，要把乡镇党的领导贯彻到法治化建设全过程中，这是党政关系法治化的重要标杆。“我们党是执政党，坚持依法执政，对全面推进依法治国具有重大作用。要坚持党的领导、人民当家作主、依法治国有机统一，把党的领导贯彻到依法治国全过程。”① 经济发展的确是硬道理，但这个硬道理不能掩盖乡镇党组织以党代政的事实。乡镇法治化建设程度高低，最重要的一条是改革必须实现党的领导，乡镇推行党政权力清单，不是不要党的领导，而是转变乡镇党组织的领导方式。党组织要做到依法执政，乡镇党组织凡不符合法律规定的行为，应该予以清理，这是法治化的要求。乡镇清理权力，乡镇党组织依法执政就是法治化建设程度高低的标杆。

另一方面，党政要做到各司其职，这是党政关系法治化的另一标杆。改革开放以来，乡镇取得了巨大成绩，但这些成绩主要集中于经济建设领域。党组织在村组党的建设方面存在较多问题，乡镇党政多年来“全身心”地扑到经济发展上，忽视了他们必须做好的本职工作，如党要管党。习近平总书记在审议《中国共产党问责条例》的会议上指出，全面从严治党、推进标本兼治，最根本的就在于各级领导干部要把管党治党的责任担当起来。各级党组织都要把自己摆进去，联系实际、以上率下，敢于较真碰硬、层层传导压力，让失责必问成为常态。党要管党，这项工作现在在乡镇已经变得极为重要，在改革实践中，我们常常发现在涉及集体利益和局部利益问题上，一些最基层的村组党组织涣散，他们不仅不能跟党走在

① 《习近平谈治国理政》第一卷，外文出版社 2018 年版，第 146 页。

一起，甚至在维护小群体利益时，跟党的整体利益对着干。在一些重大突发群体性事件中，很难看到村组党组织显示其先进性；相反，常常发现某些乡村党员干部在群体性事件中充当着不当的角色。这与乡镇党组织长期不太重视基层党组织建设有关。

第九章　新型城镇化过程中社会体制运转的公正伦理

建设中国特色社会主义伟大实践，使当代中国在政治、经济、社会、文化、生态等层面呈现剧烈变革与转型特点，时代变迁导致价值观嬗变。当代社会价值观取向多元化，是发展趋势。全社会通过社会主义核心价值观教育实现社会价值观导向一元化，是国家民族发展赋予的历史使命。2014 年习近平总书记在北京大学考察时强调：青年要自觉践行社会主义核心价值观，与祖国和人民同行努力创造精彩人生。

第一节　社会主义核心价值观之公正理念

社会主义核心价值观，是中国共产党为当代多元价值观并存时代条件下提出并不断完善的政治伦理观，其本质是表达中国特色社会主义建设发展的共同理想，是在马克思主义伦理观指导下，将马克思主义的社会公正与个人自由思想和中国传统文化“仁义礼信和”及现代西方“自由、平等”等价值观交融构建的社会建设伦理观。党的十八大报告指出，要牢牢掌握意识形态工作领导权和主导权，坚持正确导向，提高引导能力，壮大主流思想舆论。

一　社会主义核心价值观之公正理念的要义

公正是贯穿社会主义核心价值观的灵魂。社会主义核心价值观的“国家、社会、公民三层倡导”中，公正占据着基础地位。国家层面富强与公正是正相关，社会层面自由是公正的应有之义，公民层面公正是爱国和敬业的保障。

要把公平正义与党的宗旨、中国特色社会主义制度的本质联系起来。“维护和实现社会公平和正义，涉及最广大人民的根本利益，是我们党坚持立党为公、执政为民的必然要求，也是我国社会主义制度的本质要求。”① “实现社会公平正义是中国共产党人的一贯主张，是发展中国特色社会主义的重大任务。”②

强调社会公平正义是社会和谐的基本条件。这是对马克思主义公正观的新概括。社会主义制度的价值感召力是“因为它承诺要创造切实的经济和政治条件，使社会变得更加公平正义，使全体人民都能享受更加平等的政治经济权利”。③

党的十八大报告指出公平正义是中国特色社会主义的内在要求，要“加紧建设对保障社会公平正义具有重大作用的制度，逐步建立以权利公平、机会公平、规则公平为主要内容的社会保障体系，努力营造公平的社会环境，保证人民平等参与、平等发展权利”。④ 要实现公正价值观的制度化。

二 在全社会宣讲社会主义核心价值观之公正观的策略

在全社会宣讲公正观教育，是公众道德品质养成与心理健康发展的双重需要。注重发挥主渠道作用，通过社会主义核心价值观的宣讲，改变“说教灌输”为鼓励思考、引导选择，发挥公众主体性、能动性，将教育引导与自我教育相结合，帮助公众理解把握中国特色社会主义公正观的重要内涵：

其一，它与资本主义公正观的根本差异是消除等级差异，实现真正公平。

其二，它是体现国情、历史文化传统、时代要求的具体而不抽象的概

---

① 《十六大以来重要文献选编》（中），中央文献出版社 2006 年版，第 711—712 页。

② 胡锦涛：《高举中国特色社会主义伟大旗帜 为夺取全面建设小康社会新胜利而奋斗——在中国共产党第十七次全国代表大会上的报告》，人民出版社 2007 年版，第 17 页。

③ 俞可平：《论维护和实现公平正义》，《北京日报》2007 年 5 月 28 日。

④ 胡锦涛：《坚定不移沿着中国特色社会主义道路前进 为全面建成小康社会而奋斗——在中国共产党第十八次全国代表大会上的报告》，人民出版社 2012 年版，第 14—15 页。

念。马克思历史主义的伦理学观点，即任何善恶、正义、政治、教育都必须放置在特定的历史条件下去具体分析判断。

其三，社会主义核心价值观在社会层面把自由、平等、公正、法治四个概念辩证统一起来，公正在四者中居核心地位，自由和平等是公正应有之义，它不是简单的平均主义。法治是公正的制度化、法律化。公正是保证自由和平等社会主义性质的重要限度，也是衡量法治文明建设的重要尺度。

其四，公正的评判标准是社会发展利益高于任何阶级、阶层利益。列宁指出："根据马克思主义的基本思想，社会发展的利益高于无产阶级的利益；整个工人运动的利益高于工人个别阶层或运动个别阶段的利益。"① 社会发展的利益也即最大多数人民的最大利益，深刻理解集体主义精神、自我牺牲精神是历史发展规律所决定的要求，因为如果个人利益与最大多数人的利益不能两全时，求前者置后者不顾，社会必然解体；如果个人利益与民族利益不能两全时，求前者弃后者，民族独立必然不能维持。

基于上述认识，核心价值观教育应做好如下几方面。

首先，尊重个体天赋差异能力大小，遵守"各尽所能，按劳分配"原则；接受社会认可的涉及阶层、行业、地区、代际之间的公正规则制度安排。

其次，容忍公正制度因为具体现实条件制约而呈现出来的由不完善向完善发展过渡的动态变化特征。

再次，运用公正价值标准辩证地思考各种社会热点难点问题。如公平与效率、个人与社会、物质利益与道德理想的辩证关系等。

最后，对真善美的追求。树立根植于现实生活的理想信念和"中国梦"。明确树立核心价值观之公正观是公众的民族历史使命。

第二节　社会多元价值观之公正分层困惑与社会实践的回应

由于历史文化差异，不同民族、时代、阶级阶层对公正理解各不相

① 《列宁全集》第四卷，人民出版社 2013 年版，第 192 页。

同。列宁在《关于民族问题的批评意见》一文中说："每一个现代民族中，都有两个民族。每一种民族文化中，都有两种民族文化。一种是普利什凯维奇、古契科夫和司徒卢威之流的大俄罗斯文化，但是还有一种是以车尔尼雪夫斯基和普列汉诺夫的名字为代表的大俄罗斯文化。乌克兰同德国、法国、英国和犹太人等等一样，也有这样两种文化。……马克思主义者在同前一种'文化'作斗争时，总是要把后一种文化区别开来。"① 这段表述说明一个民族文化有共同的也有不同的方面，共同方面是不同阶层的共同愿望、认识、要求、态度、行动等，如人与自然的关系，本民族与他民族的关系、家庭关系的处理方式等。不同方面是不同阶层、派别之间有冲突、矛盾的问题，如物质利益、发展机会等。这种同中有异在价值观方面呈现为多元特点。

人类文明自古以来有追求公正的愿望，因为公正是有效维护文明共同体存续的基本保证。公正观古已有之，不同时代有不同公正观，不同学派有不同公正观。中国儒家认识公正问题的经典表述是孔子的"有国有家者，不患寡而患不均，不患贫而患不安"。中国传统哲学关于公正观的讨论主要有两个问题：一是义与利，二是德与力。义与利有多层次含义：公与私、道德理想与物质利益、精神生活与物质生活问题。德与力指道德意识、道德行动与生命力、意志力、体力、军力。生命力是实现道德理想的基础，缺乏道德自觉性的生命力将肆意妄为、贻害社会。中华民族传统文化中可以体现公正精神的有《周易·大传》的两句名言："自强不息""厚德载物"。有志之士致力于事业学问，尽心竭力、昼夜不懈。以宽厚之德包容万物，促进文化发展。②

西方哲学与伦理学对公正论述研究历史渊源深厚，思想成果丰富，人文魅力凸显，在信息网络全球化工具推动下对高校大学生影响深远，正确分析辨别西方文化视野中公正观的难度较大。

亚里士多德认为，"公正是最主要的，它比星辰更加光辉"③。罗尔斯的《正义论》认为，在道德的多元性成为既定现实的情况下，可以将公平

① 《列宁全集》第二十四卷，人民出版社2017年版，第134—135页。

② 张岱年：《文化与哲学》，中国人民大学出版社2006年版，第75页。

③ 苗力田编：《亚里士多德选集》（伦理学卷），中国人民大学出版社1999年版，第103页。

正义视为秉持不同道德观的人群得以和平相处的最低层次的一致性认同。他在讨论正义的主题时说："正义的主要问题是社会的基本结构，或更准确地说，是社会主要制度分配基本权利和义务，决定由社会合作产生的利益之划分的方式。所谓主要制度，我的理解是政治结构和主要的经济和社会安排。"① 应对西方国家进入后工业化时代遭遇的国家治理困境，罗尔斯提出国家正义理论，他对国家伦理的设想以正义为标准，强调公平、正义、对公共利益的尊重，对中国建设和谐社会、化解现实矛盾，提供了重要借鉴。他提出"正义的两个原则"，将它表述为最一般的正义观："所有社会价值——自由与社会、收入与财富、自尊的基础——都要平等地分配，除非对其中一种价值或所有价值的一种不平等分配合乎每个人的利益。"② 他还提出"差异原则"和"补偿原则"，认为"为了平等地对待所有人，提供真正的同等的机会，社会必须更多地注意那些天赋较低和出生于较不利的社会地位的人们，这个观念就是要按平等方向补偿由偶然因素造成的倾斜"。③

美国社群主义理论学者迈克尔·桑德尔教授的《自由主义与正义的局限》批判罗尔斯的《正义论》。他对于与罗尔斯正义理论的争议解释说，"争议的关键不是权利是否重要，而是权利是否能够用一种不以任何特殊善的生活观念为前提条件的方式得到确认和证明。争论不在于是个体的要求更为重要，还是共同体的要求更为重要，而在于支配社会基本结构的正义原则，是否能够对该社会公民所信奉的相互竞争的道德确信和宗教确信保持中立。易言之，根本问题是，权利是否优先于善"。④ 他将现实社会中人们的公正观归纳为三种：一是追求福利最大化的功利主义（代表人物边沁及其"最大多数的最大幸福"正义原则思想）。二是尊重个体利益的自由至上主义（代表人物康德及其每个人拥有自由权思想）。三是提倡公民

① ［美］约翰·罗尔斯：《正义论》，何怀宏、何包钢、廖申白译，中国社会科学出版社1988年版，第5页。

② ［美］约翰·罗尔斯：《正义论》，何怀宏、何包钢、廖申白译，中国社会科学出版社1988年版，第58页。

③ ［美］约翰·罗尔斯：《正义论》，何怀宏、何包钢、廖申白译，中国社会科学出版社1988年版，第96页。

④ ［美］迈克尔·桑德尔：《自由主义与正义的局限》，万俊人译，译林出版社2001年版。

德性、“共同善”和“好生活”的政治伦理观（源于亚里士多德的目的论美德伦理）。他认为第三种公正观是符合历史发展逻辑的实现全社会各阶层各领域和谐的公正观。

社会政治经济发展规律就是很好的佐证：“当市场不完善时，权力和财富的不平等转化为机会的不平等，导致生产潜力遭到浪费，资源分配丧失效率。”① 在一个繁荣的社会里，政治、经济和社会制度都应该做到公平，更要有一个能让公众致富的激励机制，“国家间对比数据的基本规律以及历史记述都表明，那些走上促进持续繁荣的制度化道路的国家，是因为权力平衡的公平度增加，才走上了这种制度化道路”。② 但是他对第三种公正观中“共同善”具体内容描述的清晰性不够。

李泽厚评价迈克尔·桑德尔的观点时提出“和谐高于正义”。它包括人际和谐、身心和谐、天人和谐（人与自然生态的和谐）。因为中国是家国相连，由家及国，重情理结构，“和谐”才是维系人类生存延续的最高层，它是在“正义”基础上的和谐。“和谐”属于“以德（教）化民”，“正义”属于“以法治国”。

第三节 公正价值观的“善”维度解读与社会观念整合实践

近代以来，西学东渐，马克思主义的中国化使中国社会观念急剧变化。推动中国特色社会主义事业建设，需要发挥民族主体性，凝聚共识。民族主体性，就是中华民族的独立性、主动性、自觉性。提出社会主义核心价值观，就是维护中华民族文化价值观的主体性的集中表达；同时，表现中华文明开放包容特质的方式，是核心价值观对中国传统文化与西方文化的传承与吸纳。在社会公正观教育实践中体现文化包容性与民族主体性交融的特点的途径，是进行一元核心公正观与多元社会公

① 世界银行：《世界发展报告合订本：公平与发展》，胡光宇等译，清华大学出版社 2013 年版，第 7 页。

② 世界银行：《世界发展报告合订本：公平与发展》，胡光宇等译，清华大学出版社 2013 年版，第 9 页。

正观的整合。

一 从真善美之“善”维度整合多元公正观的思路与依据

西方哲学、伦理学把真善美作为价值核心概念，主张真是知识的价值，美是艺术的价值，善是行为的价值。西方伦理学发展的重要阶段——元伦理学阶段，对“正当”与“善”这两个概念的关系进行分析，受到这种方法的启发，通过探讨公正与善的关联，作为整合“一元”与“多元”公正观念的路径。

元伦理学代表乔治·爱德华·摩尔1903年出版的《伦理学原理》认为“善”是伦理学的首要概念，“正当”的行为结果就是“善”的最大化，善优先于正当。“在伦理讨论中提出的论证往往有两类：一类证明所讨论的行为本身是善的，另一类证明它作为手段是善的。”① “伦理学的特点不是研究关于人类行为之各断言，而是研究关于事物的两个性质，即用‘善的’一术语所表示的性质和用‘恶的’一术语所表示的相反性质之各断言。”②

罗尔斯在《正义论》中写道：“伦理学的两个主要概念是正当和善。”“一种伦理学理论的结构就大致是由它怎样定义和联系这两个基本概念来决定。”③ 他在分析善的内涵时写道：“如果善被看做是使人的优越性通过各种不同文明形式得以实现，我们就有了所谓的至善主义，这个概念可以在亚里士多德、尼采等人那里发现。如果善被定义为快乐，我们就有了快乐主义，如果被定义为幸福，我们就有了幸福论，等等。”④ 他还提出了“基本的社会善”，就是权利和自由、权力与社会、收入与财富、自尊。从个人道德修养培育的角度，他提出“道德人格以两种能力为其特征；一是获得一种善观念的能力，二是获得一种正义感的能力。当其实现时，前者表现为一项合理的生活计划，后者表现为一种按某种正当原则行为的起调

① ［英］G. E. 摩尔：《伦理学原理》，长河译，商务印书馆1983年版，第31页。

② ［英］G. E. 摩尔：《伦理学原理》，长河译，商务印书馆1983年版，第43页。

③ ［美］约翰·罗尔斯：《正义论》，何怀宏、何包钢、廖申白译，中国社会科学出版社1988年版，第21页。

④ ［美］约翰·罗尔斯：《正义论》，何怀宏、何包钢、廖申白译，中国社会科学出版社1988年版，第22—23页。

节作用的欲望”。①

这种分析思路的特点是认为公正与善是相关概念，公正事物或行为普遍性特点是善。其现实意义是社会主义核心价值观范畴的“一元公正观”与社会价值观范畴的“多元公正观”整合的维度或路径就是“善”。拓宽思路而言，高校大学生公正观教育解决“一元”与“多元”矛盾对立统一关系，确立科学思维方式，消除困惑迷茫的解决之道是从“善”入手，通过理解“善”这个概念的基本内涵与外延来整合各种公正观，把“善”作为评判所有事实与行为是否公正的最高标准、最后尺度。

“善”的伦理学定义是：共同满足为“善”，在被动个体自我意识出于自愿或不拒绝的情况下，主动方对被动个体实施精神、语言、行为的任何一项的介入，皆为善。哲学认为“真善美”是价值观最高标准。“真”是符合规律，“善”是符合目的，“美”是二者的统一。善本身是一种主观判定结果，随着主体和时间的变化，而被赋予不同的内容。总体宏观地说，在最广时间范围内符合最大多数人的目的（最大最终目的）即善。在最广时间范围内被证明对最大最终目的有利的目的被称为“善心”。在最广时间范围内被证明对最大最终目的有利的行为被称为“善行”。马克思历史唯物主义的观点是善恶必须放置在特定的历史条件下具体分析判断。

二 在全社会整合社会多元公正观的教育途径

首先，构建和谐社会是实现社会公正的基本途径。自然和谐为“美”，社会和谐为“善”，因为和谐的场景特征如对称性、清晰性、完整性等与“美”与“善”的场景特征是一致的。和谐突出体现公正两大基本价值取向：文明发展成果社会共享、保障每个人的自由发展。追求个人自由的公正观其实是以集体主义为中心的核心公正观的多层次体现。和谐社会要形成凝聚合力，就要利用社会主义初级阶段经济结构多层、经济利益多元条件下生成的多元公正观，促进个人自由发展与他人、社会、自然的和谐统一。

① ［美］约翰·罗尔斯：《正义论》，何怀宏、何包钢、廖申白译，中国社会科学出版社1988年版，第548页。

其次，理性公民对社会公正理念与贯彻实施之间的现实差距保持善意容忍度。理解公正社会建立是需要全社会成员共同努力的长期过程。因为我们处于社会主义初级阶段，社会公正赖以实现的资源的稀缺性、公正制度规范推行需要一个循序渐进的过程，全面深化改革中要避免“欲速则不达”的后果。

再次，把握公正观念的核心内容：公平与公正的细微差别，公正带有“正当性”价值取向，公平带有“工具性”特征，两者功能定位不同。在现代社会和市场经济条件下，社会公正包括四项基本原则：基本权利的保证、机会平等、按社会贡献进行分配、社会调剂。维护促进社会公正的重要措施是：维护公正原则的基本制度和政策安排，推进经济发展，建立基本民生保障体系，形成“橄榄形”社会分配结构。①

复次，理解个人力量与社会公正建设的关系。用“善心善行”践行公正伦理道德，例如承担应有社会责任，按照社会标准、秩序规范待人接物，提升自我文化、道德、法治意识等。增强价值观自信，价值观自信是保持个体独立性的重要支撑，自信才有执着地坚守和自觉地践行。

最后，回应社会大环境对高校小环境的影响，正确认识“仇富、仇官、炫富、攀比”等焦虑、质疑复杂社会心态，分析拜金主义、享乐主义、机会主义等导致大学生迷失自我、幻想不劳而获的错误价值观。利用网络新媒体技术推动社会文化建设，加快建设校园网络平台、微博微信、网络公开课等，利用互联网技术的时效性、便捷性优势把公正教育融入在校学生生活的各个层面，发挥循序渐进、潜移默化的教育作用。

---

① 《社会公正是凝聚全体人民的关键所在——访中央党校吴忠民教授》，《学习时报》2014年9月22日。

第十章　新型城镇化过程中社会体制运转的孝文化认同

2018 年出台的中央一号文件根据党的十九大报告提出的关于乡村振兴的总目标，对统筹推进乡村振兴作出了系统谋划与部署。推动乡村振兴，文化振兴是保障。繁荣兴盛乡村文化，焕发乡风文明新气象，必须传承发展农村传统文化。孝文化本质上是一种以构造和维持血缘家族关系认同和政治伦理规范认同为取向的文化。从功能上看，传统孝文化对于凝聚乡村范围内的血缘亲情、人伦关系，维护家庭宗族地位和乡村社会结构的稳定和超稳定性，对于小农经济生产方式和农耕文明的接续和发展，起到了无法取代的作用。这种作用的发生源于传统乡村以血缘关系为根基的社会关系和社会结构。马克思曾说，“随着经济基础的变更，全部庞大的上层建筑也或慢或快地发生变革”。[①] 随着改革开放 40 多年以来的传统乡村社会的生产方式和家庭结构的变迁，孝文化逐渐萧疏。而几千年以来孝的积淀已经成为中国农村所归依的“生活世界”，一旦这种文化衰落，势必会给乡村带来极大的影响。因此，在乡村振兴背景下，不得不关注孝文化的时代生存境遇及其重构和复兴。

第一节　乡村孝文化变迁过程中的颟顸

改革开放 40 多年来，乡村孝文化在变迁过程中，遭遇了工业化、现代化、城市化的挑战，也经历了马克思主义中国化过程中的否定之否定。在遭

① 《马克思恩格斯全集》第三十一卷，人民出版社 1998 年版，第 413 页。

遇了这样的传承过程后，乡村孝文化令人糊涂，难以厘清其现代内涵。

一　人口流动与孝的表达

20 世纪 70 年代，以家庭联产承包责任制为序幕的改革开启了一系列涉及农村的综合改革，农村因此发生了历史性的改变。回顾农村改革，从初期农业基本经营制度的产生，到深化时期提出的建立改变城乡二元结构的体制和统筹城乡发展，改革对于农村的贡献和影响是多方面的。同时，中国农村改革 40 多年的推进历程是在城乡发展分化和发展不平衡的基本背景下进行的。改革和城市化发展的叠加效应使农村的产业、结构、经营和人口都出现了新的变化和新的特征。

40 多年来，农村经济改革发展在一定程度上造成了不同农村地区和农民的极大分化。在目前中国欠发展的大多数农村地区存在三种异质性的农户：举家进城的农户、中青年劳动力进城和全家留存的农户。① 由于中国高速的工业化和城市化的发展，城市中的第二、第三产业发展速度日益加快，农村却因受到多种因素的制约而进展比较缓慢，城乡之间的不平衡现象越来越突出。所以，一代又一代农民劳动力进入城市地区，在城市中的第二、第三产业中打工谋生。根据国家卫生健康委员会发布的第八部《中国流动人口发展报告 2017》，2016 年中国流动人口规模为 2.45 亿人，新生代流动人口的比重不断上升，2016 年已达 64.7%，成为流动人口中的主力军。“80 后”（出生于 1980—1989 年）流动人口比重由 2011 年的不足 50% 升至 2016 年的 56.5%；“90 后”（出生于 1990—1999 年）流动人口的比重由 2013 年的 14.5% 升至 2016 年的 18.7%，呈现稳步增长的趋势。

大量的中青年人口流动到城市，促成了农村人口的空心化。留守农村阵地的主要是老人、妇女和儿童以及丧失劳动力的农民，呈现出人口数量少、结构失调的景象。由于城市和乡村在时间和空间地域上的隔离和阻碍，加上城市生存的压力和艰辛，使外流的农村中青年群体对于父母的孝

① 贺雪峰：《关于实施乡村振兴战略的几个问题》，《南京农业大学学报》（社会科学版）2018 年第 3 期。

意识日益淡漠化、孝行为日趋减少。另外，新生代农民流动人口出生和成长于农村改革开放的时代环境里，接受教育的水平比较高。比起第一代农民工，他们更能接受城市生活方式和文化观念，这在很大程度上减弱和消解着这一农民群体的孝观念。他们从内心到行动上很难真正做到孝顺父母、敬爱父母。2012 年由全国妇联老龄工作协调办、全国老龄办等联合制定推广的新“二十四孝”行动标准，他们甚少实践。

二 “外来文化”冲击与孝文化的退守

传统农业社会时期，中国文化的根底在乡村。“中国文化是以乡村为本，以乡村为重；所以中国文化的根就是乡村。”① 在古代乡村社会里，维系乡村结构和人际关系的是孝悌、仁爱和忠信。以孝为内容核心和精神实质的乡村文化体系，表现出主导整个社会文化构成和发展方向的特点，相对而言，城市没有形成独立完整的文化形态和获得相应的文化地位。中国社会步入近代以来，特别是在改革开放 40 多年后的今天，随着工业化、城市化和现代化的扩张和加速，异质性的“外来文化”——工业文化、城市文化涌入乡村地区，对原有乡村文化造成了巨大的冲击。

城市文化伴随着城市的产生及发展的历史过程而产生，是一种发生在城市里的和城市发展相关联（相对农村而言）的文化现象。如果从文化学的角度来定义“城市文化”，可以理解为是人们在城市中创造的物质和精神财富的总和，既包括城市物质文化，也包括城市精神文化以及城市的风貌、习俗、风尚等一切“人化”的事物。城市文化以其五光十色的内容如商业、饮食、服饰、休闲、娱乐、消费，以及具有的现代性、开放性、创新性和多元性的优势与商业化、通俗化、大众化的特点，凭借现代化的传播技术和载体以及流动人口的携带和传播，强势而迅速地辐射和渗透进乡村文化内部，悄然地对孝的传统内核和价值规范进行着解构，成功地消弭了孝文化之于乡村的维系力，取代了孝文化在乡村中的根基地位和生存空间。

虽然处于弱势地位的乡村孝文化对城市文化也有一定的反向影响，即

① 梁漱溟：《梁漱溟全集》第一卷，山东人民出版社 2005 年版，第13 页。

“文化反哺”作用，但比较起城市文化对孝文化的影响力和作用力，这种反向作用力要小得多。与城市文化的强劲优势和特点相比，孕育于古代农业社会经济基础之上的孝文化天然地含有封闭和保守的落后性，跟不上新时代的发展步伐。尽管城市文化的出现带来了孝文化的重构和转型的契机，但文化的转型是一个长期的历史过程，不可能一蹴而就。因此，面对表征着现代性和后现代性的城市文化的袭击和侵吞，孝文化不得不默默地退守到乡村社会的边缘地带，越发衰微。

三　反文化的侵蚀与孝的迷失

改革开放40多年后的今日，中国乡村正处在多种文化交杂并存的状态中。从文化所占据地位的角度，可以将社会中的文化划分为“遗存的”(residual)、“主导的”（dominant）和“新兴的”（emergent）三种。乡村文化的现实构成类型，也大体能够进行如此的划分。乡村文化混合了遗存的传统文化（以孝文化为核心)、新兴的迅速崛起并取得主导地位的现代文化（以城市文化为主要内容）与其他文化种类。如果按照文化的价值属性差异，则可以将乡村文化区分为主文化、亚文化和反文化。亚文化和反文化是与主文化相对应的概念。反文化是一种在性质上与主文化相对立和冲突的亚文化。它会削减主文化即优秀文化的功能和价值。

乡村主文化是各种文化之最精粹、最优秀部分的集合。毫无疑问，传统孝文化内涵的重血缘亲情、人伦关系和仁爱精神具有普遍和永恒的价值，是乡村优秀文化的重要集成因子。反文化是一种广泛性的社会存在。全球化、工业化和城市化带来了先进的现代文明的同时，也让各种不良文化和反文化乘虚而入，传统孝文化迷失在现代化之中，被现代性所侵蚀。比如，物质主义凭借其强大的物质吸引力和依托网络化、数字化的新媒体传播方式，冲撞和侵蚀着传统乡村孝文化，孝的价值维系力和牵引力、魅力显著下降。一些地方的农民尤其是在城市生活打拼的新生代农民，正在自觉或不自觉地接受着物质主义的多种表现“面孔”，如唯经济主义、功利主义、消费主义和享乐主义，并且片面夸大物质或物质利益功能和作用。追求个人物质利益最大化、享受物质生活成为很多农民个体的现实行动。他们忽视甚至否定孝的道德伦理价值和文化功能，认为相对于物质或物质利益而言，孝和孝文化是多余的、无力的。这种现象在经济发展比较好的农村地区表现得更加突出。传统孝文化中的那种孝敬父母、尊长爱幼、邻里互助、为国家民族尽大孝的美德已经难觅踪影。

第二节　乡村孝文化的认同式微及其因果

认同概念最早是作为一个哲学术语存在的，指的是哲学认识论中的同一性问题。后来这一概念逐渐跨越到众多其他学科如心理学、社会学、政治学、经济学中获得丰富的含义。其中，以泰弗尔开创的社会认同理论最有影响力。社会认同是一个具有广泛性和繁杂性的概念体系，按其内容和层次看，社会认同可以分为四种：基于个人的认同、关系认同或身份认同、基于群体的认同和集体认同。①

一　改革开放40多年来乡村孝文化的认同式微

从过程论的角度而言，乡村孝文化的认同不可能是静止化的状态，而是一个处于不断变迁的过程。从较高认同到较低认同、一维认同到多维认同，或者相反，从低度认同到高度认同、全面认同到单一认同，这不仅仅取决于乡村本身的历史变动，同时也体现出人们对乡村文化的情感和期待在时间推移中流变的特点。改革开放40多年来中国乡村的结构、形式、本质、属性、规律发生了较为深刻的变化，这种变化是具体的、多样的。伴随这一历程的是中国乡村孝文化认同呈现出弱化和消解的趋势。

其一，孝文化极其重要，但认同式微不可避免。文化振兴是当前国内学术界研究农村问题的学者深刻探讨的一个议题，孝文化建设对于乡村振兴具有重要的功用和价值是学者们的共识。孝文化对于乡村的作用主要表现在这几个方面：为乡村社会发展提供思想保证、精神动力和智力支持，还可以凝聚乡村力量。孝文化如此重要，但对孝文化的认同却不可避免地出现了式微。原始“孝”观念生发和确立的两大最根本的原因是：农耕社

① Marilynn B. Brewer, “The Many Face of Social Identity: Implications for Political Psychology”, *Political Psychology*, Vol. 22, No. 1, 2001, pp. 115 - 125.

会和宗法家族制度[①]的确立和历史延续。农业耕作使人们依土地聚群居住的方式成为可能和必需，于是，为了维系家族内部的和谐关系和确保家族的发展，逐渐形成一套人人遵守的行为准则：孝—悌—贞—顺。可见，孝的发端并形成依托于中国古代农业社会。而改革开放40多年来，农村社会遭受了最为严重的工业化的冲击，农耕文化的支柱——农民流失到城镇，孝文化传承的主体发生了根本性的变迁。

其二，孝文化延伸到了乡村社会众多领域，但认同式微不可避免。孝从家庭宗族范围内全面延伸和扩展到政治、法律等社会众多领域，因而在古代农业社会中具有举足轻重的地位和作用。“孝”乃中国传统道德思想的核心内涵，[②] 是中国传统文化最具普遍性、标识性的符号，是政治法律规范之基础、社会治理之主要工具，甚至连人的行为方式、思维方式、风俗、习惯、成见等都深受浸染。[③] 但是改革开放40多年来，中国传统小农经济置于社会主义市场经济的大背景下，宏大的改革场景将以血缘为纽带的宗法氏族关系全面打破，传统的乡绅不再具备乡村社会基础，新乡贤也是适应社会主义市场经济的产物，孝的认同被现代性所挑战。

其三，孝文化符合社会主义核心价值观，但认同式微不可避免。传统孝文化对于新时代的乡村具有现代价值，也符合社会主义核心价值观。主要体现在农村养老、家庭关系调节、道德建设方面。儒家孝道既是农村家庭养老的文化依据，又影响着家庭养老的外部客观环境，在很大程度上决定着人们养老爱老敬老的心理趋向、情感归属和价值取向；[④] 孝德在保存淳朴民风、维持农村家庭结构稳定、增进农村社会和谐发展方面发挥着连续的稳固作用，是推动新农村建设的辅助剂；[⑤] 孝文化是农村公民道德建设的伦理基础和文化基因，是农村家庭道德建设的主题，可以充实农村公共道德的体系和推动社会公共道德的完善。[⑥] 但是改革开放40多年来，孝

---

① 郑土有：《孝：中华传统文化的核心范畴》，《民俗研究》2015年第2期。

② 郑土有：《孝：中华传统文化的核心范畴》，《民俗研究》2015年第2期。

③ 赵炎才：《中国传统孝文化的历史特征透析》，《南京社会科学》2009年第6期。

④ 张云英、黄金华、王禹：《论孝文化缺失对农村家庭养老的影响》，《安徽农业大学学报》（社会科学版）2010年第1期。

⑤ 马永庆：《孝文化对农村家庭道德建设的意义》，《齐鲁学刊》2006年第3期。

⑥ 周贤君、王愚：《中国孝文化的当代价值探讨》，《高等农业教育》2012年第3期。

文化遭遇的困境是文化发展的常态，文化的变化发展与经济结构的变化发展不一定完全同步，文化有时会落后于经济结构，从而会出现更替发展困境。当前孝文化结构的更新和变化明显地落后于乡村社会经济结构的变化，因而面临发展的窘境。以农业文明为基础的传统孝文化中具有对抗现代工业文明的文化惰性，它的进步多是被动的。因此，需要对之进行变革，需要立足于乡村振兴战略要求对之进行适应现代乡村的改造和创造性转化，才能唤醒和盘活它，才能发挥它的积极向上作用。同时，这也是孝文化自身实现现代化的过程。

二　改革开放40多年来乡村孝文化认同式微的因果

是哪些因素促发了当代乡村孝文化认同危机的出现呢？现实地看，主要因素有：一是乡村社会内部因素如生产方式的根本变化、文化的制约，二是外部的因素如市场化、城镇化、现代化的影响和冲击。其中，文化因素尤其是传统文化的影响是不可忽视的。社会认同总是在一个由各种社会文化因素组成的环境中形成和变化的，因而不可避免地会被传统文化所浸化和熏陶感染。诚如卡斯特所言，社会认同是在文化特质或相关的整套的文化特质的基础上建构意义的过程，是个体认识到自己属于特定社会群体并实现自我归类的过程。① 乡村孝文化认同作为一种特殊类型的社会认同，也是如此。

具体而言，传统孝文化在当代的发展困境是引发乡村文化危机的重要因素。在中央长期坚持的农村经济发展优先的思想指导下，中国农村文化建设一直处于相对滞后的状态中。传统孝文化是农村文化建设中的薄弱环节，存在着不少突出的问题，如一些地方政府重视程度不够、财政经费投入不足、建设人才缺乏等。这种状况造成了孝文化不仅不能积极地适应乡村振兴战略的目标要求，而且不能有效地满足农民精神文化发展需要，孝文化已经成为新时代乡村文化的“短板”。所以，传统孝文化的衰落必定会引起乡村文化的式微。

---

① ［美］曼纽尔·卡斯特：《认同的力量》，曹荣湘译，社会科学文献出版社2006年版，第3页。

历史地看，传统孝文化是促成乡村发展和延续的重要因素。孝是乡村社会中的情感心理方面的主要源泉，是一种稳定的、可靠的资源。因为几千年以来的传统孝文化涵括的人伦情感、伦理价值和思维观念等，深深地体现在人们的生活方式、风俗习惯、心理特征上，已经内化、积淀、渗透于社会成员的心理，因而可以说是乡村社会重要的心理和情感基础。在传统乡村社会中，血亲、姻亲、宗族是社会关系的核心和联系纽带，基于血缘亲情生发并扩展的孝文化起到了维护和巩固家庭、家族、邻里、村落的作用，由此形成一种家族共同体及村落共同体。在共同体范围内人们之间彼此信任、守望相助、童叟无欺，对乡村有着很高的认同度。可以说，传统孝文化造就了乡村文化的延续。然而，在一个文化发展远远落后于经济变化发展的当下乡村社会里，传统的孝文化必然走向没落和边缘化的境地。如前文所述，越来越多的农村人口流动到城市，他们游离于乡村传统的制度规范和文化模式约束之外，并且他们的孝意识逐渐淡化，孝行为显著减少；再加上城市文化的冲击和挑战，物质主义、消费主义和享乐主义的包围和侵蚀，进一步加重了现有乡村地区孝文化的衰落。

传统孝文化在乡村的衰微引发的现代乡村危机有多样的表现。其一，情感认同弱化。情感是形成乡村孝文化认同的关键因素。因为从乡村孝文化认同概念的属性来看，对于乡村的认可与肯定主要源于个人的主观情感心理因素。长期以来乡村感情是依靠传统孝文化来维持和传递的，而如今孝文化的没落直接削弱了人们的情感和认同。其二，身份认同迷失。在一定意义上，乡村孝文化认同是基于个体在乡村中的身份建构。乡村孝文化认同的基础是乡村身份。乡村身份表征的是农民在所归属群体即乡村社会中的地位和角色，并对自己所属乡村的本质特征与其他群体如城市的差别性的认知。由于传统孝文化趋于断裂，传统乡村社会以血缘、地缘为基础形成的“熟人社会”转入“半熟人社会”和“陌生人社会”，农民原有的乡村主体地位丧失，他们徘徊在两个社会之间，自我身份认同迷失，不知道“我是谁”“我归属于哪个群体”。其三，价值认同模糊。乡村孝文化认同本质上也是一种价值认同。身份的确认本身就是一种价值认同。因为身份认同的迷失，农民无法回答“我是谁”和“我要去哪里”的存在意义追问，无法确证自己对于乡村的价值和乡村之于自己的价值。

农民群体乡村孝文化认同的种种危机使他们对乡村产生一种情感上的疏离和行动上的抵触，从而造成一系列的社会问题，不利于亿万名农民参与实施乡村振兴战略的积极性、主动性、创造性的发挥和激发乡村发展的内生动力。重塑和提升乡村孝文化认同，是推动和实现乡村全面振兴和农业强、农村美、农民富目标的前提和基础。

第三节　新时代乡村孝文化的振兴路径

补齐孝文化短板，重塑和提升乡村孝文化的认同，需对孝文化进行创造性转化。对孝文化进行创造性转化，需结合历史传统和新时代要求，从理论层面、制度层面和物化层面展开路径探索。

一　理论层面上的传承与创新

孝文化创造性转化的主旨在于理论的创新。因为传统孝文化的内核主要凝集在理论层面，包括人们在社会历史中创造的所有关于孝的理论成果总和，它最能体现文化的本质性和超越性特征。

从历史上看，中国古代孝文化理论涉及面广泛，集合了哲学本体论、伦理学、政治学、心性论的知识内容，是人民性与封建性、精华与糟粕、历史性与继承性的混合物。要实现新儒家所说的现代孝文化的“悔悟的更新”“创造的转化”，必须注重孝文化的历史性研究，识别精华与糟粕，做到去其糟粕，取其精华。一方面，传统孝文化中既有合理的能够适应当代社会发展需要的思想资源和道德价值，如孝悌忠信、“仁者爱人”、感恩观念、和谐意识等，这些具有相对的不变性、能够超越时代而长久延续并能产生作用，因而需要加以继承和发扬，以发挥它们对于当代乡村社会的价值；另一方面，也存在着一些阻碍新时代发展的封建糟粕性内容，如家族本位主义、忠孝合一、有悖人道的愚孝行为。在新文化运动时期，一批新知识分子曾对其发起了猛烈的批判。忠孝合一，是批判的重点。儒家孝论在汉代及其以后变异的最大流弊，在于移孝作忠、忠孝合一，把对父母的天然之爱转变为对君主个人的绝对服从与忠诚；甚至演化到“君要臣死，臣不得不死，父要子亡，子不得不亡”的极端愚孝和愚忠的地步。孝文化成为中国古代封建社会政治统治的工具和压抑、控制人的异化力量。这些与当代社会民主、平等的现代精神和理念格格不入，必须坚决抛弃。

实现孝文化的创造性的转化，还必须处理好传承与创新的关系。孝文化要保持连续和发展，必须依靠本身的传承和创新。孝文化的传承有两种基本的方式：一是自发的方式。在传统社会，人们往往采取自发的、通过家庭和家族共同体的经验因袭、耳濡目染的方式实现孝的传承。二是自觉的方式。在现代社会，一般需要采取自觉的、理性的范式，通过个人的主动学习、学校和社会教育而实现。传承乡村孝文化，要综合运用这两种方式。孝文化的创新主要表现为科学认识和理论创新。科学认识的本质在于对原有孝文化的认识和知识结构的改变与完善。理论创新是对孝文化中的重大问题的认识突破和观念超越。具体来说，要结合时代发展形势和乡村振兴战略要求，对孝文化包含的内容、问题、体系进行扩充和革新，如增加民主、文明、平等、公正、爱国、敬业等现代核心价值理念，借鉴现代家庭道德、职业道德和社会公德内容，吸纳和发扬现代文化如工业文化、城市文化和西方文化的优势和长处，促成和完成孝文化在当代的创新。孝文化的传承和创新是有机统一的，二者相互促进，共同发展。

二　制度层面上的转换与建构

制度的转换与建构是孝文化创造性转化的必要保障。传统孝文化不仅是一套理论体系，还体现为相应的规范和制度的建构性存在。作为约束和评判人们行为的孝德规范有着复杂的内容，包括个体道德规范、家族伦理和政治伦理规范，用来协调传统社会中的人际关系，稳固和强化封建社会的等级秩序。汉代将孝视作选拔录用官吏的重要参考标准并纳入国家的政治制度中，使孝在更高的层面上得到普及和推行。“举孝廉”是两汉至魏晋南北朝时期主要的选官制度。此外，中国封建政治还建立了孝的法律保障制度。一是尊老制度，制定一些专门的、特殊的量刑定罪原则，老年人便可获得减轻或减免刑罚的司法特权。二是留养制度。为了解决犯罪分子的孝养父母问题可免去死刑，南北朝时期首创留养制度。三是孝假制度。

所谓的“孝假”，就是免征居父母丧者的劳役赋税。四是容隐制度。汉代规定了“亲亲得相首匿”的诉讼原则。孝与制度的结合，使孝的推广和施行更具有强制性和保证性，从而达到政治稳定的目的。

从实质上看，古代“孝制”背后体现的是“孝治”伦理观，或者说是一种泛孝主义或泛道德主义的治理观。它形成了中国古代历史上特有的以孝摄政、以孝施法乃至以孝枉法的现象。“孝治”伦理观跟现代法治理念包含的公平正义、权力限制、主权在民等法律精神，社会治理的理性、规则和秩序，是有明显冲突的。在构建社会主义民主政治和全面依法治国的今天，特别是在建设法治乡村的时代背景下，“孝治”伦理需要解构深植于封建文化土壤中的内核，以规范制度的转换为重点，增加切合现代政治文明和法治文化的内容要素，如公民权利、共同责任、法律权威、法律面前人人平等，建构符合现代乡村法治特质的新规范、新制度，使其焕发出新的生机和活力，以促进乡村社会治理的法治化。

三　物化层面上的保护与发展

在传统孝文化的起源与确立、发展与演进的历史实践中，逐步建立了与之配套的建筑、器具、服饰等各种物化实体。具体的物质形态是人类得以传递和存续孝文化的历史工具，同时又是寄托和承载孝文化的现实载体。如乡村的宗祠、庙宇、孝墓、孝碑、古代孝子遗迹等都是具有代表性的传承孝精神和孝观念的物质介质，它们对于维系血缘情感、家族团结以及乡村孝文化认同起到了巩固作用。

伴随着当代中国社会经济的重大发展及其由此引发的社会转型，受现代化、城市化进程和乡村社会变迁的影响，乡村中寄托和承载孝文化的物质载体日趋荒芜，面临减少和消亡的境地，而其保持和传递孝文化的功能和效力也日趋失去。因此，需要对之进行重建、保护和发展。应坚持“孝传统”与“现代化”相结合的指导原则，立足传统，根据当代社会实际需要，科学、理性、有效地进行规划与实施。一方面，对于有典型的历史孝文化意义和现代价值的孝子祠堂、孝碑、历代圣贤孝子的故里、遗址进行保护和修缮，并可以开发和建设相关的纪念馆、文化馆、文化公园和文化景点；另一方面，对于寄予较多的封建政治和鬼神迷信观念的物质器物，需因时制宜，或遗弃，或寻求新的物质载体替代以诠释合乎新时代的意义。还可以依托孝文化的物质遗产，利用现代科学技术和生产力开发与孝相关的特色产业和产品，尽可能形成和提高孝文化的经济效应，从而更好地服务于乡村经济发展，推动乡村振兴战略的实施。

第三篇　新型城镇化视角下的现代社会组织体制

社会组织体制是世界各国在国家建设、民主建构中不断完善的一项制度，是国家与社会关系相互调和下催生的现代制度，它极大地促进了社会的动态平衡，维护了社会稳定。党的十八大报告明确指出要加快形成“政社分开、权责明确、依法自治”的现代社会组织体制。党的二十大报告进一步指出要完善协商民主体系，统筹推进政党协商、人大协商、政府协商、政协协商、人民团体协商、基层协商以及社会组织协商，健全各种制度化协商平台，推进协商民主广泛多层制度化发展。这些重要论断标志着社会组织管理理念、战略、原则、定位的新取向，对有效发挥社会组织在新型城镇化中的积极作用将产生深刻影响。要加快形成现代社会组织体制，具有重要的现实意义。新型城镇化是新时代我们党和政府的重要任务，需要政府、市场、社会组织三大部门分工合作与协调，承担职能，发挥各自优势，助推人的城镇化的快速实现。

第十一章　国家—社会协调促进新型城镇化过程中社会长期稳定

国家与社会的关系是人类社会现代化进程中一个重要而长久的话题，是在一定社会制度下，国家政权的治理与社会自治关系的动态调整过程。在不同的社会制度下、不同的社会发展阶段中，有不同的国家与社会关系变迁的类型与模式。任何一个国家，无论是单一制国家还是联邦制国家，在追逐现代化的进程中，都是国家力量与社会力量的此消彼长的平衡过程，旨在追求国内政治、经济等领域的和谐格局。在实践发展层面，国家与社会关系是随着政局的发展需要不断进行调和的，国家与社会在理论层次上的强弱是相对的，但国内政局稳定、人民安康才是执政党真正追求的目标。

第一节　国家与社会关系的强弱与影响社会稳定的相关性分析

新型城镇化是“五位一体”的发展布局，是人的城镇化，涉及人在各个领域的权利的实现。在中国政府主导的发展模式下，强化社会力量的增长具有划时代的意义。中国在特定的发展阶段经历了强国家的模式，形成了国家强盛、民族复兴的大局，但弱社会模式的副产品就是给予民众权利的不足。新型城镇化的决策是一种城市反哺农村的策略，它的目的不但是强国，更根本的是对人民各项权利的回归。不解决农村的落后问题，基层的社会问题就会越来越突出，群体性事件就会越来越多，就会影响社会的稳定。在国家与社会的统一中，既需要“国家权威生成”，也需要“社会组织壮大”。

一　深刻把握不同场域下国家与社会关系的更迭

理论界一致认为，国家与社会的关系首先出现于西方社会，长期以来，西方古典自由主义学派把国家与社会看成一种二元对立的关系。例如，洛克、孟德斯鸠、托克维尔等古典学派，塑造了“社会先于国家”的关系框架；黑格尔则塑造了“国家高于社会”的关系框架，而马克思则在深刻分析社会矛盾产生的原因后，认为国家与社会在一定历史时期是可以融合的。恩格斯认为，“国家决不是从外部强加于社会的一种力量。确切说，国家是社会在一定发展阶段上的产物；国家是承认：这个社会陷入了不可解决的自我矛盾，分裂为不可调和的对立面而又无力摆脱这些对立面。而为了使这些对立面，这些经济利益互相冲突的阶级，不致在无谓的斗争中把自己和社会消灭，就需要有一种表面上凌驾于社会之上的力量，这种力量应当缓和冲突，把冲突保持在‘秩序’的范围以内”①，为了整个社会秩序的稳定，就需要树立强国家的权威。历史表明，国家与社会关系的强弱更迭是基于不同体制国家的社会发展需要而进行的一种纠偏行为，这种主动调节行为的动机是对社会稳定的一种支撑。

伴随着世界现代化进程，我们国家的治理模式、管理体制发生了深刻变化，人民群众生产生活的自主空间扩大，涌现了大量的社会组织，社会自治程度较以前大大提高。正如托里·戴蒙德所言，一个充满活力的市民社会不但提高了民主政治的责任能力，而且提高了民主政治的代表性和生命力。社会成员通过社会组织参与国家和社会事务的管理，致力于社会问题的解决，使民主制度更加完善，推动了政治民主化、现代化。新时代，如何正确认识中国特色社会主义条件下国家与社会的关系，纠正一些思想上的误区和偏差，科学建构符合新型城镇化要求的国家与社会关系，是摆在我们面前的一个新的历史课题。在摆正中国国家与社会关系的前提下，应根据新的历史条件和任务，探索和发展符合中国国情和发展需要的国家与社会关系模式，不断推进社会建设和现代社会组织体制改革。

长期以来，强国家与强社会共存的关系模式成为中西方学派共同热衷

① 《马克思恩格斯选集》第四卷，人民出版社1995年版，第170页。

的理想追求。但在现实层面，达成如此理想的目标是需要各种条件支撑的，因为国家与社会的力量对比从来都不是均衡的，这种博弈的胜利是基于对国家稳定的一种诉求，是国家权力与民众权利均衡与让渡的结果。"国家与社会关系的再认识及其再生产，反映了政治发展逻辑的转换。在国家与社会关系二元分立的结构形态背景下，国家与社会互动的新逻辑对政府职能产生深刻的影响，在政府职能模式历史上，国家引导社会日益成为一种职能。"① 引导型政府职能模式使得政府在现实中处理国家与社会关系，推动了政府治理方式日趋合乎正义。

二　强国家—弱社会模式对社会稳定的影响

一方面，现代意义上的强国家，以拥有一个强大而有效的政府为标志，是一个制度健全、职能适中、经济富裕、社会凝聚力强、国际影响力大、文化教育发达、高度民主、文明的法治国家。基于中国特殊的历史和国情，中国一直有强大的政府执行政治、经济、社会等各种职能，这种强国家模式汲取国家全部力量完成了民族独立、国家富强、人民安康的目标。改革开放以来，在40多年的宝贵时间里，在强国家发展模式下，我们取得了举世瞩目的成绩，基本上完成了现代化的各项目标，人民富裕，国内稳定，国际地位提升，但同时也赋予了我们弱社会的标签。

另一方面，在世界民主进程中，这种强国家—弱社会的模式越来越受到质疑。乔治·弗雷德里克森认为，"传统公共行政是层级节制的、效率低下的、缺乏想象力的，而治理是具有创造力和回应力的"。② 因为这种模式在带来国家强大的同时，公共权力滥用导致的腐败问题成为制约国家社会进步的绊脚石，其他的社会力量无法发挥作用来抗衡强国家，导致社会矛盾和冲突进一步积聚，影响了社会稳定。不可忽视的事实是，作为国家基石的民众利益诉求长期得不到有效的解决，政府强权侵占社会力量的增长极限，群众对政府的负面情绪和不信任日益严重，社会群体性事件的飙

---

① 孔繁斌：《公共性的再生产——多中心治理的合作机制建构》，江苏人民出版社2012年版，第234页。

② ［美］乔治·弗雷德里克森：《公共行政的精神》，张成福等译，中国人民大学出版社2003年版，第83页。

升，严重破坏了社会稳定的结构，撼动了政党执政的合法性。正如罗伯特·达尔认为：一个国家要维系民主就“需要各种各样的独立社团和组织，也就是说，需要一个多元的市民社会”，① 此时，需要社会组织分化强政府的权力，来支撑社会力量的增长，维持社会结构的平衡。

三　强社会—弱国家模式对社会稳定的影响

一方面，强社会以拥有完善的市场经济和社会组织为标志，是一个自主性强、组织化程度高、社会服务能力强、具有创新活力、公民高度参与国家政治生活、民主的法治社会。安东尼·吉登斯认为，“由更加灵活的、中心分散的权威系统取代官僚等级制的趋势很明显。民主化进程再次与制度的自反性联系到了一起，且明显表现出自治原则”。② 从世界历史的经验考察看，强国家—弱社会模式下从来就没有产生过民主体制，只有一个强大的社会才有力量制约国家权力并建立一种民主体制，强社会是西方发达资本主义国家的基本经验。“发达资本主义国家现代化的过程是国家职能扩大的过程，但与此同时非政府组织也有了长足发展且在国家与社会的治理中发挥的作用越来越大。发达资本主义国家的实践证明了社会是国家发展的内在动力和源泉，只有社会强大，国家才能持久强大，才能永远保持生机、活力，才会避免异化；同时，社会力量是制约国家权力滥用的最有效的力量，强大的社会力量的合法存在和发展是遏制国家权力滥用、防止国家权力异化为反社会的力量、确保国家权力用于实现国家和社会之善的最大的保证。”③

另一方面，一个稳定的国家也需要国家自主性的控制力，因为社会力量过于强大，也会引起政局力量的变动。因为社会力量在强大的同时，带给民众过多的权利，在没有规制、没有制约的情况下，也会走向社会的反面，引起社会的动荡。曼瑟·奥尔森在其《国家的兴衰》一书中，用他独

① ［美］罗伯特·达尔：《论民主》，李柏光、林猛译，商务印书馆 1999 年版，第 126 页。

② ［德］乌尔里希·贝克、［英］安东尼·吉登斯、［英］斯科特·拉什：《自反性现代化：现代社会秩序中的政治、传统与美学》，赵文书译，商务印书馆 2014 年版，第 245 页。

③ 白平则：《论我国国家与社会关系改革的目标模式：“强社会、强国家”》，《科学社会主义》2011 年第 3 期。

创的集体行动逻辑理论得出结论，“小的利益集团有极大的动力去从事代价高昂和效率低下的‘寻租’。更糟糕的是，分利联盟会减缓社会采用新技术的能力，减缓为回应不断变化的条件而对资源的再分配，并因此而降低经济增长率。利益小集团越多和越强，意味着经济发展越缓慢”。[①] 恩格斯认为，“社会创立一个机关来保护自己的共同利益，免遭内部和外部的侵犯。这种机关就是国家政权。它刚一产生，对社会来说就是独立的，而且它越是成为某个阶级的机关，越是直接地实现这一阶级的统治，它就越独立”。[②] 特别是对于国家发展的整体战略方面，如果社会力量纠缠于民主的秩序和对民众的诉求上，国家政府没有足够的发言权，就会贻误发展机遇，导致整个发展局势的失利。即使在资本主义制度框架下，“市民社会所具有的制衡国家权力的功能，经常性地使它们之间处于对立和紧张的状态，为此，西方国家也在进行着不断的调适和修正，竭力调处个性与共性、公域与私域、普遍利益与特殊利益之间的矛盾和冲突，以厘定政治国家与市民社会的关系，使国家与社会及公民之间达成某种妥协与均衡，进而实现经济的增长和社会的发展”。因此，保持国家的自主性在任何发展阶段都是必要的，任何时候都不能割裂国家的对外职能和政治职能。如果一个国家在国际舞台上没有地位、没有话语权，即使社会力量、公民意识再强大，国内政局都不能保持永久的稳定。

四　理性整合模式：基于新集体主义的国家与社会关系理论

社会是国家的依托。讨论关于国家与社会的关系，主要涉及政府与民众的利益关系问题，即如何有效地协调国家和社会的利益关系，进一步保障社会稳定的问题。新型城镇化不同于传统的城镇化，它的实现不但需要长期稳定的社会局面，更需要政府与社会关系的一个动态调整。需要重新整合国家与社会力量，建立基于新集体主义的关系框架。在这种模式下，国家与社会都不是社会治理中唯一的中心，发展的动力同时存在国家和社会的两极，并且只有通过两者在相对分离基础上的密切协作，才能够实现

① ［美］曼瑟·奥尔森：《国家的兴衰：经济增长、滞胀和社会僵化》，李增刚译，上海人民出版社 2007 年版，第 71 页。

② 《马克思恩格斯选集》第四卷，人民出版社 1995 年版，第 253 页。

良性、统筹兼顾的发展。[①] 新型城镇化战略的执行，势必会带来利益的重新分配，引发社会冲突与矛盾，引起社会不稳定，需要借助社会组织的力量填补政府与市场的职能缺陷，完成城镇化的各项指标。

当代中国，随着市场经济的深入发展，利益主体走向多元，利益差距开始扩大，利益矛盾变得尖锐，利益关系日趋复杂。在利益协调的关键时期，必须充分发挥政府在利益协调问题上的能动作用。"政府和社会中介组织通过制度化的沟通渠道，共享双方对某一政策问题的信息、知识、经验、思考方式和价值判断等理性组成元素，使国家理性和个人理性之间实现相互渗透，最终以'公共理性'的形式输出。国家与社会之间是共生共强、互相促进的关系。"[②] 新型城镇化的实现，需要不断及时调适国家与社会的力量对比，使政府与民众利益在发展中获得平衡，共同促进社会的稳定。目前，"在新集体主义框架下，我们国家和社会关系调整的最终目标应是增强社会的自主性，将国家权力限制在一定范围内，以使国家决策能够最大地促进社会利益，从而形成国家和社会二元双强互动关系模式。社会强大并不意味着要削弱国家，中国式现代化建设同样需要强大的国家发挥引导和推动作用，所以强国家—强社会是中国现代化发展进程的必然选择"。[③]

第二节 社会组织在新型城镇化推进中的主要功能

近年来，社会组织蓬勃发展在社会各领域发挥作用，已成为推动社会进步的重要力量。在当代中国社会转型的重要时期，研究和解决国家与社会的关系问题，其核心内涵是关于社会相对于政府的自治功能及与其的互动程度。萨拉蒙在《全球公民社会：非营利部门国际指数》一书中，使用

① 唐兴霖：《国家与社会之间：转型期的中国社会中介组织》，社会科学文献出版社 2013 年版，第 75 页。

② 唐兴霖：《国家与社会之间：转型期的中国社会中介组织》，社会科学文献出版社 2013 年版，第 77 页。

③ 张文礼：《合作共强：公共服务领域政府与社会组织关系的中国经验》，《中国行政管理》2013 年第 6 期。

“服务”和“表达”两个简化的功能性标准；① 王名在《社会组织论纲》中，把社会组织的基本社会功能概括为五个方面。② 新型城镇化客观上要求城乡统筹、城乡一体、产城互动、节约集约、生态宜居、和谐发展，社会组织在新型城镇化发展中有其显著的服务与表达基层民众价值诉求的功能。社会组织凭借其源自民间的身份和非营利的性质，在参与公共管理、加强社会治理、强化公共服务等方面越来越显现出其天然优势。

一 提供公共服务

社会组织通过社会参与和社会行动来提供企业不愿做、政府顾不上做或成本太高难以做的公共服务。从社会治理来说，“社会组织有其自身相对于政府和企业的比较优势，它们具有很大弹性，可以根据社会服务需要的变化很快做出调整，从而使服务更具有针对性；它们通常都很贴近社区和群众，对群众的需要有更深切的理解；它们提供的服务更加丰富多样，可以满足多样性的需求和针对不同的特殊需求”。③ 它是为特定群体提供的互益性的社会服务，包括向全社会多数成员或弱势群体提供大量的公益服务，也包括承接来自各级政府等公共部门的一部分服务。城镇化进程中，必然涉及基层民众利益的不公平转移，在短时间内达到预期的目标是难以做到的，例如失地民众的权益就需要各种社会组织加以援助，尤其是在土地的征用过程中，由于利益分配达不成一致，就会发生社会冲突，民众的公共利益就会受到损害。“社会组织因其自发性、志愿性、草根性和非营利性等特点，能够较好地应对社会问题，弥补政府失灵和市场失灵的弊端，构建基于民众公益的服务体系。”④ 例如，会员制社会组织通常以一定形式结成社会共同体，无论是否接受社会捐赠或志愿者等公益资源，都要

① ［美］莱斯特·M. 萨拉蒙等：《全球公民社会：非营利部门国际指数》，陈一梅等译，北京大学出版社 2007 年版，第 27—29 页。

② 王名认为：“一是动员和整合社会资源的功能；二是提供各种社会服务及一定的公共服务职能；三是建构和增值社会资本的功能；四是推进公民参与和社会治理的功能；五是表达公民诉求、维护公民权益并进行政策传导的功能。”参见王名《社会组织论纲》，社会科学文献出版社 2013 年版，第 99 页。

③ 李培林：《我国社会组织体制的改革和未来》，《社会》2013 年第 3 期。

④ 王名：《社会组织论纲》，社会科学文献出版社 2013 年版，第 102 页。

向特定对象提供社会服务，这从制度上保障了民众接受公益的可能性。另外，社会组织通过接受政府委托或参与政府采购，加入政府公共服务体系、拓展公共服务的空间并提高效率，同时形成与政府合作互动、共同发展的关系。公共服务均等化对服务的需求越来越多元化，以及“小”政府的规约，这使得公共服务领域的政府委托和政府采购日益发达，社会组织因其公益性属性，成为政府理想的合作伙伴，从而接受政府委托、参与政府采购、吸纳公共资金用于公共服务。

二　利益协商功能

新型城镇化本质是人的城镇化，要求政府提供的公共服务越来越多。在这种情况下，急需社会组织承接一些政府的职能，尽快弥补政府失灵的问题，缓解社会矛盾，维护社会稳定。另外，基于熟人社会的解构而建立起的社区型社会，割断了人与人的亲密地缘关系和宗族链条，利益关系的多元化也使得人际信任度降低。“社会组织可以给人们提供归属感和利益表达、集聚、实现的载体，可以有效防范各种重大社会矛盾的激化，减少和消除不安定因素，增进了社会和谐。”① 城镇化的大力推动，加剧了人口流动的密度，打破了原来的信任关系，利益争端引发的冲突越来越普遍，从而影响社会的稳定。这种环境下，急需社会组织介入，“社会组织所追求、倡导和坚守的公益理念，在其成员和利益相关者之间达成具有普遍伦理和价值意义的公益规范，在一定程度上成为行为准则，对个人、家庭乃至集体的理性和行动发生约束作用”。② 因此，实现不同的利益群体进行充分协商，然后互相了解、互相包容、互相吸收、互相让步，最后达成共识，在这个过程中社会组织发挥着非常重要的作用。例如，基层群众实行民主自治，让他们能够认识自己的权力，能够有序地反映自己的诉求，能够和相关利益方坐下来协商讨论自己的意见，社会组织在这个过程中发挥了非常重要的作用，它善于代表群众去和其他的组织进行协商，善于把群众的诉求反映给政府、反映给党组织，党组织能够与我们利益相关的其他

① 李新慧、李冰：《推进中国特色社会组织发展的政治路径》，《石家庄铁道大学学报》（社会科学版）2013 年第 3 期。

② 王名：《社会组织论纲》，社会科学文献出版社 2013 年版，第 103 页。

社会组织协商解决共同关心的问题。例如，“温州人做生意的特点是相互帮助集资，互助意识非常强，大多能形成一个大团队。在温州，从上到下都注重开发社会关系资源。温州人多地少，历史上并不富裕，民间资本并不雄厚。温州发展的基础就是依托于社会关系资源之上的民间互助、民间组织和民间交往。在很大程度上，温州人之所以能闯天下，凭借的就是他们充分地调用了其拥有的民间的社会关系网络资源，将其变为他们的社会资本”。①

三 影响公共决策

社会组织具有影响立法和各级政府相关政策的倡导公共政策功能。这种功能主要表现在如下三个方面：“第一，社会组织作为推动社会公益事业的主体，积极参与相关立法和公共政策的制定过程。在美、法、德等许多发达国家，各级立法和行政当局在其立法和公共政策制定的过程中，都不同程度地规定有社会组织参与和表达的机制。第二，社会组织作为特定群体特别是弱势群体的代言人，代表他们表达其利益诉求和政策主张。有些社会组织如商会、行业协会、工会、农会等在一些国家在立法过程中结成联盟，彼此之间形成博弈关系，努力在公共政策制定过程中谋求更广泛的社会公正。第二，社会组织通过媒体和社会舆论关注相关立法和公共政策的实施过程及效果，倡导和影响政策结果的普惠性。”②

作为政府主导下的城镇化策略，达成城乡一体化的目标需要多方参与，其中包括政府、市场、社会组织三大部门的职能分工和协调。新型城镇化是稀缺资源的整合过程，民众在此公共政策的推行中，在短时期内一定会有利益得失。一直以来，政府和市场在公共政策执行中占有先天的优势，社会组织如何逆转劣势，发挥其公益属性，达成群体性的社会公正是新时代社会组织的责任。新型城镇化究竟要靠什么路径实现与传统城镇化的分离，贴上公共利益的标签，关键要看政府是否真正执行了公共政策利民的本性。现行条件下，生态文明建设被提高到国策高度，如何在新

① 王尚银：《中国区域性公民社会新探———以温州模式为例》，《新视野》2007 年第 5 期。

② 王名：《社会组织论纲》，社会科学文献出版社 2013 年版，第 106 页。

型城镇化过程中，既达到一体化发展的目的，又要实现生态的转型，关键要看公共决策的执行公平。社会组织应承担其影响公共政策执行效果的责任，通过发动媒体和社会舆论形成广泛的社会压力，迫使公共政策的公共属性复位，在政策博弈中使基层民众的利益诉求和合法权利得以表达。

四 缓冲冲突功能

古往今来，任何新政策的实施与推进，都会影响社会各个阶层的利益，政策的利他性在利益主体看来，都会增加一方的权益，而损害另一方的正当利益。新型城镇化作为新阶段国家的发展策略，毫无疑问会触动一部分人的利益，矛盾和冲突的发生也是不可避免的。长久以来，我们传统的城镇化是以土地财政拉动的，以前积聚的土地矛盾还未真正消除。在农民看来，新型的城镇化还会涉及土地的征用问题。即使新型城镇化的政策是利民的，但农民却不认同，在他们的内心已经失去了对政策执行者的信任，一种预前冲突已经产生了。此时，如果政府与民众直接接触，探讨土地的征用问题，就会加剧矛盾和积怨，因为他们认为，政府以前的种种承诺并没有兑现，现在又来骗取土地，心里积聚的怨气就会一触即发，这就是群体性事件屡屡出现的诱因。此时，政策的必须推进与民众的不支持就形成了一种不和谐的冲突，急需具有公益身份的社会组织介入，进行政策游说与宣传，消除民众对政府的敌意。在很多的官民冲突中，民众是弱势群体，对冲突的利益分配最敏感，当正常的制度化渠道不足以传达其利益诉求的时候，尤其是当其合理利益得不到满足时，很容易滋生相对剥夺感和怨恨心理，进而选择极端手段将冲突升级，以此来引起关注、发泄不满。“如果社会组织通过与政府沟通、争取社会和媒体支持等方式为弱势冲突方提供资源和政治机会、提升其能力和谈判议价权，促进冲突各方平等协商，推进弱势冲突方的利益实现，社会纠纷演变为群体性事件的可能性就要小很多。从深层的治理效果来看，社会组织通过为弱势冲突方进行利益代言和利益维护，推动了政府、媒体、公众等社会各界对冲突议题的讨论和反思，推动冲突争议结点的打开，促进了冲突治理的程序和过程公平”,[①] 促成公共冲突的深度化解，维护了社会稳定。

总之，国家与社会虽是基于西方历史传统而建立的一种治理框架，社会力量比较强大；我们国家虽是政府主导下的治理体系，但在实践的发展中，也逐渐借助社会力量的作用解决政府失灵的问题，需要政府简政放权给社会组织，让其承接更多的服务职能，在服务中增强生存的能力，达成政府与社会力量的良性互动机制，促进国家与社会力量的共生共长，调节社会有机体的内在平衡，共同维护社会稳定。

① 赵伯艳：《社会组织在公共冲突治理中的角色定位》，《理论探索》2013 年第 1 期。

第十二章　新型城镇化推进中的府际合作

新型城镇化是一项涉及政治、经济、文化、社会和生态建设的“五位一体”的系统性工程，是推进人口聚居、产业、生态环境、基础设施、政府服务等的全面协调发展的过程。新型城镇化虽然内容丰富，但是其本质与核心是实现人的城镇化。人的城镇化的实质不仅体现在人口向城镇的集中，而且直接体现在对公共服务均等化的诉求。新型城镇化视域下的公共服务均等化的实现，必须依靠各级政府之间的合作。府际合作要求在理顺不同政府间横向和纵向的制度关系、权力关系、利益关系等各种关系基础上，明确各自的权力与职责范围，共同承担新型城镇化过程中公共管理事项。政府合作有利于政府运转和治理方式的转变，有助于市场机制资源配置效率的提高。新型城镇化水平与质量的提高有赖于政府之间有效合作机制的科学构建与实施。

第一节　新型城镇化与府际合作之间的相关性分析

客观来讲，在中国社会发展所需资源总量不足的情况下，由于中国各个地区发展的不平衡这一现实，城镇化建设势必须整合社会各方力量，形成优势互补，达成资源最优配置，以实现多方收益最大化之目标。因此，新型城镇化与各级政府之间的合作形成高度相关性态势。新型城镇化的高起点要求各级地方政府不仅要介入而且要成为推进城镇化的主要力量。作为推进城镇化的重要主体，各级政府必须进行全方位筹划：既要考虑本地区的自然资源承载力以及劳动力的吸纳程度，也必须考虑本地区的经济发展水平以及能够承载城镇化发展的深度与强度，还要实事求是地衡量政府财力以及能够提供可预期公共服务的数量与质量。政府之间的合作不能仅停留于口号层面，而是必须体现在各级政府集体行动之上。集体行动的发生，必须打破现行行政区划对城镇化发展的刚性控制，消除影响合作局面形成的制约性制度，实现府际的良性互动和协调。因此，要从本质意义上实现新型城镇化的各项指标，必须脱离传统“各自为政”的城镇化路径，实现政府间有效合作。

一　地方政府执行公共政策效能与利益博弈之间的相关性

新型城镇化作为当代中国发展的一项战略，其本质是实现的人的城镇化，这是一项重大系统工程，涉及各级政府的职能与权力的重新配置。中国是多层级政府的框架，每一级政府都有确定的行政区域，都有一套分工明确而又相互制约的权力机构，有明确的公共事务管理范围和责任，拥有相对独立的财权。新型城镇化破除地方政府对耕地有限资源的依赖，从而促使地方利益格局转化。近年来，房地产一直是拉动地方经济的重要引擎。在短期看，房地产是直接拉动 GDP 的关键要素，可以说，从南到北，从东到西，很多省份都在大兴土木，广阔的良田不去种粮食，而都在“种”房子。“造城运动”的直接后果就是耕地锐减，生态平衡遭到破坏。虽然中央三令五申要保住 18 亿亩耕地红线，但有多少省市为了政绩会真正执行、理会这个政策规定？公共政策执行的弱化与政府不作为现象导致某些地方政府公共政策效能的降低。

随着新型城镇化的强力推进，地方政府之间的利益链不断加强，各层级政府都清楚地认识到新型城镇化政策的推进中会获得相当多的利益。但客观存在着的多元利益格局，决定了任何一种合作机制都不可能满足所有政府的各种利益要求。地方政府要求建立的不仅是利益均沾的合作机制，而且要求保留实现政府利益的相关空间。因此，新型城镇化一方面要求地方政府公共政策执行效能进一步提高；另一方面，由于存在各级政府之间的利益博弈，地方政府公共政策执行效能实际上可能下降。因此，府际合作过程中地方政府公共行政执行效能与利益博弈之间存在高度相关性。如何突破这一相关性难题是新型城镇化推进过程中政府之间合作实践必须理性面对的重要课题。

二　行政区多项职能叠加与区域分工合作之间的相关性

作为单一制的政体框架，中国社会是政府主导型的社会，政府掌控着汲取、动员和调配一切公共资源的权力。省、市、县、乡的地方政府层级体制决定了地方政府的职能和治理能力不仅受制于中央的宏观政策，也取决于地方政府间的管理体制和权力配置状况。正如 J. S. 密尔（John Mill）在《代议制政府》中特别强调的那样，“地方代表权的目的本身就是为了使那些具有和一般同胞的利益不同的共同利益的人们可以自行安排共同的利益。每个市，不论大小，都有其特殊的利益，为其全部居民共有”。① 但“在支配性体制下，下级政府缺乏应有的自主性，上级政府往往会侵占下级政府的权力”。② 达尔认为，在支配政权里，政府领导人的影响力比较单向，同时，政策主要由层级和命令来达成。新型城镇化促使行政区的经济职能理性化，部分省市发展以“GDP”战绩向中央表明地方发展的成果。无论中央下达什么富民政策，某些地方政府会一窝蜂地去执行，不管这个地方是否适合这个产业或项目。“千城一面”的困窘根源在于评价公职人员的“指挥棒”可能出了问题。各地方政府间争先恐后地大发展，就怕他省领先，自己落后。目前，在中国，各级行政区的经济功能和行政功能十分突出，这种行政区分割的体制，必然导致各级政府的经济结构出现高度雷同的现象，同时也加剧了行政中心与经济中心的渐趋吻合的进程。这一现象制约了企业、城市和区域在竞争、合作中的分工。在新型城镇化的推进中，各级政府必然寻求区域边界内的利益最大化，“搭便车”现象就会出现，一方面不想支付开发成本，另一方面却都想分享利益。③ 这一“利益算计”将会阻碍府际顺利合作，也将制约新型城镇化发展水平与发展质量。显然，新型城镇化过程中府际合作必须确定各区域功能定位，以及相

---

① ［英］J. S. 密尔：《代议制政府》，汪瑄译，商务印书馆 1982 年版，第 21 页。

② 吴理财：《政府间的分权与治理》，《马克思主义与现实》2003 年第 3 期。

③ 金太军等：《区域治理中的行政协调研究》，广东省出版集团、广东人民出版社 2011 年版，第 8 页。

互之间的分工合作关系。

三　地方政府公共责任实现与官员政绩之间的相关性

新型城镇化的公共责任促使政府考核公职人员政绩公平化、理性化。公职人员升迁是中国官僚系统的一件大事，唯有熟悉官场规则，才能仕途得意。有一些公职人员在地方发展中靠自己的能力和智慧，赢得群众的认可，但未必都能进入领导的提拔视野。有A、B两个相邻贫困县，有一年发大水，A县县委书记不修水利基础设施，年年发大水，年年抗洪，A县县委书记冲在前面救灾，电视画面年年播放，过了三年，A县县委书记荣升了。而B县县委书记在大水过后，进行了地势考察，确定了救灾方案，对基础设施进行了改造，第二年后再也没有发生水灾，B县县委书记也很少上电视镜头，B县三年后逐渐脱贫，但B县县委书记反而没有升迁。如果公职人员与政府的偏好一致，都会导向一个结果，要么都升，要么就使地方群众受益。此事说明了一项事实，我们评判公职人员的“指挥棒”必须重新界定标准。事实上，政府本位的绩效评估体制使得各级政府之间的竞争实质是领导人的政绩竞争。在这种体制下，横向间的政绩对比，涉及较多的是数字硬指标，而关于人和社会发展的软指标很少涉及，公共责任的实现难以在政府绩效评估中出现。这就使得地方政府在发展中忽视整体利益或人民利益，出现追求自身利益最大化，附加新的社会风险。新型城镇化对于地方官员来讲，既是机遇更是挑战。因为人的城镇化给他们带来了新的难题，欲在GDP方面一枝独秀与提升当地公共服务选择是非常矛盾的事情，在实践操作层面相当难，唯有真正为民的公职人员可以为责任舍弃政绩。因此，在新型城镇化背景下，学者何精华认为，府际合作的意义在于：“一是府际合作可以解决因区域内资源的稀缺性而引发的各种矛盾，寻求公共管理的解决方案，减少资源的重叠浪费，促进存量资源的有效运用；二是府际合作可以在现有行政辖区分离化的背景下，寻求整合性机制，化解功能区域间的冲突；三是有利于促进政府决策的开放性、多元性、民主性与参与性。”① 城镇化进程中政府公共责任担当与政府官员政绩

① 何精华：《府际合作治理：生成逻辑、理论涵义与政策工具》，《上海师范大学学报》（哲学社会科学版）2011年第6期。

认定、考核之间的相关性直接决定府际合作的可能性与实效性。因此，上述相关性的确认与解决是实现新型城镇化的重要环节。

第二节　新型城镇化推进过程中影响府际合作的因素分析

长期以来，伴随着各地方政府作为相对独立的地区利益主体存在事实，区域之间利益竞争成为一种常态。虽然新型城镇化在客观上要求府际合作，但由于利益竞争惯性的作用，府际合作面临许多阻碍因素。

一　共同受益的公平性难以短时期内实现挑战合作的可能

合作中利益攸关方共同受益的公平性难以平衡是阻碍各级政府合作的一个关键因素。中央要求地方政府联动，各地方政府之间决策实践的积极配合是新型城镇化战略实施的重要前提。但在实际操作过程中，新型城镇化又不能游离地方政府的利益属性和政绩分割性来谈合作，即忽视合作中的共同受益的利益分配问题。一般认为，无论哪一级政府之间的合作，都存在着总收益越大，合作解决问题的可能性越大的结局。但事实上受益分配只能保证相对公平。因为府际合作还有两个条件："一是合作的总收益必须超过交易成本。二是合作能够使每个参与者至少能富裕起来。除非每个城市都能从中获益，否则它不会改变其服务安排。由于过度消费的损失在增加，参与的各级地方政府更有可能去寻求一种协议来限制资源利用（Lipercap，1989；Lubell et al.，2002；Ostrom，1990；Ostrom，Gardne and Walker，1994）。共同获益要求帕累托最优产出是存在的，且能够变成现实——这种产出的获得，至少让一个博弈者变得更好。"① 学者何精华认为，"博弈者的异质性程度越高以及取胜者越明晰，合作面临的政治反对势力就会越大。在以追求地方利益最大化为前提的条件下，区域内全局性

① ［美］理查德·C. 菲沃克主编：《大都市治理——冲突、竞争与合作》，许源源、江胜珍译，重庆大学出版社2012年版，第32页。

的公共利益便经常无法得到维护，甚至可能会导致更大的损害”。[①] 共同利益的存在或是为了避免共同灾难，府际合作机制本身并无法保证合作治理的必然到来。相反地，由于跨域事务的公共性，反而促使搭便车（free-rider）行为出现，这对部门之间、不同层级政府之间，以及地方与地方之间合作的必然性提出挑战。

二　利益主体偏好多样性的客观存在影响合作水平

地方政府作为利益主体，在发展策略上客观存在着多样性的政策偏好，很多情况下各级政府达成合作需要一定的时间协调。虽然当下全国各地都在大力推进新型城镇化，但事实上，每个地区和省市之间存在着发展方向和重点不一致的问题，因此，合作的意向和偏好肯定是多元化的。自古以来，强强联合是公理，若要求强弱合作，那肯定存在一个不公平的利益让渡协议，才能达成这种不对等的合作。长期以来，中国政府层级划分满足了中央政府对地方权力配置的偏好。这种方式能够在短时期内集结所有力量完成国家重大任务，对国家发展具有较大的积极意义，但这种模式则以牺牲地方政府的利益为代价。地方政府在“唯上”的思维惯性下，往往又是以牺牲当地民众的利益换取上级政府的认可。那么谁来承担“集体决策失误”的后果呢？很显然是整个社会来承担，具体到各地区，责任就是由当地民众来承担。因此，虽然新型城镇化是多方联动的政策效应，但地方各级政府作为具体的实施者和贯彻者，要彻底改变传统的“唯上”思维模式是比较困难的事情。在这种多元地方权力共同应对一元中央权力的框架下，各地之间的竞争成为必然。

虽然共同收益是必需的，但它远远不能成为建立合作关系的基础。一般认为，对不同层级间政府合作而言，博弈者的偏好偏离了政策目标本身，就是一种竞争。城镇化的发展是地区经济发展的新引擎，随之而来的是各层级政府间为获得新项目而展开的相互竞争。如果 A 省赢了，B 省必败的线性思维逻辑在区域政府政绩比较框架下客观存在。因为新企业等经

---

① 何精华：《府际合作治理：生成逻辑、理论涵义与政策工具》，《上海师范大学学报》（哲学社会科学版）2011 年第 6 期。

济组织进驻任何一省本身带有消费上的排他性和竞争性。比如，A、B 邻近大省需要利用区位优势和资源建立大型的加工区，这是一个双赢性的投资政策，但绝对拒绝 C 省的介入，这就是政府行为中有限的合作性和排他性。目前，政府合作中普遍存在的一种现象，就是利益共同偏好不能多次被分割，因为 C 省的加入可能会分割 A、B 的共同收益，降低它们的绩效。

三　层级政府行政地位与权力之间的不对等性增加合作的难度

竞争是无任何条件的，但任何的合作都具有一定的条件。随着市场经济发展和制度环境的变化，“地方政府客观上逐步演变为一个具有相对独立的利益结构的行为主体，并在同上级政府和地方群众的双重委托代理关系中形成了自身特殊的效用偏好和行为准则，由此，使得传统层级政府间行政命令体制与地方政府自主性之间的矛盾日益加剧”。[①] 尤其是在对于权责划分比较刚性的制度下，不同层级、省际的合作尤为困难。比如，新型城镇化要释放人口红利，破除户籍制度壁垒，把农民变为市民，这是何等艰难。虽然我们国家这些年也一直在推动一元化的户籍制度改革，但在现实层面却有许多切实的在短时期难以解决的难题，府际合作任重道远。因为在现实的制度下，每个地方政府相对于其他政府所拥有的权力是由三个因素决定的：“达成合作以提供服务的需要（即会考量现状或者可替代选择的价值），贴现因素（服务被迅速供给是多么重要），和他们的风险规避程度（一个可靠的交易与一个可能更好的交易）。”[②]

作为利益的博弈主体——各级政府，如果合作主体的权限不太对称，二者就没有合作的可能性。因为一些博弈者的权力可能导致他们需要从合作协议中获得更多，协议达成时，较强势的博弈者将能够从成果分配中要求更多。“某些资本密集型的基础设施项目，比如供水和排污处理系统的平均成本下降，人口最多的城市可能要求更大的权力。因为按其规模和权限，它也能独立运作这个项目，甚至没有必要与其他政府合作。如果他们

① 马斌：《政府间关系：权力配置与地方治理——基于省、市、县政府关系的研究》，浙江大学出版社 2009 年版，第 7—8 页。

② ［美］理查德·C. 菲沃克主编：《大都市治理——冲突、竞争与合作》，许源源、江胜珍译，重庆大学出版社 2012 年版，第 33 页。

与其他政府合作供给这种服务，它们可能迫使低一级政府的城市承担与其实力不相称的成本”，① 在省级政府看来，县级政府已经从中获利，他们应该承担发展中的部分责任。竞争性力量的强弱决定着政府选择什么样的服务、服务的品质以及对产品负责的组织或行动者，这也增加了府际合作的难度。

第三节　新型城镇化促进府际合作成为可能的优势分析

尽管在推进城镇化过程中，府际合作面临诸多困境，但从发展前景看，府际合作也伴随政策的调整日益成为现实，各级政府间的合作应该成为发展的主流。

一　地理密度的区位优势使得不同层级政府合作成为可能

公共政策理论指出，地理区位通过多种方式影响着地方政府合作。因为地方政府都是由地方限域的，菲沃克认为，“虽然他们能够通过兼并或者联合来扩张其区域，但终究不能轻易改变的。缺乏易变性的区域范围，势必限制潜在的合作伙伴数量。地方政府一般与地理上邻近的政府合作。理论上，一个城市能够与坐落在省或国内的其他城市签订契约，但距离太远显著增加该契约成本的收益率。例如，在本县范围内输送干净水至一个城市就会比跨省输送更为便宜”。② 中国地域辽阔、情况复杂，发展很不平衡，东中西部不一样，山区、平原不一样，不同的发展阶段要求不一样，不同地域特色不一样。从目前全国的城镇化水平来看，各地之间存在明显的不平衡性。这些不一样与不平衡性决定了各区域之间进行全方位的交流与合作成为必然，也为府际合作提供可能。另外，“地方政府在地理上的集中性将增加不同管辖区内的地方官员之间的联系和互动的可能性；将增

① ［美］理查德·C. 菲沃克主编：《大都市治理——冲突、竞争与合作》，许源源、江胜珍译，重庆大学出版社 2012 年版，第 34 页。

② ［美］理查德·C. 菲沃克主编：《大都市治理——冲突、竞争与合作》，许源源、江胜珍译，重庆大学出版社 2012 年版，第 48 页。

加不同管辖区内的居民跨区生活、工作和休闲的可能性，而这些‘可能性’又为各层级政府与各地方政府之间合作提供了政治激励；也增加了地方政府政策溢出的可能性，所有在地理上密集的地区的地方政府都可能产生外部效应。最小化正负外部效应都能够促进地方政府合作”。[①] 例如，中国东南地区，人口密集、产业聚集，这些城市具有接纳国际先进科技、信息技术、高端人才、金融等桥头堡和洼地作用；中小城镇具有发挥吸纳农业人口的功能；西北部广大地区，地广人稀，产业分布密度不够，就应当以大力发展县城及地级市城市、省城等为主，走大中城市为主的路子。不同省市的发展路径，体现出了府际合作的种种契机和可能，特别是资源的优化整合。这就要求有发展经验的地区利用自身的优势向周边地区和广大的农村地区进行辐射，带动郊区、农村一起发展，这也是先富带后富的一种发展策略，更符合中央精神。

新型城镇化体现的是全国一盘棋思想，根本在于打破城乡二元结构，在不同省际内形成优势互补、利益整合、良性互动的局面。另外，“府际间的正式或非正式协议都有助于区域合作，协议可能规定地方政府间的工作分配，而这可能（或可能不）需要在各缔约政府间进行资金转移。例如，市和县可能正式约定：由市来为两地的居民提供公共汽车服务，而县则要维修双方共有的道路。城市公职人员之间的非书面协议，通常是地方之间的‘握手’协议，服务责任的分配是不言而喻的。例如，基于城市和县公园与休闲部门负责人的共识，市可能会维修在其管辖区内的县的公园”。[②] 地方公职人员间的长期互动以及建立的合作关系如同创造了一个巨大的信任池，产生了显著的绩效期望值，为地方政府间合作提供了丰厚的土壤。

二　公共服务均等化使得府际合作成为可能

新型城镇化是以追求人民生活水平的提高、让更多农村人口过上

① ［美］理查德·C. 菲沃克主编：《大都市治理——冲突、竞争与合作》，许源源、江胜珍译，重庆大学出版社 2012 年版，第 49 页。

② ［美］理查德·C. 菲沃克主编：《大都市治理——冲突、竞争与合作》，许源源、江胜珍译，重庆大学出版社 2012 年版，第 48—49 页。

城镇居民的生活、享受到与城镇居民相对均等的公共服务作为终极目标，这为层级政府间合作提供了种种可能。虽然政绩的竞争是不可撼动的，但公共服务的均等化是每一级政府的共同使命。因此，从这层意义上说，区域相近或相邻的政府在推行公共服务政策上更有可能达成合作。

在制度性集体行动的框架下，比克斯和斯坦因提供了不同层级政府合作的案例。他们认为，“潜在的溢出效应促使各级政府的民选官员合作起来以引进项目至某一地区。决策者之间的合作包括立法者和地方政府官员之间正式的和非正式的集体行动”。[①] 地方政府配置，影响公共的和私人的政策决定、适用于公民的服务供给选择、地方单位通过集体行动来解决区域问题的能力。“以权力下放为核心的扩权政策的实施，有效地增强了基层政府的自主性，优化了省市县三级政府间的权力配置，提高了行政效率和履行政府职能的能力，改善了发展的制度环境，大大促进了县域经济的大发展。”[②] 另外，“快速交通缩短了城乡之间、区域之间的距离，使得相互之间没有行政隶属关系的城市合作成为现实。城市群的出现不会改变城市原有的行政隶属关系，但必然要求强化城市政府之间的合作。这种合作触及府际关系全局，上可以触及省级地方政府，下可以触及区县、乡镇”。[③] 比如，农民变市民的问题，就必须突破户籍与福利合一的社会管理制度。而在目前看来，政府之间启动服务合作信息资源的共享是推动人的城镇化的关键一步。正如国务院发展研究中心韩俊建议的，应建立合理的农民工市民化支付机制，在有条件的地方逐步实施融居住登记和就业、社保、租房、教育、计生等多种服务管理功能于一体的居住证制度，让“一证通”助力实现农民工在子女就学、社会保障、技能培训、公共卫生、养老等方面的待遇均等。而这些目标的逐一实现，在很多的情况下是靠政府推动的，府际合作是发展的必然。

① Bickers and Stein, “Interlocal Cooperation and the Distribution of Federal Grant Awards”, *Journal of Politics*, August 1, 2004, p. 5.

② 马斌：《政府间关系：权力配置与地方治理——基于省、市、县政府关系的研究》，浙江大学出版社 2009 年版，第 4 页。

③ 林尚立：《重构府际关系与国家治理》，《探索与争鸣》2011 年第 1 期。

三　节约发展的成本使得不同层级政府合作成为现实

目前，我们国家确立了“五位一体”的发展格局，特别把生态文明建设提升到战略位置，在资源、环境的约束下，如何发展成为各级政府的首要难题。霍奇认为，节省成本是政府达成服务合同的重要决定因素。当地方政府相信可替代的服务供给者可以节省成本时，他们就会寻求合作。比如，城镇化推进中，县政府可能与其他邻近的省政府签订污水处理方面的合同，因为这些县级政府没有强大的税收基础来修建自己的处理设施，这时合作成为一种必要和可能。事实上，“地方政府寻求可替代的服务供给者的决定是由其自利的政策目标驱使的。而 Klijn and Koppenjan 认为，政策是在大量参与者在互相依赖的参与者网络中通过复杂的相互作用产生的。由于需要对方的资源来实现自己的目标，涉及其中的参与者是相互依赖的”。[①] 节约发展成本是发展必须遵守的一项规则，府际合作是现实的必然选择。金太军认为，“由于资源禀赋的差异、经济发展阶段的不同，各行政区域间客观上存在着通过互利合作实现利益最大化的相互需要”。[②] 新型城镇化推进中，最为突出的问题之一就是有限土地的合理节约、使用问题。

土地是新型城镇化的关键突破口，必须提高农民在土地增值收益中的分配比例。“当合作符合共同利益时，城市最可能共同工作；因此，确定共同政策目标就是地方政府集体行动的一个重要因素了。共同的政策目标可能来自成本节省、服务的连续性或者被供给的物品和服务的特性。潜在的成本节省是服务合同所援引的最普遍的原因之一。”[③] 新型城镇化的快速推进，“使得同级地方政府之间的横向关系和非同级政府之间的斜向关系更加紧密，以协调地区治理与发展，同时，适当调整行政区域的划分和相关地方政府的体制定位，最大限度地使行政区与经济区之间的紧张与矛盾

---

① Klijn and Koppenjan，“Pubilc Management and Policy Networks：Foundations of a Network Approch to Governmence”，*Public Management*，Vol. 2，2000，pp. 135 – 158.

② 金太军等：《区域治理中的行政协调研究》，广东省出版集团、广东人民出版社 2011 年版，第 17 页。

③ ［美］理查德·C. 菲沃克主编：《大都市治理——冲突、竞争与合作》，许源源、江胜珍译，重庆大学出版社 2012 年版，第 57 页。

得以协调，使地方政府能够将行政区划内的社会建设与经济区域内的经济建设有机结合起来”，①在节约存量资源的目标下，达到共同发展。

第四节　新型城镇化推进中的府际合作的路径建构

新型城镇化是“五位一体”的城镇化，需要各层级政府的合作与协调。埃利诺·奥斯特罗姆通过实证研究认为，“在一定自然条件下，面临公用地两难处境的人们，可以确定他们自己的体制安排，来改变他们所处的情况的结构”。②在此框架下，府际合作必须建立有效的机制来保障合作的有效性，以此在更深层面上推动城镇化进程。

一　建立府际合作的游戏规则与协商机制

长期以来，在中央强大权力配置下各地方政府间关系保持着相对和谐竞争的关系，但新型城镇化要求各政府层级间产生联动效应，区域合作成为主流。在这一认识框架下，府际关系必须走出权力配置的定向思维。既然在单一体制下，各地方政府无法改变权力层级，那就需要坦然面对这一现实并在政府层级的框架下发挥各主体的能动性，积极推进城镇化。毕竟，城镇化的主要实施主体是地方各级政府。这就要求地方各级政府之间在既有的权力配置下进行分工与合作，既包括省级政府之间的合作，跨省府际合作，又包括省内府际合作等多维度、多层次的合作。“涉及府际权力配置的优化问题，主要是指地理空间分权，旨在促进地方公共服务资源有效利用及治理网络体系的发展。”③

建立府际合作的制度机制应进行体制设计和地方制度设计，在行动指导层面，规划立法和政策指令，建构政策框架，设计和维持执行轨道；在

---

① 林尚立：《重构府际关系与国家治理》，《探索与争鸣》2011年第1期。

② ［美］V. 奥斯特罗姆、［美］D. 菲尼、［美］H. 皮希特编：《制度分析与发展的反思——问题与抉择》，王诚等译，商务印书馆1996年版，第189页。

③ Cohen, J. and S. Peterson, *Administrative Decentralization: Strategies for Developing Counties*, Peterson Kumaran Press, 1999, pp. 25–26.

操作层面，完善管理政策过程。第一，制定府际合作的法律法规。通过制定府际合作的法律法规来保持区域政策的一贯性和持续性。如制定《府际合作章程》《府际合作法规》《府际经济合作条例》等，使其成为区域协作和区际交往的原则，保障地方政府在处理府际关系时有法可依。第二，建立府际协商机制。各级政府可以通过协商解决多元利益分配的议题，在遵循共同的游戏规则下，将彼此间的利害得失，通过谈判协商，相互妥协，降低争端产生的概率。第三，设立公共服务最优化的就近原则。美国经济学家奥茨“分散化定理”认为，“对于某种公共产品来说，让地方政府将一个帕累托有效的产出量提供给他们各自的选民，则总是要比中央政府向全体选民提供任何特定的并且一致的产出量有效得多”。[①] 奥茨的分散化定理给出了政府间分权的一个关键原则：如果低级政府能够和上级政府一样提供同样的公共产品，那么由低级政府来供给更好。正如美国经济学家斯蒂格利茨认为的，“地方政府与中央政府相比，更接近于自己的公众，从而对所管辖地区的居民的效用函数和公共产品需求比较了解”[②]，这使得府际合作的协商机制成为可能。

二　建立府际合作的政府利益与公共利益融合机制

由于利益的驱动以及地区之间的差距和发展的不平衡性，地方政府涉及角色调适与转型，这是权力与利益的多元博弈过程。市场经济规则的引入，“为地方政府的行为选择构建了特定的约束条件和激励机制，规定了地方政府行为选择的不同策略，塑造出了市场化进程中不同时期的政府角色模式”。[③] 无论我们是否承认政府存在自身利益的正当性，但在现实中确实存在，所以新型城镇化不能游离政府利益与公共利益的博弈，这是不争的事实。因此，二者利益的节点是府际合作的关键。菲沃克教授认为，“制度性集体行动机制，能够使地方政府之间、不同层级的政府之间、不

① Wallace E. Oates, *Fiscal Fedralism*, New York: Harcourt, Brace, Jovanovich, 1972.

② ［美］斯蒂格利茨：《政府为什么干预经济——政府在市场经济中的角色》，郑秉文译，中国物资出版社1998年版。

③ 何显明：《政府与市场：互动中的地方政府角色变迁——基于浙江现象的个案分析》，《浙江社会科学》2008年第6期。

同地方政府单位和社区其他行动者之间达成合作。斯蒂芬妮·波斯特认为，所有的地方政府间合作，无论正式的还是非正式的——通过一组共同作用的制度来实现共享的政策目标”。[①] 制度性集体行动产生的动机在于单独行动无法实现集体利益，它是在地方政府单位面临集体行动问题时订立政治契约的动态过程中产生的。“地方政府促进经济发展、减少污染、缓解扩张和其他提升都市生活质量的政策行动，能够产生正外部性，并溢出到周边管辖区。这些外部效应或溢出效益会使大都市中的社区产生强烈的合作动机以实现共同的或区域性的目标。当潜在的利益很高，谈判、监督和执行政治契约等交易成本很低时，合作行动和制度就会产生。”[②]

同时，由于各级地方政府特殊利益诉求的存在，有些地方政府不愿承担社会发展的公共责任，使地方政府利益与公共责任之间的矛盾不断凸显。此时，利益融合机制势在必行。第一，确立适当的激励机制，实行绩效管理。只有在制度安排或契约协议中建立利益相容的激励机制，才能实现政府利益和公共利益的多赢。新型城镇化促使地区之间的相互依赖程度提高，政府间需要横向协调的事务越来越多，一系列跨域公共问题，如环境污染、公共安全、社保体系建设等，依靠一个地方政府无法独立解决，这就需要相关多元利益主体的合作共治。第二，建立科学合理的公共利益融合机制，加强府际纵向、横向和斜向关系的合作，使政府间关系演变为共同承担责任、共同解决冲突的政府间合作体系成为必然。[③] 各级、各地方政府必须破除基于自身利益考量而引发的“各自为政”现象，抛弃片面对抗竞争的狭隘观念，树立合作共赢求发展的新理念；提高合力解决共同问题的自觉意识与共同承担发展问题的社会责任感，实现公共项目最优配置，形成公共问题协同解决的合作态势。第三，构建集体行动机制。美国学者理查德·菲沃克教授认为，制度性集体行动机制，能够使地方政府之间、不同层级的政府之间、不同地方政府单位和社区其他行动者之间达成

---

① ［美］理查德·C. 菲沃克主编：《大都市治理——冲突、竞争与合作》，许源源、江胜珍译，重庆大学出版社 2012 年版，“前言”。

② ［美］理查德·C. 菲沃克主编：《大都市治理——冲突、竞争与合作》，许源源、江胜珍译，重庆大学出版社 2012 年版，第 4 页。

③ 陈振明主编：《公共管理学：一种不同于传统行政学的研究途径》，中国人民大学出版社 2003 年版，第 95 页。

合作。关注公共利益已经成为各级政府追求各自利益最大化的关键环节，也是各级政府间协商作出制度安排的内在动力。

三 建立府际合作的公共问责与监督机制

府际合作的公共问责，必须以健全的问责机制为基础，通过立法确保各级政府部门和官员的权力始终处于负责任状态。不但要从立法上细化层级政府和官员的权责，而且更需设计出明确的合作效能不足的惩罚措施。更为重要的是，公共问责机制的内驱力要落实在群众的监督权上，应建立事后问责的监督制度，对免职官员的复出进行制度约束。推进人的城镇化，府际合作涉及民众的许多切身利益，实际操作过程中更会引发问题联动效应。因此，我们必须关注府际合作中的社会公共责任实现问题，合作重点不仅在于各级政府间的社会管理权责划分的法治化、制度化，更在于各级政府推进公共服务过程中的责任意识与风险承担。

府际合作涉及民众的许多切身利益，在现实的操作层面会引发问题联动效应，因此，我们必须关注府际合作中的社会管理风险。在府际合作框架中，落实跨区域、跨部门政务合作方案，以有效解决区域内或跨区域间有关社会治安、交通、环保及教育等议题。第一，必须建立责任与风险承担主体机制。通过国家最高权力机关、投票或购买等方式，督促各级公共部门或提供公共服务的行政主体，履行其职责并提供优质的服务，以维护公民权益。第二，建立完善的监督和惩罚机制。缺少监督和惩罚机制的合作往往不能长久，设立特定的协调机构是实现对府际合作监督和惩罚的必要载体。当出现纠纷和争执时，承担裁决职能的协调机构能够及时对违规行为给予惩罚。[①] 第三，建立公共服务效能评价机制。新型城镇化既是经济资源向城镇聚集的过程，也是农民变为市民的过程，必须突破现行政策、体制机制上的障碍，着力解决农民进城后的居住、就业、教育、社保等难题。近年来，中国社会领域的矛盾相对突出，主要的原因是某些地方政府不严格执行国家有关法律和政策，中央政府没有足够的权威保证其制定的有关法律、法规和政策在地方得到落实。因此，要在实施城镇化发展

① 颜德如、岳强：《中国府际关系的现状及发展趋向》，《学习与探索》2012 年第 4 期。

战略中，“创新土地管理制度，创新农村融资体制，创新产业发展方式，创新户籍管理制度、农村社会保障制度，创新城镇管理体制，创新农民就业安居制度、流动人口管理和农村公共服务体系”，[①] 构建科学的效能评价体系势在必行。

四　建立府际合作的干部晋升激励与生态补偿机制

新型城镇化是生态型城镇化，不同层级的地方政府在合作中必须考虑生态责任的承担与补偿问题。公职人员作为府际合作的主要推动者，其晋升是主要的激励措施，各种政绩的获得必须依托地方资源。评价府际合作的效能，一方面体现在府际公共服务能力的提升视角；另一方面也体现在对政绩考核与生态保护良性互动这一关系层面。因为政府公共治理所有政绩的获得是依托生态环境来完成的。因此，府际合作不仅要看经济效益是否提升，更要注重评价生态环境是否得到有效保护。党的十八大以及 2013 年中央经济工作会议提出把生态文明理念和原则融入城镇化全过程，走集约、智能、绿色、低碳的新型城镇化道路。推进新型城镇化与各级政府的生态治理应达成辩证统一。在不同区域竞争的发展格局中，不免会出现生态破坏的风险。究竟由哪级政府来承担发展中的代价应有制度性的规定，要在地方政府间达成区域生态治理的共识，建立地方政府区域生态协作的治理制度。

加大城镇生态环境建设的力度，提高城镇生态环境的承载力，以良好的城镇生态环境支撑新型城镇化发展，以资源节约型、环境友好型城镇建设支撑新型城镇化发展。第一，实施科学的干部升迁激励机制。“地方政府合作中各项政策、决策和决议的制定和执行都要靠地方干部的身体力行，官员是推进政府各项决策的先行者和组织者。新型城镇化的府际合作必须建立促进区域共同发展的科学的考核体系，变革传统的唯政绩干部考核机制，破除地方行政首脑过度干预和直接操作本地区经济活动的内在冲动”，[②] 应按照“五个统筹”来构建新的政绩观考核体系。第二，必须建

① 罗炳锦：《创新社会管理　实施城镇化发展战略》，厦门大学出版社 2012 年版，第 64 页。

② 蔡岚：《府际合作中的困境及对策研究》，《行政论坛》2007 年第 5 期。

立完善的生态补偿机制，为生态保护和建设提供强有力的政策支持和稳定的资金渠道，使“在发展中保护、在保护中发展”思想得以长期、稳定实施。① 第三，建立规范的利益补偿机制。通过规范的利益转移来实现公平，它的建立更有利于地区间的协调发展和整个社会生态的全面进步。新型城镇化是生态型城镇化，不同层级的地方政府在合作中必须考虑合作中的生态责任的承担与补偿问题。在不同区域竞争的发展格局中，不免会出现生态破坏的问题，究竟由哪级政府来承担发展中的代价应有制度性的规定，要在地方政府间达成区域生态治理的共识，建立地方政府区域生态协作的治理制度。

中央政府作为资源分配者，有强势权威，能有效配置资源；地方政府作为资源直接使用者，在法律或政策规定下有较大的自主性权力，能够在分配者的政策空间中使用资源，有效地治理地方，推动经济社会发展。无论是中央政府与地方政府之间，还是各地区政府之间，新型城镇化客观上要求政府构建分享型府际伙伴关系，府际合作价值趋向应是效率、公平、责任的统一。

---

① 张劲松：《生态型区域（苏南）治理中的政府责任》，广东人民出版社 2011 年版，第 189 页。

第十三章　城乡一体化发展中基层政府与社会组织的权责界分

基层政府与社会组织的权责界分，就是在推进城乡一体化过程中实现国家与社会关系、党政与社会组织关系的转型，建构政府各相关职能部门与社会组织之间以服务为轴心的新型关系，探索党政部门与社会组织之间的合作互动机制。“权责”既指政府权力和职责，也指社会组织的权利和义务。新时代，积极探索社会组织和政府的机构、财务、任职“三分离”，摆脱其对政府的依附地位具有重大的现实意义。

第一节　城乡一体化格局下的新要求

城乡一体化是中国现代化发展的新阶段，实施路径上表现为工业与农业、城市与乡村、城镇居民与农村居民的整体推进，促进城乡在规划建设、产业发展、市场信息、政策措施、生态环境保护、社会事业发展的一体化，实现城乡在政策上的平等、产业发展上的互补、国民待遇上的一致，让农民享受到与城镇居民同样的文明和实惠，使整个城乡经济社会全面、协调、可持续发展。构建城乡一体的格局，实现城乡均等的目标，必须转变基层政府职能，大力发挥社会组织的作用，以实现政府与社会在各个领域的责任互动，满足基层群众的各项需求。

一　政府与社会组织权责划分的必要性

具体来讲，划分政府和社会组织的基本职能和职责边界，就是要求政府与社会组织在主体、机构、职能、资产、住所、人员上实行分离制度，政府部门与社会组织脱离行政隶属关系。新型城镇化的全速推进对三大部门的服务效能提出了更高的要求，要明确政府、市场、社会组织各自承担的服务职能以及交叉领域的相互配合。必须科学明晰政府与社会组织在社会管理和公共服务方面的定位、功能和边界，努力实现政府与社会组织的合理分工、良性互动和有机衔接。关于政府与社会组织的关系问题，我们必须思考全能政府的思维惯性是否适用当前的政府与社会组织，合作有哪些条件，合作方式有哪些，哪些领域可以优先，政府培育社会组织如何避免重数量轻质量①等问题。从理论上讲，关于政府与社会的关系，所有的利益主体都有其理想化的关系划分。但在现实的操作层面，无论西方发达国家还是发展中国家都经历了长期的、反复的挫败后，政府与社会才逐步形成相互妥协的共存关系。其中，我们不能回避的是，不同政体的国家，政府与社会关系的建构过程具有不同的历史。联邦制国家基于历史传统，政府与社会的关系是一种平衡力量中的博弈，其中社会力量占有一定的优势；而单一制国家在不同的历史时期，基于社会阶段的发展需要，政府与社会的关系也是有强弱力量对比的，其中国家力量占主导。因此，国家的任何政策在执行中都会遭遇政府与社会力量的博弈。现阶段，新型城镇化的政策推进，客观上要求城乡一体化发展，而实现一体化发展的目标，在执行中必然涉及基层政府与社会组织在权责方面的重新洗牌，二者如何达成有效的合作是非常关键的一步。

二　推进城乡一体化迫切需要转变基层政府职能

城乡一体化的本质就是城乡居民同等待遇的实现，是农村人口变成城市人口、农村资源向城市集聚的过程。基层政府作为城乡一体的推动者、实践者，必须实现从其管理到服务职能的转变。在整个政府体系

① 杨丽：《推动政府与社会互动合作　加快形成现代社会组织体制——第三届中国社会管理论坛之“加快形成现代社会组织体制”分论坛综述》，《学会》2013 年第 6 期。

中，地方政府作用十分重要，它承接上级政府目标任务和民众利益诉求。一方面，它是国家和省级政府的代理者，代表国家和上级政府行使公共权力，服从上级政府的命令，落实上级政府分配的各项任务；另一方面，它直接面向民众，处于民众利益的直接诉求下，代表国家直接向村庄和社区提供基础设施等公共产品，承担向民众提供民政、医疗、卫生、社保等公共服务的重任。在城镇化进程高速推进的现阶段，基层社会因结构转型和利益调整而产生的矛盾、纠纷和冲突也越来越尖锐化，对基层政府提出了新的挑战。2013 年，时任国务院总理李克强重点指出，现在这个阶段，人民群众的需求越来越多，层次也不一样，政府服务事项也越来越多，也很复杂，各地要从实际出发，更加积极主动，创造性地开展工作。基层政府面临的困境表明，公共服务功能的缺失和社会建设的滞后已经成为中国政府面临的棘手而又亟待解决的问题。城乡一体化涉及多种利益主体，特别是土地征用上，政府责任尤其重大。基层政府首先要把握住自己的利益导向，不能利用公共权力与民争利。“政府应综合运用行政手段、经济手段、法律手段，在市场体制充分发挥作用的基础上来弥补市场在城镇化过程中的缺陷和不足，消除影响城镇化建设的体制性障碍”，① 并进一步发挥社会组织的公益优势。如果政府缺乏有效的干预和合理的引导，很容易出现市场缺陷，呈现出城镇的盲目开发和土地滥用等无序现象。

三　推进城乡一体化迫切需要社会组织发挥作用

社会组织天然具有与民众联系的优势，它发起于民众，服务于民众，这一点契合了城乡一体均等的终极目标。当前，社会组织提供公共服务的能力逐步增强，除了提出民主诉求的作用，还应在城乡软实力和硬实力一体化方面发挥作用。目前，我们必须正视城乡发展中各个领域已形成的巨大差距，正确面对有些社会矛盾还没有得到解决的事实，理性思考造成基

① 文斌：《农村综合改革背景下基层政府职能转变问题探析》，《辽宁行政学院学报》2012 年第 9 期。

层政府与民众的信任危机的原因。长期以来，某些基层政府在一些职能上存在越位与缺位现象，“越位”直接管了许多不该管、管不了也管不好的社会事务。而面对一些新的社会问题，如对流浪和受虐儿童的保护、网络成瘾青少年的社会辅导、农民工的社会支持、弱势群体的维权等，政府却往往陷于“缺位”的尴尬境地。而各类专业化的社会组织是最有能力承接政府剥离出来的社会事务的，同时，也能有效弥补政府不到位的空白。社会组织的“草根”特性，可以在法制的框架下自主创新，减少外界的干扰，发挥主动性，创新服务机制、形式、内容等，更有效地为公众提供精细化、专业化的服务，为社区居民解决日常生活的问题，从而减少或缓和社会矛盾。

在这里我们不妨参照一下美国学者萨瓦斯的《民营化与公私部门的伙伴关系》一书，在关于基础设施领域不同服务安排的职能分配中，找出对我们目前城乡一体化中政府与社会组织职能分配的一些启示（见表 13－1）。①

从表 13－1 我们看出，在基础设施领域，各个相关主体所担负的职能配置权限，有助于我们理解社会组织在城乡一体化中作为第三方部门要承担的职责和义务。这种规约的划分，有助于保持三大部门的职能卸载与增加，保持服务领域的高效。不能忽视的是，由于政府的官方优势长期占主导，社会组织在很多人看来则是一种非主流角色，若要排除体制和思想观念上的双重障碍，必须在制度上明确界定基层政府和社会组织的职责。在职能分工上，首先看该项职能是否能由企业承担，凡企业首先能承担的就划给企业；要是企业不能承担，就考虑社会组织，如果社会组织能够承担该项职能，就由社会组织承担；只有企业和社会组织都不能承担的职能，最后才划分给政府来承担。总之，只有服务领域上没有模糊空白地带，民众的诉求才能得到合理的及时回应，社会问题会越来越少，社会才能长治久安。

① ［美］E. S. 萨瓦斯：《民营化与公私部门的伙伴关系》，周志忍等译，中国人民大学出版社 2002 年版，第 261—262 页。

表 13－1　**基础设施领域不同服务安排的职能分配**

职能	服务安排					
	政府机构	国家企业	服务承包	管理承包	契约租赁	特许权
资产所有权	国家	国家	国家或混合		国家或混合	
进行固定资产投资	政府	国有企业（有限的资助）	公共机构	公共部门合作方	公共部门合作方	民营企业
提供流动资产	政府	市场化	公共机构	公共部门合作方	民营企业	民营企业
追加投资	政府	国有企业	民营企业（特定项目）	公共部门合作方	公共部门合作方	民营企业
经营和维护	政府	国有企业	民营企业（特定项目）	民营企业	民营企业	民营企业
管理权力	政府	国有企业	公共部门合作方	民营企业	民营企业	民营企业
商业风险的承担者	政府	国有企业	公共部门合作方	（主要是）公共部门合作方	民营企业	民营企业
私营合作方获取报酬的方式	不适用	不适用	基于服务和结果	基于服务和结果	主要基于结果，扣除承包者使用现有资产向公共部门合作方支付费用	
期限	无期限	无期限	5 年以下	3—5 年	5—10 年	10—30 年

第二节 城乡一体化推进中的基层政府权力和职责

城乡一体化包括城乡关系的转变、农民地位身份的转变、政府职能的转变以及地区治理模式等涉及多重层面的转型，即解决在发展过程中的乡村对城市的依附、城市对乡村的剥夺、农民在政治上的依附和身份问题以及城乡地区之间的治理结构问题。科学界定基层政府在城乡一体化中的权责极为重要，正如当代管理学大师彼得·德鲁克曾在1969年断言："日益明显的是政府大而不强大，机构臃肿而不得力，花费过多却无所成就；同样明显的是老百姓越来越不信任政府，越来越不留恋政府。事实上，政府抱恙在身——而此刻我们正需要一个强壮、健康、精力充沛的政府。"① 转变基层政府职能必须考虑人的需求，把城乡关系、政府与市场的关系、政府提供公共服务的能力考虑进来，充分发挥政府在经济职能、社会职能、市场监管职能、公共服务职能、民生保障职能等方面的优势与功能。

一 开展城乡"等值化"建设，建立均衡发展的协调机制

城乡作为两种不同的经济社会空间形态，具有不同的自然属性、不同的人口分布和不同的社会功能区划。在发展过程中，需要认识到一体化并不是一致化，或者等同化。但它从价值和发展理念内涵层面要求的却是等值化发展。城乡等值化的核心思想是："让农民在工作条件、就业机会、收入水平、居住环境、社会待遇等生活质量方面与城市形态不同类但等值。农村建设因地制宜，量力而行，根据农村的自然环境和人文历史传统，尊重和保护农村经过长期的历史积淀而形成的淳朴、厚重的民风民俗，不盲目照搬大城市的生活模式。着重建设一种既有现代工业文明的因素，又保存着优秀传统文化印记的'田园式'的新农村。"② 正如美国著

① 转引自［美］艾伦·沃尔夫《合法性的限度》，沈汉译，商务印书馆2005年版，第257页。
② 章寿荣、周春芳：《城乡一体化的国际经验》，《新华日报》2010年4月6日。

名城市学家刘易斯·芒福德曾指出，“城与乡承载着同等重要的价值并需要有机结合在一起”。[①] 城乡等值发展理论是城乡均衡发展和一体化发展的一个理论和实践探索。

实施“城乡等值化”理念，必须依靠基层政府在经济职能、社会职能、公共服务职能上的转变，构建城乡协调机制。第一，经济职能。经济学界从经济发展规律和生产力合理布局角度出发，认为城乡一体化是现代经济中农业和工业联系日益增强的客观要求，是指统一布局城乡经济，加强城乡之间的经济交流与协作，使城乡生产力优化分工，合理布局、协调发展，以取得最佳的经济效益。这种客观要求，政府必须履行城乡一体化的经济职责。目前，基层政府的中心工作包括村（城）镇建设、征地拆迁、招商引资、工程项目建设、农村集体土地流转、财政管理等经济建设工作。第二，社会职能。社会学和人类学界从城乡关系的角度出发，认为城乡一体化是指相对发达的城市和相对落后的农村，打破相互分割的壁垒，逐步实现生产要素的合理流动和优化组合，促使生产力在城市和乡村之间合理分布，城乡经济和社会生活紧密结合与协调发展，逐步缩小直至消灭城乡之间的基本差别，从而使城市和乡村融为一体。地方政府的职能，应当从招商引资、干预企业生产经营中退出，转向保证食品安全、打击假冒伪劣、促进公平竞争等方面。政府是社会建设所需公共资源的投入主体，并且扮演着领导、规划和统筹协调的角色。政府最重要的职责在于充分投入和合理配置公共资源，不断改革和完善社会管理体制，广泛动员社会各界积极参与，逐步实现全体社会成员公平公正地分享社会建设的成果。第三，公共服务职能。提供优质公共服务保障基本民生需求，是政府义不容辞的责任。看病、上学、就业、养老这些基本公共服务职能更多通过各级地方政府向群众兑现。基层政府的职能转变，“包含从以政府运行为中心向以社会和公众需求为中心的转变；从以行政效率为中心向以社会和公共利益为中心的转变；是从权力支配的行为模式向服务的行为模式的转变”。[②] 在中央政府加大投入力度的同时，地方政府也应当把更多精力集

① 李人庆：《国际视野的城乡发展一体化：理论溯源与现实操作》，《重庆社会科学》2013年第2期。

② 张康之：《社会治理的历史叙事》，北京大学出版社2006年版，第95页。

中在基本公共服务领域，真正把社会公平正义的底“托住”，积极承担辖域民众的公共服务，诸如就业、医疗、卫生、教育、保险、安全等社会保障，以及城镇管理和公共事业服务等职能。

二　科学利用土地，建立生态破坏的严厉惩处机制

土地矛盾是基层政府必须解决的大问题，城乡一体化是群众获得公共服务和机会均等的价值导向，但绝不是土地的均等。在城乡一体化发展过程中，要注重经济、社会、文化等诸多方面的一体化发展，在保证城乡自然社会属性的同时，促进其各自价值最大化，实现城乡等值发展和优势互补。“实现城乡的产权等值化，建立城乡统一的土地市场，提高农村土地的价值和收益率，特别是要明确保障农民房屋不动产的房屋产权，增强农民的财产性收入。农村可以不搞城镇化，但要保证农民与市民生活福利的均等化，使农村具有良好的居住条件和生活环境。”① 土地是不可再生资源，城乡一体化建设应是长期的、生态可持续的过程。政府作为城乡一体化策略的实践者，对土地使用应实行严格的监管，建立破坏生态的惩处机制。

目前，征地补偿导致的各种矛盾是农村社会矛盾中的主要矛盾。基层政府必须改变，依靠土地支撑经济发展的模式、改变两种土地所有制权利不平等的现状；对集体成员资格权的认定以户籍为基础，以取得土地承包经营权为补充；安置补助费的分配要坚持自愿原则并和取得土地承包经营权相衔接；土地补偿费的分配使用应当体现公开、公平、公正的原则；依法保护土地流转当事人的合法权益。城乡一体化是遵循“五位一体”的发展格局，生态的保护是发展中的重要一环。已有的教训告诉我们，先污染后治理的路子让我们付出了高昂的代价。农村是目前生态系统中最为珍贵的资源财富，也是生态中最为脆弱的一环，如果政府不能把握土地资源的生态属性，偷梁换柱地进行房地产开发，长此以往，后果不堪设想。对于失地农民而言，如果在城市找不到应有的归属

① 李人庆：《国际视野的城乡发展一体化：理论溯源与现实操作》，《重庆社会科学》2013年第2期。

感，不能获得与城市居民均等的待遇，就会带来一系列社会问题和矛盾；对于政府而言，短时间的增长带来了 GDP 的跃升，体现了官员的政绩，但它损害的却是子孙后代的长久利益，群众就会质疑政党执政的合法性与长期性，影响社会稳定。所以，从整个国家发展的长远考虑，对于生态的破坏者一定要进行严惩。

三　发挥第三部门作用，建立现代社会组织体制

基层政府在推进城乡一体化建设的过程中，在促进社会组织法中的职能主要有三个方面：第一，登记许可；第二，支持培育，建立包括孵化扶持、购买服务、税收优惠等在内的一系列机制；第三，监督和执法，包括政府监管、媒体问责、行业自律和公众监督等，并实施有效的扶持与监管机制。

（一）建立对社会组织的扶持制度

国家关于社会组织培育发展、扶持推动、优惠补贴等各种支持性政策和制度的总和，包括：培育发展制度、优先参与购买服务等扶持推动制度、优惠税收制度。现代社会组织的支持体制实质上是国家行使公权力并动用公共资源培育支持社会发育、推动社会组织健康发展的一种社会支持体制。第一，建立孵化和培育机制。能够加速社会组织的发育和成长，并在实践中积累经验，逐步建立有效的社会组织培育发展体制。第二，改革和完善对社会组织的税收优惠政策，通过购买服务等加大对社会组织的财政资助力度。并逐步建立社会组织的优惠补贴制度。在财税上予以支持，包括拨款、项目资助、购买服务、贷款或贷款担保等财政资助以及各类税收优惠。[①] 通过财税政策工具促进社会组织的成长发展，逐渐塑造、完善政府与社会组织之间的双重关系，为政府转型、创新公共服务提供方式奠定坚实的基础。“建立健全社会组织税收等相关法规政策。国家税法中应有社会组织的税收条款，对其资格确认标准和基本税收优惠待遇做出明确

---

① 王名：《社会组织论纲》，社会科学文献出版社 2013 年版，第 394 页。

规定，凡以公共服务为宗旨，不以营利为目的，不分配利润，并自治自主的社会组织，都应认为具有免税资格；调整针对社会组织的税收优惠政策，完善社会组织税收征管制度和财务、票据管理使用制度，积极扶持社会组织，推进公共服务和公益慈善事业发展。”① 第三，将符合条件的社会组织纳入政府产业扶持和社会事业发展扶持政策范围，公平对待社会力量提供医疗卫生、教育、文化、群众健身、社区服务等公共服务，平等对待民办社会事业和公办社会事业。第四，政府购买社会组织公共服务。2013年7月31日，时任国务院总理李克强主持召开国务院常务会议，研究推进政府向社会力量购买公共服务，会议提出制定政府购买服务指导性目录，通过委托、承包、采购等方式购买公共服务，在既有预算中统筹安排政府购买服务资金并严格管理，全面公开购买服务的信息并建立监督评价机制，对购买服务项目进行动态调整以确保承接主体“优胜劣汰”。现代社会组织支持体制还包括其他社会力量对社会组织的支持，除了国家公权力之外，其他社会力量也会与社会组织之间形成各种关系，例如公民的志愿服务、企业和大型基金会的捐助与资助、社会力量创办的社会组织培育孵化平台等，这些社会力量对社会组织的支持也需要纳入法治化的轨道之中，使得社会组织的支持体制能够规范且健康运作。

（二）建立对社会组织的动态监管机制

国家关于社会组织管理的行政机构设置、权限划分、权力运行机制等制度的总称，包括：登记制度、备案制度、分类监管制度和行为管理制度。近年来，随着社会管理创新的实践，中央和地方各级政府正在按照“十二五”规划所提出的统一登记、各司其职、协调配合、分级负责、依法监管的要求，积极推进中国社会组织管理体制的改革创新，努力形成一种以组织发展为目标，以规范监管为手段，以风险控制为限度的现代社会组织的监管体制。借鉴发达国家监管社会组织的制度，注重操作层面的行为监管。“美国政府的监管法律和政策通常是针对某项具体行为的细致规

① 蔺相才：《社会组织：依法独立是大势所趋》，《中国经济导报》2012年12月1日第B5版。

定，而不是针对某一类特殊组织而制定的笼统规则。这些具体的规定都是针对筹款这一行为的”，[①] 而非针对任何组织的。任何类型的组织，只要涉及筹款这一活动，都需要按照这一程序进行。第一，以规范监管为手段，就是国家以法律规范为核心对社会组织进行监管，完善社会组织法律体系建设，重视法律实效。改变以往以政策性、临时性和应对性的措施为核心的社会组织监管方式，从立法、执法、司法和法律意识培养四个层面去促进社会组织监管的法治化建设。第二，以风险控制为限度，就是国家对社会组织的各类监管仅以现实出现的政治与社会风险为管控的标准。改变以往将社会组织敌对化，以限制、控制、排斥为关键词的社会组织监管思路，切实落实以社会组织的日常行为管理为基本内容，以现实的政治与社会风险为管理基本标准的规范性制度构建。[②]

（三）建立可持续的社会组织成长机制

要引导社会组织建立健全以章程为核心的法人治理结构，确立理事会为社会组织最高决策机构，提高决策科学性，推行决策、执行和监督分离制衡的运作机制，确立社会组织行为规范和活动准则，让社会组织在制度的逻辑轨道上有序运行。基层政府应积极配合财政部，贯彻落实好 2013 年 9 月公布的《国务院办公厅关于政府向社会力量购买服务的指导意见》，加快政府职能转移，将政府事务性管理工作、适合由社会组织提供的公共服务、社会组织通过自律能够解决的事项转移给社会组织承担，更好地发挥社会力量在公共事务管理中的作用。城乡一体化建设，需要社会组织提供更多、更好的服务。基层政府在社会组织的登记、发展等各个环节，都应树立全局意识。以组织发展为目标，就是国家以培育社会组织的规模，充分发挥

① 郑琦：《社会组织监管：美国的经验与启示》，《社会主义研究》2013 年第 2 期。例如筹款，马萨诸塞州的法律就规定：①慈善组织募款前需要先申请募款许可，在申请中需要提供组织名称和成立目标、组织地址、组织成立的时间和地点、组织的联邦税收减免情况、组织工作人员的姓名和住址、年度财务报表、组织是否被政府部门或法院授权可以募款、募款的用途、募款活动的名称、募款活动的负责人、善款使用的负责人等情况；②组织需要与一家专门的募款机构签订募款合同，合同要表明募款的慈善用途和筹集到的善款中用于此慈善目的的最小比例；③筹款过程中需要向公众公开以下信息：慈善组织的名称、地址、电话，善款将如何被使用，申明筹款是由第三方运作，保证善款用于慈善目的的最小比例；④筹款结束后，组织需要将募款许可、募款申请、报告、合同以及其他相关文件存档，送交检查机构审查，同时供公众查阅。

② 王名：《社会组织论纲》，社会科学文献出版社 2013 年版，第 392 页。

社会组织的积极作用，促进社会组织发展为主要目标。改变以往对社会组织“不信任、不支持、不发展”的政策导向，构建培育扶持社会组织的政策体系，督促社会组织提高自身能力建设，引导社会力量支持社会组织的发展。

第三节　城乡一体化推进中社会组织运作的权责划分

城乡一体化使民众的各项权利在各个领域的平等实现，最基本的就是公共服务均等在基层社会共享。而要达到这一均等的目标，仅仅依靠政府的力量是不够的，还需要调动广大民众的力量进行自我发展，这就需要社会组织的引领，放权给社会组织。科学合理地区分和确定社会组织的权利与义务、利益和风险责任具有重要的现实意义。

一　社会组织是基层政府的伙伴和助手

社会组织在法律制度框架内拥有在决策、人事、财务、项目活动等方面的自主决定权，实现自我管理、自我服务、自我监督。要从法律上明确社会组织的法律地位，保证人民依法享有的结社权，加快构建系统完备、科学规范、运行有效的社会组织管理法律体系，谨防不同法律法规之间存在的不协调现象，从而为社会组织的自治提供法治支撑。社会组织是社会发展中的重大组织制度创新，它所体现出的人性、公益性精神，成为重构公共领域和私人领域的重要能量，尤其在诸如环保、扶贫、教育、维权、慈善、中介等许多领域做出了卓越的成就。社会组织研究者 Roger 通过比较（见表 13－2），得出了社会组织几个方面的优势（Roger 社会组织、企业与政府的比较①）。

表 13－2　　Roger 社会组织、企业与政府的比较

比较项目	社会组织	企业	政府
参与自愿性	非强制性	非强制性	强制性

① 徐顽强编著：《非营利性组织管理》，科学出版社 2013 年版，第 12 页。

续表

比较项目	社会组织	企业	政府
目标	分享共同利益	追求私人利益	谋求社会福利
资源	共有	私人	公共
相互关系	相关性	交易	平等
社会关系	公平	自由	法律
公共服务	非营利化	市场化	福利国家
盈余分配	不分配盈余	分配盈余	不以盈余为目的

海伦·英格兰姆认为，城乡一体化的各项目标的实现需要现代意义的多中心治理格局，需要社会组织与政府共同协作完成复杂的服务事务。多中心治理的实践是“新塑造公共服务，以便使政府能够集中处理服务管理和协调的事务，而由那些私有的、营利的或非营利的组织去从事具体的服务活动”。① 分析政府和社会组织之间的关系，必须把二者置于城乡一体的背景下，审慎分析二者的优势与劣势。政府优势是集中精力办大事，社会组织善于提供个性化的、多样化的、多变的微观服务，所以我们应该使得政府和社会组织能够相对分开，各自发挥自己的优势，共同解决公共服务问题，这样就建立起三大板块的社会结构，才能真正形成党委领导、政府负责、社会协同、公众参与、法治保障的社会管理体制。社会组织应建立独立财务核算制度，资产自主运营管理，有独立、固定的住所，有自主用人权，政府部门工作人员不在社会组织中兼任领导职务等。社会组织的草根特性，容易集结公众的力量开展活动，反映民众的利益诉求，扩大公众参与，增强社会活力、居民凝聚力，维护社会稳定。

二　社会组织在城乡一体化中的主要价值体现

社会组织作为第三部门，以其特有的优势在城乡一体化的各个领域发挥重要作用，承担提供公共服务、参与管理、反映诉求、协调利益、规范行为、化解矛盾的责任。

---

①［美］海伦·英格兰姆、［美］斯蒂文·R. 史密斯编著：《新公共政策——民主制度下的公共政策》，钟振明、朱涛译，上海交通大学出版社 2005 年版，第 1 页。

（一）促进乡村经济发展

改革开放40多年来，我们的政府汲取国家大部分资源实现了国家经济的快速增长，实现了国家在世界舞台上的巨大影响力。但不能否认的是，国家层面的区域发展不平衡、农村地区的贫困、城乡居民收入的差距拉大、环境的破坏等问题依然存在，这些问题单靠政府和市场无法解决，需要发挥社会组织特有的公益职能和忧患意识。萨拉蒙[①]通过研究指出，社会组织具有重要的经济职能。第一，促进基层民众的就业，推动经济增长。城乡一体化过程中，社会组织安置农村人口就业方面，开通了重要的就业渠道，是重要的就业蓄水池。社会团体通过就业协调、中介服务、咨询服务等方式促进农村人员的就业，民办非企业单位在拉动就业方面成效明显。第二，倡导绿色理念，促进经济可持续发展。目前，全球经济飞速发展的负效应就是生态环境与资源耗竭的危机，社会组织特有的人文关怀在环保领域发挥了重要作用，公益性社会团体中的环保协会、动物保护协会以及支援者协会等对解决乡村的环境污染问题发挥着积极的作用。

（二）促进和谐文化建设

普特南认为，“社会资本是指社会组织的特征，诸如信任、规范以及网络，它们能够通过促进合作行为来提高社会的效率”。[②] 乡村文化是我们文化传统的根源，传统文化的价值和糟粕在一体化过程中普遍存在，社会组织需要在倡导公益活动的过程中，发挥传统文化的正能量。在文化领域，城乡一体化要求乡村与城市相互促进和融合，实现全民文化传承的良好氛围。社会组织一般承担文化教育、提供文化消费服务、扶持传统文化和民族特色文化等方面的任务。文化的城乡一体化就是要求社会组织发扬传统文化，并进行传统文化的现代转型。社会组织应加强对基层低收入群体、不同知识群体的分类服务，不断满足居民公共文化服务多层次多样化的需求。例如，城市文化中心、社区图书馆、博物馆等都是乡村居民文化

① ［美］莱斯特·M. 萨拉蒙：《公共服务中的伙伴——现代福利国家中政府与非营利组织的关系》，田凯译，商务印书馆2008年版。

② ［英］罗伯特·D. 普特南：《使民主运转起来：现代意大利的公民传统》，王列、赖海榕译，江西人民出版社2001年版，第195页。

提升的途径和载体。第一，重塑乡村文化结构，优化区域文化范式。“社会组织是区域文化发展的重要承载体，它既为区域文化的发展提供了物质层面的文化承载，又提供了精神层面的崇高使命，使物质力和精神力得到有机结合，从而优化城乡文化范式的作用。”① 第二，社会组织能够树立可持续发展的文化生态，促进区域文化繁荣，推动传统文化与先进文化的结合，推动多元文化的兼容互补，使城乡文化圈更加丰富和完善，有助于城乡文化建设环境的改善。

（三）促进城乡教育公平

多年以来，中国的社会组织一直有支农、支教的历史优良传统，社会组织最大功能的实现是在教育领域，特别是在农村贫困地区，它带给人们对社会组织的无限期待和希望。事实上，我们的政府一直致力于教育的改革，对基础教育投入了很多的人力与物力，提升了国民素质。但由于区域发展不平衡、城乡二元结构的存在，广大农村的教育仍然需要很大的财力投入，需要社会组织在教育领域发挥更大的作用。第一，社会组织搭建公众参与平台。现代社会，社会组织的志愿服务从慈善爱心扩展到了社会责任；从奉献扩大到了互惠，吸引了越来越多的知识个体加入教育行列，为基础教育力量的壮大提供了参与平台。这种志愿行为的崇高性，以至于很多接受过志愿教育的学生终生难忘，而后加入志愿者的行列，在支教领域涌现了很多感人的事迹，树立了社会组织的公益丰碑。第二，社会组织提高了教育项目的效率，促进了区域社会资源的整合。社会组织在策划和实施教育领域公益项目方面具备普遍的公信力，比较容易获得资金、实物和志愿者的支持，提高了基础教育的效率。与政府比较而言，在教育项目的推进过程中，政府采用的是科层级策略，花费的时间和成本较多，而社会组织采用项目负责制，在传递信息上更加节约成本，更有利于城乡教育资源的共享。

（四）促进公共责任的统一

社会组织的责任主要源自它特殊的角色定位，与政府相比，是民间组合，自我管理；与企业相比，不以营利为目的，资助对象大部分为弱势群

---

① 徐顽强编著：《非营利组织管理》，科学出版社 2013 年版，第 31 页。

体。“社会组织及其成员的行为应向利益相关者（政府、捐资者、公众、服务对象等）做出交代、承担责任、接受监督。它承担的公共责任包括法律责任、财政责任和绩效责任、职业责任和道德责任等。”① 这种定位赢得了民众特殊的信任关系，使得社会组织可以有效地动员社会力量完成公益性事业。如慈善救助事业，涉及扶贫、助残、救灾、助学、公共服务供给等。一是注重环保事业。伴随人类文明的不断进步产生了一系列的环境问题。环境污染、水土流失、土地沙化、草原退化等严重影响着我们的生存环境。虽然政府在此方面做了一些努力，但与经济发展的政绩相比，环保方面政府做得不好。近些年来，西方国家成立了许多环保类社会组织，他们用各种渠道、各种方法，向社会宣传环保理念，增强了公众的环保意识。二是促进社会公平。中国改革开放40多年来，取得了伟大的成就，但存在的社会问题很多，比如，“三农”问题、贫富差距拉大的问题、失业问题等都是有关群众利益的大事，解决不及时，就会影响社会稳定。社会组织及时填充了政府的缺位，促进公平正义。②

第四节　建立基层政府与社会组织良性合作的机制

现代社会政府与社会组织是合作共生的关系，这种合作是建构新型国家与社会关系的基础，也是社会稳定的基石。现代社会，政府的公共管理活动需要社会组织的参与获得合法性；政府公共服务需要社会组织的参与来化解政府中立价值观和公民个别化需求的落差所产生的公共服务的失灵问题；政府改革所释放出的公共职能需要社会组织承接；政府与群众联系的桥梁需要社会组织来建立。③ 虽然基层政府和社会组织在城乡一体化中具有不同的职能分工，但基于公益与服务的宗旨，基层政府与社会组织合作有很多的契机和可能。

① 徐顽强编著：《非营利组织管理》，科学出版社2013年版，第7页。

② 徐顽强编著：《非营利组织管理》，科学出版社2013年版，第14页。

③ 王名：《社会组织论纲》，社会科学文献出版社2013年版，第381页。

一　实施政府放权与社会组织增权的常态化制度

为了给社会组织创造更加公平的竞争环境和日益充足的发展空间，帮助社会组织更好地“接盘”政府公共服务职能，2013 年中国在“政府购买服务”“行业协会商会与行政机关脱钩”“对四类社会组织实行直接登记制度”三个方面进行了部署。“在现代社会公共事务管理中，依靠单一治理结构实现一切公共物品和服务的供给，这无疑是‘致命的自负’。相反，促进公民社团加入公共事务的治理，这不是政府推卸其公共责任，而是在寻求实现公共责任的合作途径。”① 浙江就曾提出，要尽快对社会组织承接政府职能作出制度性安排，尽快制定政府职能转移事项目录、社会组织承接政府职能目录、政府购买服务指导性目录。政府要通过委托、承包、采购等方式，将适合市场化方式提供的公共服务事项，交由具备条件、信誉良好的社会组织来承担。例如，2013 年 11 月 8 日，温州市发布的《温州市助推政府向社会组织转移职能工作总体方案》（以下简称《方案》）中，提出 15 项政府职能可以委托、授权、购买服务等方式转移给社会组织承接。根据《方案》提出的实施步骤，在 2013 年下半年至 2014 年上半年，推行试点先行、初步破题的方式，选择温州市鞋革行业协会作为市政府向社会组织转移职能试点承接工作单位，力争取得成效，为全市逐步推开实施提供经验和样板。

二　实施政府扶持与社会组织自主的衔接制度

城乡一体化的发展，必须依靠政府与社会组织的良性合作。

一方面，政府应加大对社会组织在各个领域的帮扶力度。积极推动社会组织从单一行政培育模式向政府哺育、社会自我发育以及项目孵化培育等多种模式共同发展转变，有效促进公共服务类社会组织快速发展。要加快建立系统科学的购买社会组织服务的体制机制。例如，加快制定政府职能转移目录，推进出台政府购买服务目录和社会组织目录。政府购买服务

① 孔繁斌：《公共性的再生产——多中心治理的合作机制建构》，江苏人民出版社 2012 年版，第 247 页。

资金列入各级政府部门预算，建立与政府职能转移、社会组织发展需要相衔接的财政投入增长机制；建立科学合理的购买服务标准，合理核定人力资源成本和管理运营成本，形成定价机制；积极完善政府购买服务规范机制，规范政府购买行为，加强政府购买服务项目的前期评审、中期监督和后期评估；适当延长招投标项目周期，对于项目效果好、社会反响好的公益性社会组织，政府可以一次性签订三年的合同，其间可聘请第三方机构进行评估。

从国际视野看，政府是社会组织的重要资金来源，充分发挥公共财政的扶持作用，是促进社会组织培育发展的有效途径。在具体事务上，制定社会组织从业人员权益保障、教育培训、薪酬福利等具体政策，开展社会组织工作师、会员管理师、劝募师的职业认证工作。此外，要运用积极有效的税收调控机制，依法用足、用好社会组织的税收优惠政策。

另一方面，社会组织也要提升自我发展的能力。要健全以章程为核心的独立自主、权责明确、运转协调、制衡有效的社会组织法人治理结构。广泛开展民办非企业单位塑造品牌与服务社会活动，广泛开展行业协会行业自律与诚信建设服务，培育一批组织完善、管理科学、诚信自律、品牌良好、符合现代社会组织体制要求的品牌典型。

三 实施社会组织宽进与政府严管的常态化制度

建立社会组织发展壮大的政策保障机制，让各种社会组织力量充分迸发，进一步放开登记注册，实行宽口进入政策。2013 年 3 月下旬后，国务院宣布开放了四类社会组织的登记，包括行业协会、商会类、公益慈善类、科技类和城乡社区服务类。开放后这些社会组织注册不用受双重管理限制，可直接到民政部门注册。另外，今后，随着政策的进一步深化，对于那些不属于这五类的公益组织也应放宽登记，比如说维护人权的 NGO、促进公民社会发展的 NGO、监督政府以及监督市场类的 NGO。目前，我们国家提供社会服务的社会组织发展较快，而维护公民权利、制约政府和市场的社会组织发展相对较慢。城乡一体化涉及各个领域的矛盾和冲突，应该让一些维护公民权利、具有监督性质的社会组织发展壮大，形成制衡力量。

同时，宽进的后果是数量的急剧增加，但不可否认，有一些鱼目混珠的组织扰乱秩序。社会组织的自治更需要监管制度的完善，政府要研究应对直接登记后年检、等级评估、执法查处等日常监管的有机结合和规范运作。建立各级政府层面的社会组织管理协调机制，明确民政部门、综合职能部门和行业主管部门的职责，真正形成“统一登记、各司其职、协调配合、分级负责、依法监管”登记管理体制，打造信息监管平台，发挥社会和媒体的监督作用。

四　建立现代国家与社会组织的合作体制

现代国家与社会组织的合作体制包括公共服务供求上的合作体制、政策制定及执行上的合作体制，以及相关政治话题上的协商互动、联合行动等合作体制。这种合作机制是建立在整合性公共服务基础之上的，“整合性公共服务必须依赖于各种公共服务组织及结构跨界性的协同运作。当代西方国家公共服务组织空间轴结构正是这种跨界性协同运作的组织结构载体”。[①] 同时，我们不能忽视政府与社会组织合作的基础必须建立在伙伴关系之上，Ben Jupp 对维系伙伴关系给出两种不同的整合方式，如表 13－3[②] 所示，给我们带来了解决问题的新思路。

表 13－3　**维系伙伴关系两种不同的整合方式**

整合	过程	结果
资源整合	资源、消费的协作与整合	评价资源花费的价值，提高效率和效能
政策整合	在伙伴各方的不同观点中发展一种协同的意见	解决问题的创新观点，维持伙伴之间文化与目标的原始差异

具体来说：“第一，政府与社会组织在公共服务供求上的合作体制，主要是基于政府向社会组织购买服务等各种外包项目，形成的政府与社会

① 曾维和：《当代西方国家公共服务组织结构变革——基于服务需求复杂性的一项探讨》，中国社会科学出版社 2010 年版，第 189 页。

② Ben Jupp, *Worker Together: Creating a Better Enviroment for Cross-sector Partnership*, Demos: the Panton House, 2000, pp. 13－14.

组织之间围绕公共服务供给所建构的合作伙伴关系及相应的制度形式；第二，政府与社会组织在政策制定及执行上的合作体制，主要是在各级政府推进政策民主化、专业化、规范化和合理化进程中，社会组织利用其广泛的民意基础和深厚的专业基础，发挥政策倡导功能，积极影响政策的制定和执行，并与各级政府之间建构起制度化的各种恳谈会、座谈会、委员会等政策咨询机制；第三，在相关政治话题上的协商互动、联合行动等合作体制，在现阶段主要是通过社会组织负责人加入各级政协、人大及党代会，积极建言献策、协商议政，也包括一些社会组织通过申请联合国咨商地位，在国际治理体系中与政府进行协调配合并采取合作行动等。”① “现代国家与社会组织的合作基础在于政府和社会组织都是具有公共性的组织，能够共享公共性价值，因而在很多涉及公共性话题的领域可相互协作，共同行动。例如环境保护、疾病预防与控制、普及法律常识等。共同行动是政府与社会组织达成合作的关键环节，也是政府处理与社会组织关系所采取的最为恰当的立场之一。”② 政府与社会组织的协同，取决于社会诉求与政府回应之间的关系。由于双方都要提供公共物品，在公共服务领域比较容易开展协作，存在合作的可能性。

① 王名、丁晶晶：《现代社会组织的五项体制创新》，《中国社会组织的改革发展及其趋势》2013 年 10 月 15 日。

② 王名、丁晶晶：《现代社会组织的五项体制创新》，《中国社会组织的改革发展及其趋势》2013 年 10 月 15 日。

第十四章　新型城镇化推进中的社会组织自治能力拓展

党的十八大要求社会组织“依法自治”，按照现行法律规定和自身章程，社会组织自由活动、自主发展、严格自律、依法运营，在法律规定范围内享有自主权，按照组织自身的权利权限决定缔结合同关系、设定权利、承担义务。建立现代社会组织制度是社会组织发展的方向，积极探索社会重建，在保障群众基本权利的同时，推动社会自治系统的发育和成长。厘清社会组织在不同历史时期的任务，有助于我们建立适应新型城镇化的社会组织体制，不断提高社会组织的自主性和独立性。

第一节　社会组织变迁的历史考察

改革开放40多年来，中国的社会组织经历了从无到有、从弱到强的历史变迁。伴随经济转轨、政府改革与社会转型，中国社会组织蓬勃发展，在不同的历史时期，社会组织发挥了不同的作用，以集体意志、集体的表达及行动推动了整个社会的和谐发展，在数量增长、社会参与、组织建构和活动领域四个维度上，社会组织的权责、义务与职能逐渐制度化、规范化，逐渐构建了政府、市场、社会组织三足鼎立的发展格局。

一　计划经济模式下的起步阶段（1978—1992年）

改革开放初期，我们国家还在延续政府主导下的计划经济模式，社会组织的发展以政府的授权为主。“从改革开放初期开始，中国城乡各地就出现了大量的社会组织。这些社会组织不同于党政机构，也不同于企业，它们过多地面向各种社会问题，利用各种有利的资源、空间和机会，在谋求自身发展的同时解决社会问题，逐渐成为改革开放中具有公共组织性质的公益主体。”① 因为社会组织统一的登记注册时间为 1988 年，从 1978 年到 1988 年这 10 年时间里，社会组织以其内生的力量默默成长发挥作用。在数量增长上，社会组织有一种积聚的爆发性。由于在计划经济体制的框架下，社会组织的发展在很多方面受到限制，仅根据数量进行对比考察，1990 年以前，社会组织的登记数量不超过 1 万家，而到 1992 年数量激增至约 15 万家，数量的巨大增长，充分说明了一个问题，即社会组织在体制中一直在发展、发挥作用，只是我们暂时忽略了它们的存在与作用。在这个持续 14 年的历史机遇期，中国的各类社会组织伴随改革开放的历史潮流汹涌迸发，成为推动社会改革的主要力量。根据中国期刊网权威检索的 1979—1992 年间社会组织数量显示，学会、各种协会和基金会以其本有的力量突飞猛进，这是一种长期禁锢后的力量的释放。

第一，学术类社会组织蓬勃发展。“1977 年 12 月《人民日报》发表评论员文章，报道了中国科学技术协会在天津召开的动物学会等 5 家学会的研讨会状况。这个研讨会是个好的开端，因为‘文化大革命’期间，53 家全国性专门学会，约 1000 多家省级学会停止活动。”② 而根据中国期刊网等权威检索的 1978 年、1979 年学术类社会组织，按照区域层级分类检索的数量分布看，全国学会占 25%，省学会占 46%，这反映了改革开放初期，学术性的社会组织是一种从上到下的发展模式。更为可观的是，这种发展趋势到 20 世纪 80 年代中后期达到高潮。据 1988 年国家统计局发布的信息，截至 1987 年年底，中国科协属下的全国性学会达 146 家，分科学会 1555 家，乡镇科普协会 46569 家，形成了遍及全国城乡的学术性社团及群众性科普网络。

第二，社会经济领域涌现出多层次、宽领域的社会组织。与各种学术类社会组织相对应的是，人民对社会经济的发展有很深的期待，各类有关社会发展的学会稳步增长。例如，经中共中央批准，中共中央统一战线工

---

① 王名：《社会组织论纲》，社会科学文献出版社 2013 年版，第 3 页。

② 《树立雄心壮志　攀登科学技术高峰　全国科协举办的学术讨论会》，《人民日报》1977 年 12 月 23 日第 4 版。

作部、共青团中央党组、中华全国妇女联合会党组于1980年1月10日统发文〔1980〕（宗）26号文件，统一在11个城市恢复男女青年会的工作。从1983年起，社会经济类社会组织的发展进入高潮。1983年4月，国务院出台了《关于城镇非农业个体经济若干政策性规定》的补充规定，“提出发展个体劳动者协会的社会组织，并要求政府给以支持。这一规定，激起了群众的极大热情，截至1985年6月底，全国有91.3%的县、市建立了2468家个体劳动者协会”。[①] 根据中国期刊网权威检索的1988年成立的各种协会分布看，工商占44%，科技占11%，宗教、农业、职业、国际、环境、教育、卫生、社会、文化、体育、法律分别占了一定的比例。这充分说明了社会组织在国家的各个领域发挥了积极的作用和价值。

第三，各种基金会的逐渐发育。1981年8月，在北京成立了首个中国福利会，首任会长为康克清。该会接受的募捐主要用于中国儿童少年活动中心建设和资助边远民族地区的少儿福利事业。随后，先后有中国宋庆龄基金会、中国煤矿文化宣传基金会、中国残疾人福利基金会等相继成立。[②] 让我们感慨的是，这些基金会的成立来自公益，是在既无章程，也没有监管的制度环境下发展的，它们的成立说明了民间需要这些团体，弥补了政府职能的缺位，群众需要这些团体进行公益活动，弥补社会发展的不足，同时也说明了我们的社会信任度是非常高的。这一阶段，社会组织的蓬勃发展是寓于特殊的历史时期的一种积聚爆发，同时也说明，社会组织在民间一直存在，一直在发挥作用，只是在强国家模式下，政府的发展重心还未转移，还未给予它们合适的法律地位和发展空间。

二　社会主义市场经济模式下的发展规制阶段（1992—2002年）

1992年，在邓小平同志南方谈话精神的指引下，党的十四大报告在总结改革实践经验和理论探索的基础上明确提出，中国经济体制改革的目标是建立社会主义市场经济体制。更为重要的是，要求政府职能的转变把部分权力还给社会，让市场配置资源，这一历史性跨越，也带给社会组织更

① 王名：《社会组织论纲》，社会科学文献出版社2013年版，第32页。

② 王名：《社会组织论纲》，社会科学文献出版社2013年版，第36页。

多的挑战和机遇。市场经济的发展，为社会组织发挥作用释放出新的社会空间，社会组织在数量上呈现出“爆炸式增长”。在这一背景下，学者们开始关注社会组织与政府之间的互动关系，并从中探索和界定转型期国家与社会关系的生成模式。这一时期，社会组织的数量增长尤为惊人，这得益于国家的大力支持，但同时也从侧面反映出社会组织的强大力量由幕后走向台前，它们的发展犹如雨后春笋，给整个国家的发展带来了活力。毋庸置疑的是，社会组织潮水般的自发增长，带来的不仅仅是财富和价值，也产生了一些负面影响，破坏了社会秩序，由此引发了国家对社会组织的严格监管。据中国社会组织政务服务平台公布的数据，从 1992 年到 2002 年，这十年间登记注册的社会团体和民办非企业单位平均每年约为 18 万家，合计约为 180 万家。在此期间，各类各级社会组织大多平稳，但同时不乏鱼目混珠的组织，给社会发展带来了不良影响。如此多的社会组织让其有序发展是不可能的，这就需要国家力量进行干预和规制。1996 年，《中共中央办公厅、国务院办公厅关于加强社会团体和民办非企业单位管理工作的通知》首次提出了社会组织（民间组织）的管理体制是“统一归口登记、双重负责、分级管理”。

在政治波动的影响下，政府对社会组织的行政干预分别是 1990 年和 1997 年的两次清理整顿。“第一次整顿，从 1990 年到 1992 年 6 月底，经过清理整顿，统一注册的社会组织数量从 1990 年的 10855 家增加到 1991 年的 82814 家和 1992 年的 154502 家，分别增长了 6.63 倍和 13.2 倍。一些主要领域的社会组织被统一纳入登记管理体制中。第二次整顿从 1997 年 4 月到 1999 年 10 月，国家颁布了《社会团体登记管理条例》和《民办非企业登记管理暂行条例》，经过清理整顿，社会组织的数目降中有升，2002 年登记注册的社会组织达到 24.45 万家。”① 这两次清理虽然给社会组织的发展带来了一定的消极影响，但从长远看，对社会组织的制度化建设具有积极意义。我们必须看到社会组织在这一阶段经过整顿，数量上有增有减，这不但反映了政府对社会组织管制的决心，更引发了政府对社会组织自律性强弱的一种担忧，社会组织的参差不齐，在民间容易造成秩序

① 王名：《社会组织论纲》，社会科学文献出版社 2013 年版，第 41 页。

的破坏，影响执政基础。因此，基于政治稳定的考量，中国政府对社会组织管理机制的双重性，在今后的发展中逐渐显现出来，成为社会组织发展壮大的阻碍。同时，也给社会组织拓展自治能力带来机遇。

三　社会管理创新下的社会组织理性成熟时期（2002 年至今）

这一时期，随着市场经济体制的进一步深化，社会组织的发展又一次绽放光彩，各种工商协会和新型的商会组织迅速发展起来。截至 2022 年年底，全国在民政部门登记的各级各类社会组织 89.2 万家，包括社会团体 37.1 万家、社会服务机构 51.2 万家、基金会 9316 家。截至 2022 年年底，全国社区社会组织超过 175 万家，其中，约 10% 的社区社会组织符合社会组织登记条件，在县级民政部门登记；约 90% 的社区社会组织由街道办事处、乡镇政府或社区党组织、基层群众自治组织等进行指导管理。① 社会组织的整体实力不断提升，已成为政府职能转移的主要承接者、社会政策的重要执行者和社会服务的重要提供者，成为中国社会主义现代化建设不可或缺的重要力量。由于这一时期，经济体制的转轨带动了政治体制的自我调节，政府职能有了实质性的转变，市场承接的职能越来越多，社会组织的作用也越来越突出，政府分权给社会组织的发展带来新的机遇。不可否认的是，中国十多年的高速发展，社会领域发生了深刻的变革，社会结构也发生了变化，群众的政治参与意识也日益高涨，群众对自身权利的维护成为推动民主政治发展的催化剂，社会组织在社会的各个领域发挥重要的作用。这一时期，社会问题与矛盾催生了社会管理的创新，社会组织逐渐承接了政府、市场失灵后的调节职能，特别是基层有关农村发展的协会和农村合作组织在农村发展中发挥了承上启下的关键作用，促进了农村经济增长和农民增收，维护了基层稳定。

随着社会的多元化发展，草根组织异军突起，进入 21 世纪以后，草根组织发挥作用的领域扩大化，逐渐合法化、制度化。它们在环境保护、弱势维权、艾滋病防治、农民工救助、残障公益、社区服务等诸多领域，形成话语空间并走向联盟。这一时期，“基金会的发展出现了戏剧性的变

① 《全国社区社会组织超过 175 万家》，《人民日报》2023 年 7 月 17 日第 4 版。

化，以富人和企业为主导的非公募基金会成为中国公益事业中的新生力量。从中华人民共和国民政部官方网站登录的数据显示，截至2011年年底，在各级民政部门登记注册的基金会总数为2164家，比2004年增长了143%，其中非公募基金会的数量在7年间已达1370家，在数量上超过公募基金会”。① 另外，这一时期民办非企业单位逐渐兴起，并纳入统一登记管理体制，2011年登记注册的民办非企业单位达到204388家，比2001年增长了148.98%，其中教育类的民办非企业单位达到51%。同时，社会转型与新技术的普遍使用，通过网络而建立的各种形式的社团，已经成为影响人们社会生活的重要力量，它们广泛的社会参与在各领域产生了多方面的影响。

这种体制支持的优势，在带给社会组织充分的发展空间的同时，也带来了社会组织自身能力、自律性不足，违反规则等负面问题。为了更好地使社会组织发挥作用，政府的监管成为必然和必需，社会组织的登记注册从制度上更加规范，并赋予其有效的法律地位，从而解决了社会组织的制度先天不足的问题。2011年，“十二五”规划纲要第39章专门论述加强社会组织建设问题，明确提出要“建立健全统一登记、各司其职、协调配合、分级负责、依法监管的社会组织管理体制”。党的十八大明确提出要加快形成现代的社会组织体制，这种“现代性”突出体现在要建构政府和社会组织既分离又合作的新型互动关系。中国政治、经济、文化、社会、生态“五位一体”的发展格局，新型城镇化的大力推进，给社会组织带来了更加宽广的舞台，奠定了社会组织要承担越来越多的服务职能和调节职能的基础。从以上分析中我们可以看出，中国社会组织的发展具有自己独特的历史背景，社会从来不是国家的对立物，社会组织与政府的目标是一致的。

第二节　拓展自治能力的路径

社会组织从弱小到强大，不单靠政府的大力支持，更是其自身能力的

① 王名：《社会组织论纲》，社会科学文献出版社2013年版，第48—50页。

增强换取社会对其信任的结果。因此，拓展社会组织的自治能力，必须依赖于外在力量的推动和服务能力的自我增强。虽然强国家的存在对社会组织的形态与活动构成了较强限制，但社会组织依然拥有能动的空间，即按照其所处的条件能动地“复写”和“拼装”场域内各类要素的可能。[①] 社会组织自治能力的拓展应包括五个层面的优化，[②] 建构社会组织自身的资源体系、能力体系、自律体系等。

一　优化运行机制，提升公共服务能力

现代社会组织的运行体制应执行公平、透明、问责和高效的四大原则，包括内部治理结构、信息公开制度、专业化能力建设等方面。“第一，建立科学的内部治理机制。现代社会组织要求，决策机构的组成应具有专业化、民主化、高社会资本等特征，管理执行应具有职业化、高效化等特征。第二，建立信息公开制度。现代社会组织的运行体制要求将组织信息、财务信息和活动信息，以及与公益相关的其他信息，以不损害捐赠人、受益人和合作机构等利益相关方的隐私和商业秘密为限，依法、真实、准确、完整、及时、便捷地进行公开，符合最大透明度的原则。”[③] 党的十八大报告明确要求政府进一步转变职能，简政放权，把一些事务性的管理职能和公共服务职能，从体制内转移到体制外，由社会组织承接，从而提高行政效能和公共服务质量。当前，社会组织承接政府部分职能的意愿强烈，但它们面临的一个共性问题是总体质量不高，这在很大程度上影响了它们接手政府转移职能项目的能力。因此，提高自身服务的能力势在必行。

---

① 王诗宗、宋程成：《独立抑或自主：中国社会组织特征问题重思》，《中国社会科学》2013年第5期。

② 在2013年《中国民政》上发表的《建立现代社会组织体制：社会建设和社会体制改革的重要目标——建立现代社会组织体制专家座谈会综述》一文中，黄浩明提出五点建议：一要优化其治理结构，应该包括制度建设、人力资源管理机制、社会组织与社会资源动员机制等方面；二要夯实内在凝聚力，包括道德层面、社会影响力、品牌建设、专业人员、信用机制等方面；三要建立协调机制，建设社会网络和增加社会资本；四要建立可持续发展机制，包括均衡的发展机制、组织控制能力、业务的可持续发展等；五是与国际社会组织体制接轨的创新，包括“走出去”和“引进来”的制度创新。

③ 王名、丁晶晶：《中国社会组织的改革发展及其趋势》，《公益时报》2013年10月15日。

增强社会组织自主性，就是要提升自身的行动力，培育和提高其支持社会公共服务的能力。社会组织应具有承接政府职能的能力，参与协同治理公共管理与公共政策能力。“在当前的制度环境下，社会组织要获取和扩大生存空间，在组织承诺和发展目标上要与政府的基本理念和目标保持一致，为社会提供政府与市场不能承接的公共服务，为政府分担社会问题，获取政府的信任与支持。在此基础之上，社会组织可以不断通过提升行动力来增强自主性，寻求生存和发展所需要的社会资源。”① 社会组织真正立足于社会，真正做到“公益”“无偿”，只有取得社会的信任，得到社会的认同才能更好地发展。社会组织要向社会负责，向社会负责的核心是保障和实现社会公共利益。

二 发展社会企业，拓展公益的资源

社会组织独立的主要特征是依靠自身资源，大力改善组织生存、发展的基本条件。社会企业是一种介于公益与营利之间的组织状态，是社会公益与市场经济有机结合的产物，具有非营利性、非政府性、志愿公益性。它以解决社会问题为宗旨，以追求社会和谐为基本理念，以解决困难人群的就业机会为重要目标，是为解决那些不能通过市场经济满足需求的人的要求而建立的。经济合作与发展组织（OECD）认为，社会企业包括任何为公共利益而进行的私人活动，它依据的是企业战略，但其目的不是利润最大化，而是实现一定的经济目标和社会目标，而且它具有一种为社会排挤和失业问题带来创新性解决办法的能力。

增强社会组织的自主性，社会组织应建立多元的网络化合作关系。“建立分散性的资金来源，除了与政府建立合作伙伴关系之外，还应争取国内外基金会、企业、个人捐赠等作为资金来源主体，在社会基础方面，建构伞状支持性体系，通过自身完善的服务、可靠的信誉在社会上树立良好社会形象，获得公众的支持、认可及广泛的参与，同时加强社会组织间

① 李新慧、李冰：《推进中国特色社会组织发展的政治路径》，《石家庄铁道大学学报》（社会科学版）2013 年第 3 期。

沟通交流，获得其他社会组织的认可等。[①] 在实践发展中，社会组织不仅越来越多地与政府、企业合作互动，而且在运行体制上越来越多地从市场体系中借鉴其高效、规范、可持续的各种机制，通过市场化、企业化的运作模式改变社会参与、服务提供的方式。“社会企业家以其丰富的市场经验和创新能力，在经营竞争性市场活动的同时，成功地在市场竞争中找到了可作为公益事业经营不断拓展的增长点。这样的增长点并不是作为营利事业开发和拓展的，而是一种有别于营利事业的价值理念和文化标志发展起来的。”[②] 社会企业必须提高自身经济能力、存活能力，做成本效益分析，争取更多的政府财政支持，应该争取慈善组织的赞助，通过经营获得收入，来提高企业自身的造血能力。从而不断地壮大自己，吸引人才，提高服务质量，增强服务效益，这样逐渐地从传统社会组织形成一个现代的社会组织的社会企业。另外，通过收费、提供有偿服务，提高自身的经济实力，占有更多的话语权。但我们必须坚持社会企业的非营利原则、公益性原则，防止社会企业成为市场经济的企业改变其属性。

三　建立企业年金激励制度，提升人才创新能力

随着社会组织实力的增强，在城镇化中的服务作用日益凸显，迫切需要高素质人才的加盟。目前，由于受到经费限制，高质量的从业人员极为缺乏，许多社会工作专业的大学生因为享受不到事业、公务员单位待遇，不愿在社会组织长期工作。拓展社会组织的自治能力，必须建立专业化的人才培养制度，加强人才队伍的专业技能培训。现代社会组织运行体制对社会组织人才专业化、项目专业化和服务专业化的要求在不断提高，要求社会组织在领导人与工作人员、项目设置与服务提供等方面都具有专业化特征。推进社会组织人才队伍建设，研究制定专职工作人员职业标准，完善各项人力资源管理和社会保险政策等，解决社会组织及从业人员实际困难。

拓展社会组织的自治能力，必须保证专业人才的存量。建立社会组

① 李新慧、李冰：《推进中国特色社会组织发展的政治路径》，《石家庄铁道大学学报》（社会科学版）2013 年第 3 期。

② 王名：《社会组织论纲》，社会科学文献出版社 2013 年版，第 244 页。

织企业年金制度，让社会组织从业者退休后更有保障。近年来，许多社会组织负责人以及地方民政部门多次呼吁建立企业年金制度，完善社会组织专职工作人员退休保障制度。建立企业年金制度，对社会组织工作人员而言是提高退休生活水平的现实需要；对社会组织而言是改善内部治理、提高持续发展能力和竞争力的需要；对社会发展而言，年金是适应人口结构变化和社会公平分配的客观需要。因此，建立社会组织的企业年金制度，是社会组织可持续发展的关键规章，它保障人的现在和未来，也保障了一份公益事业，更有了人才支撑，是多方利益主体的多赢。

四　破除行政化陋习，建立公共责任监督机制

美国学者费希尔认为，“社会组织的自主性包括七个方面：组织的承诺、分散的财政、公众基础、专门的技术知识、管理的优势、策略知识以及培训政府工作人员的经验”。[①] 如果按照这七个方面逐一对照，中国社会组织在一些方面表现出依附性强、自主性弱的特征。社会组织自主性，意味着组织可以按照自己的目标来行事（前提是组织有自我管理的能力），其目标设定及自身运作过程中的决策方式都是自行确定的。新型城镇化的核心在于人的城镇化，是城乡一体的公共服务均等化的长期过程。如果社会组织带着“二政府”的态度和习惯去执行公益事务，群众肯定会有意见，意见多了就会反映到政府部门去，政府要对此类组织进行规制。针对一些社会组织的行政化陋习，2013 年 10 月《广州市社会组织管理办法（草案征求意见稿）》（以下简称《办法》）日前公开向社会征求意见。《办法》明确社会组织坚持政社分开的原则，规定现职国家公务员不得在行业协会、异地商会、民办非企业单位、基金会中兼职，离退休后确需兼任的应当严格按照有关规定审批。“这预示着广州将进一步铺开社会组织管理改革，推进社会组织民间化、自治化和市场化。在推进政府简政放权改革的同时，必须同步推进社会组织管理改革。否则，权力只是在政府与类政

① ［美］朱莉·费希尔：《NGO 与第三世界的政治发展》，赵秀梅译，社会科学文献出版社 2002 年版，第 74 页。

府组织间转移，权力的行政属性和垄断属性没有根本变化。广州拟出台的《办法》，无疑是社会组织去行政化改革的务实之举。”①

拓展社会组织的自治能力，必须建立公共责任的问责机制，实现多元公共管理，关键在于实现公共责任的具体化和明晰化。因为权责对等是公共管理的基本原则，随着公共权力的分散化，公共管理主体出现多元化趋势，社会组织要成为承担公共职能的有效主体，就必须具备相应的公共责任机制。②“第一，制定社会组织法，健全和完善法律体系。建立与宪法相衔接的社会组织法、捐赠法律，规范非营利事业和机构的单行法，以全面规范社会组织的性质、法律地位、管理体制、运行机制等，形成较为健全的法律体系。第二，建立信息披露和报告制度。依照法规规定，及时准确地向公众公开组织的行为，包括财务报告、审计报告、公益支出、资产管理、收益分配等，保证公众的知情权。”③ 完善法律监督、政府监督、社会监督、自我监督，实行社会组织信息公开和评估制度，健全失信惩罚、违法退出机制。

五　发动群众参与社会组织，增强基层自治能力

社会组织的本质属性是公益性的，应该服务于民众，让民众成为社会组织的主导性力量。社会组织内部应建立公众参与规范化制度，通过会员制、志愿者制度等形式形成广泛和开放的公众参与机制，并通过信息公开、财务透明等接受来自社会公众和媒体的广泛的社会监督。在新型城镇化的推进中，社会组织进行公益活动，必须把握群众才是城镇化的主体，激发群众参与社会组织的热情。随着社会的发展变化，群众的各种生活需求也越来越多样化，人们维护自身权益的意识也不断增强，围绕权益保护而产生一些权益纠纷，这就需要社会组织建立起“把问题解决在基层”的机制。

拓展社会组织的内生力，必须紧紧依靠群众。第一，让群众参与社区

① 《去行政化是社会组织改革方向》，《南方日报》2013 年 10 月 28 日，http：//epaper. nfdaily. cn/html/2013-10/28/content_ 7238620. htm。

② 徐顽强编著：《非营利组织管理》，科学出版社 2013 年版，第 8 页。

③ 李红艳：《非政府组织管理研究》，知识产权出版社 2011 年版，第 153—154 页。

建设。社区是民众的社区，是民众的家。只有充分发挥社会组织的社会性优势，通过加强沟通交流，有效化解矛盾纠纷，满足日益增长的社区居民需求，促进社会和谐，才会壮大社会组织的力量；居民借助社区社会组织，丰富文化体育生活，实现自我价值和精神富有，培育群众对社会组织的信任感和责任感，以增强内生性力量。今后，基层社会组织要充分发挥其自身的优势，为居民提供多种多样的公共服务，如积极为社区居民解决日常生活中的问题，提供再就业、养老服务，进行心理辅导和心理救助等，以服务缓解舆情压力。同时，以服务营造舆情氛围，以多种形式让民众参与到社区活动中，逐渐引导民众形成健康向上的社会心态，充分调动社区成员参与社区活动的积极性，有效拓展社区成员参与的广度和深度。通过发挥社会组织的实际服务职能，影响社区的舆论氛围，促进社区和整个社会的和谐稳定。① 第二，参与社会服务管理。目前，各级政府都印发了《关于政府购买社会组织服务工作的实施方案》，明确了社会组织参与社会公共管理的内容，为社会组织参与社会管理提供了制度保障，开辟了新的参与途径。社会组织应在乡村积极开展教育帮扶、安置帮教、人民调解、法律顾问、法律援助和普法宣传等服务内容，破解基层群众在法律、维权方面的难题，突出社会组织在联系居民、服务居民方面的职能优势，有效推动居民参与社会服务工作。第三，发动群众参与公益事业发展。社会组织是社会公益服务的重要承担者，在推动公益事业发展中起到了重要的作用。部分基层还存在着贫困的问题，例如困难户、困难大学生。社会组织不但有项目资助，更要动员更多的群众参与公益服务中心和社会组织发展基金会等社会组织。

六 推行通用评估框架，建立绩效管理制度

社会组织作为政府主导下的公益主体，在新型城镇化的背景下，更多地需要培育其创新能力，推行国际化的绩效管理机制，才能优化内部体制，更加适应新决策的要求。拓展社会组织的自治能力，一个重要的手段

① 蔺相才：《社会组织：依法独立是大势所趋》，《中国经济导报》2012 年 12 月 1 日第 B5 版。

是借鉴先进的管理理念和方法，推行欧洲通用评估框架（CAF），建立卓越的绩效管理制度。这个系统不仅包括了公共服务组织应具备的理念系统，也包括了社会组织管理和运作应关注的促成系统及评价组织绩效的结果系统。“CAF”具有九大核心价值观，即结果导向、以顾客为中心、领导和坚定的目标、过程和事实管理、人员开发、参与和不断学习、创新和改进、发展伙伴关系、公共责任。“社会组织推行‘CAF’，有助于导入国际水准的有关公共服务组织管理的理念优化自己的运作和管理；有助于加快公共服务组织的转型，提供顾客满意的服务；有助于促进公共服务组织的管理提升，按照‘CAF’要求建立并形成持续创新机制推动社会组织管理走向卓越；有助于促进公共服务组织绩效的提升，形成平衡各利益相关方需求的绩效框架。”①

拓展社会组织自治能力，必须建立绩效管理机制。社会组织模拟实施“CAF”，需要采用渐进式的导入流程。第一，学习“CAF”使组织的管理人员了解其作用和内容；第二，对照“CAF”的要求，分析社会组织管理的优势与劣势；第三，确定优先优化的方面，对弱项根据紧迫性、可行性进行排序；第四，制订优先项目的计划并实施；第五，对实施效果进行评价与改进；第六，对优化项目的成果进行系统整合，优化关联性和接口；第七，组织优化项目的实施；第八，根据需要启动下一批优化项目；第九，待需要优化的主要方面完成后，进行系统的整合，形成完善的卓越绩效管理体系；第十，组织卓越绩效管理体系的全面实施；第十一，展开周期性自评，识别组织的优势和弱项；第十二，完善改进机制，推动持续改进和提升。② CAF给我们的社会组织的内部体系建设提供了有价值的微观运行机制，按照国际化的操作流程和逻辑理念，对各个环节的运作进行绩效管理，这更有利于社会组织的规范化建设。

在现有的制度框架下，社会组织所呈现出的“依附式自主”还将在较长时期内存续，而其未来发展的方向取决于各个场域内何种制度逻辑将占

---

① 刘爱基等编著：《公共服务组织的卓越管理之路——“CAF”的理解、实施与案例》，中国质检出版社、中国标准出版社2011年版，第11页。

② 刘爱基等编著：《公共服务组织的卓越管理之路——“CAF”的理解、实施与案例》，中国质检出版社、中国标准出版社2011年版，第301页。

据主导地位。社会组织与国家的关系远近，社会组织与市场的距离远近，都会影响社会组织的自主性和独立性。国家权力的下放与社会组织自身能力的提升，是支撑社会组织成长壮大不可缺少的双翼。在国家力量主导下，社会组织获得自主性和独立性的先决条件是内部运行机制和绩效管理的国际化，其次是自身公共服务能力的提升，最后是建立专业化的人才库。

第四篇　新型城镇化过程中的主要风险及社会长效稳定

公民权利意识的上涨催生着基层政府征地拆迁策略的转变。面对政府维稳与公民维权这对现实矛盾，同时鉴于基层拆迁情况复杂难控以及现有制度难以全部涵纳，契合基层民众心理文化结构而生的“关系式迫迁”取代了“强制性拆迁”，在当前基层拆迁实践中被广泛应用，其在带来成本节约与效率提升的同时，也因行政权力对社会领域的嵌入而实质将风险转移至基层社会内部，并为腐败滋生培植了温床，如不纠偏则会损害基层政府公信力并危害基层政府执政合法性基础，因此当前基层政府拆迁策略需摆脱对单纯“有效性”的依赖，谋求意识形态、制度与有效性的有机结合，构建民众主动认同的合法性基础。

近年来，环境问题逐渐成为中国社会关注的焦点之一。各种环境群体性事件频发引起了广泛关注，它影响了政府公信力，带来了公共物品以及财产损失，投资环境也受损，经济发展迟滞。在环境群体性事件冲突的过程中，公民和政府之间的零和博弈导致两败俱伤；公民和企业之间也存在着零和博弈，公民对政府行为不满有时会殃及企业生产；而政府与企业之间的非零和博弈，则会导致一损俱损局面。冲突的原因包括公民在参与不足背景下的利益觉醒、GDP 主导下政府的干预难以为继、企业环境责任的缺失与监督的缺位。在当前的社会环境下，治理环境群体性事件需要政府、企业、公民之间合力协同治理。

民众对影响生活质量的邻避设施抗拒乃至激烈反对，很容易出现邻避型环境群体性事件。社会剧烈转型、冲突条件充分、政府公信不足是产生邻避型群体性事件的时代背景，地方政府作为治理主体并非在所有邻避设施上都能与公众采取互动与合作，其治理机制还不能完全适应邻避冲突，政府妥协说明其治理成效并不理想。政府理论创新与民主治理能力不足，都不利于避免群体性事件发生。这就需要在决策和执行时规范政府治理主体，完善政府治理机制，提高治理效果，并要做到理论创新和民主治理能力提升。邻避思维不可免，邻避冲突可避免。

第十五章　新型城镇化过程中的网络风险及其防范

今天使用“互联网+”一词，主要指“互联网+各个传统行业”。产生“互联网+各个传统行业”有一个不可或缺的前提：“互联网+手机”。网络与智能化手机的结合，让人们的生活发生了翻天覆地的变化，它也促进了“互联网+各个传统行业”发展生态的成形。同时，它还促进了政府决策方式的改进。“互联网+手机”的快捷传播对政府决策产生了巨大的影响，必须做好防范工作。

第一节　“互联网+手机”的快捷传播对政府决策的影响

“互联网+手机”，让手机的智能化达到高峰，信息可以做到快捷传播，它不仅对政府决策的实体和程序产生影响，还对决策之后公众的群体行动也产生影响。一些地方的政府决策及其执行过程中的失利，就是由“互联网+手机”的快捷传播性造成的。

一　内容不公开的政府决策容易受“互联网+手机”快捷传播的冲击

政府在决策过程中有一个通病，为了追求决策和执行的高效，政府往往倾向于保守决策的“秘密”。中国古代封建统治者往往采取愚民政策，统治阶层不愿当事人知情决策的内容和程序，只希望当事人“听语”，听从统治阶层的安排；西方国家古代亦如此，官方的决策倾向于守密。直至近代，西方政治制度建设之后，强调公众的知情权，要求政府决策要向当事人告知。即使如此，现代西方国家的政府决策亦倾向于保守“秘密”，除非有强有力的法律约束。

中国共产党领导下的人民政府，高度重视公民的民主参与，尤其是在革命战争年代，共产党人发动人民建立自己的政府，政府决策由人民自己做主，决策民主程度非常高。然而，全国性的统一的政府建立起来后，为了管理国家，依据“官僚制”建立了政府内部管理体制，经过多年的发展，政府管理的官僚制逐步积累了惰性，为了决策和执行的“高效”性，往往会牺牲民主参与的公平性。

虽然党和政府也建立了许多强制决策信息的法律法规，如 2007 年公布的《中华人民共和国政府信息公开条例》，但在政府决策过程中，信息公开的形式和程序总不能让公众做到全面客观到知情，有时形式上做到了“公开”，实质上让当事人普遍知情的程序做得很不到位。

出现这种现象，与政府决策时仍然倾向于保守秘密有关，尤其是“邻避”工程，因其容易引起公众反感且公众不愿其“建在我家后院”，政府决策时有意无意间不会在决策信息上花力气，相反更愿意保守秘密。

越是政府“守密”的决策，公众越是想知晓，这是逆反心理使然。“互联网 + 手机”出现之后，智能手机在传播信息上的优势得到了最大的发挥，政府决策越是“守密”，通过手机的短信、微信、QQ 传播的速度越快。公众的“自媒体”现象，人人都是信息的传播者，这对于一些“守密”的政府决策具有致命的打击。虽然政府的一些决策存在程序中“守密”现象，但不排除这些决策对于当地社会经济和社会发展是有利的。一些政府决策，在“互联网 + 手机”的快速传播及其决策的瑕疵被放大之后，政府决策被公众的情绪所左右。我们时常在当今的信息传播过程中，听到政府撤销原有决策。其结果不仅降低了政府的公信力，还使一些决策中前期的政府投入成了沉淀成本。一些重大的工程项目，前期投入巨大，中途下马，国家和社会均承受巨大的损失。

二　应急不及时的政府决策容易受“互联网 + 手机”快捷传播的冲击

政府决策不仅在决策过程中常常受到公众的质疑，还有一些决策在执行的过程中也会受到公众的质疑，甚至在执行过程中会引发公众群体性的反对行动。“互联网 + 手机” 在这种群体性行动中往往成为行动中的关键。

首先，“互联网 + 手机” 无时无刻不在监督、监视着政府执行决策。“互联网 + 手机” 可让公众无孔不入地 “盯着” 政府行政，政府决策不仅要注意到出发点的正确，还要在程序上合法、合理。除此之外，在决策执行过程中，还要做好合法与公正。我们常看到，一些决策是从公众利益出发的，但它可能因涉及部分群体的利益而遭到抵制，进而引发执行过程中的抗拒。如果执行过程中存在瑕疵，如使用了暴力，在 “互联网 + 手机” 无孔不入的大前提下，政府行政行为就会被智能手机快捷地上网公布，一些片段的 “事实” 就可能在网络上迅速传播，如果此时政府应急管理不及时，负面的影响就会形成，进而可能导致决策的夭折。

其次，“互联网 + 手机” 的快捷传播功能，直接导致公众群体性参与到地方政府决策、争夺话语权的行动中。现实生活中，科技和经济的发展使中国在很短的时间内做到了 “人人有手机，个个是传媒”。在纸媒为主的时代，信息传播的时间长，反馈信息的时间也长，这中间往往有一个缓冲的时间，公众即使反对政府决策，也需要很长时间才能形成群体性的行动。现在则完成不同，手机让人人都参与信息传播，一个微信群一条短信，就能使群体知情，并立即参与到话语争夺战中。在这个过程中，政府应急不及时的决策最容易 “中枪”。而一旦决策中枪，再想恢复其 “名誉” 则需要较大的成本，一些地方政府在权衡成本和收益后，往往因成本高、收益低不得不放弃原有决策，早期的工作投入变成无用功，这就导致政府公共决策越来越不自信。

最后，“互联网 + 手机” 的快捷传播功能也能在短时间内纠集起群体性行动。手机快捷传播信息，也快速纠集公众集中。中国人的从众心理和看热闹心理，往往在手机信息的 “召集” 下，很快集结大量的人群。人数越多，控制事态的难度越大。群体性行动发生后，政府需要迅速应对。但是群体行动在网络的推动下，具有快速性和突发性，不是所有的地方政府都能做到及时应对，一些重大决策往往在公众群体性行动失控后受挫。

第二节 “互联网 + 手机”的快捷传播冲击政府决策的形式

一 利用“互联网 + 手机”快捷互通性形成网络舆情

在智能手机被广泛使用之前，网络舆情主要依赖电脑上网才能形成，公众电脑上网，受时间空间的限制比较大，网络舆情的形成和发展的速度也受限制。然后，在几年时间内，手机普及，手机智能化的时间更短，现代人所使用的手机已经超越了其电话通信功能。手机成了信息传播的重要渠道，乃至是首要渠道。

传统政府决策所要考虑的因素很少将手机快捷传播包括在内，几年时间内，政府决策就受到了“互联网 + 手机”的影响，许多公共决策因受手机快捷传播所形成的网络舆情的影响而胎死腹中。

细究手机对政府决策的影响过程就可以发现，“互联网 + 手机”的快捷传播功能中，信息的极速互通是一个重要的原因。政府决策从起草、讨论、征求意见、草创、最终决策成文有一个艰难的过程，而改革开放中的许多重大决策，有时还等不及如此多的“正常”程序。程序被简化在一些重大决策中并不少见，极速变化的国际和国内形势，也的确需要政府快速反应简化决策程序。

现代社会的政府决策，一方面要求迅速适应变化了的形势；另一方面又得兼顾程序正义及公众的诉求，因此，利益一致的公共决策能得到迅速的制定和执行。然而，并非全部的政府决策都是共赢的，总有一些决策要影响相对方的利益。

某些涉及利益分配的政府决策如果决策过程中仅顾及适应形势而没有顾及程序正义时，就很容易受“互联网 + 手机”的影响。智能手机可以在一夕之间实现信息的互通，并迅速形成网络舆情，一边倒的网络舆情，往往带有公众的情绪性。政府决策为公众，地方公职人员的大多数决策也是为了公众利益，一旦手机互通导致的负面网络舆情形成，立即对决策者形成压力，在负面舆情（会引发上级问责）占优势时，决策者常常因“怕麻烦”而放弃坚持公共利益的决策。

我们知道，要让某个区域和领域发展，需要政府全力以赴才有可能达成；而放弃对某个区域和领域的发展，则只要个别主要领导不重视就可能出现。负面网络舆情常常成为重要决策被放弃的重要原因。

二　利用“互联网＋手机”快捷组织性集结群体行动

“互联网＋手机”让手机成为公众集体行动的主要沟通工具，随身携带的手机也就成为公众快速集结的纽带。

因官僚制的惰性，政府与公众之间的关系已经不复革命战争时代的水乳交融。近年来不断加速的网络及自媒体的信息传播，让政府与公众之间产生了一定的距离，政府公信力有降低的趋势。信息传播中负面消息传播快于正面消息的规律，人们倾向于关注负面消息，尤其是与自己生活息息相关的政府决策。政府决策中的瑕疵往往会在手机的互通传播中被放大，加上一些利益相关方对自己有利的负面消息的刻意传播，政府常常被“妖魔化”。

当政府决策涉及相对方（人）的利益时，政府决策中的瑕疵更是常被“放大”。如果此时网络传播中的某些“意见领袖”呼吁集结，手机就立即成为有组织地集结的主要工具。一时群体集结形成群体行动，就从客观上产生了对政府决策的压力。因为当前的维稳压力下，群体性事件形成后，若政府处置不当，政府领导人必定会被问责。为避免问责，许多公共利益的政府决策往往被叫停，甚至一些正在执行中的政府决策也被叫停，由此产生的政府投入损失可想而知。

第三节　防范“互联网＋手机”快捷传播影响政府决策的途径

首先，从内部完善政府决策是根本。“互联网＋手机”快速传播之所以能够与政府决策相冲突，归根结底是由于政府决策存在着实体或程序上的瑕疵，政府组织的官僚制结构形式对这种瑕疵的纠正是失灵的，相反，官僚制放任这种瑕疵的存在。政府决策时保守秘密的倾向加剧了决策的“神秘”，同时也给了智能手机时代的公众揭秘的机会。“互联网＋手机”

成为政府“神秘”决策模式的“天敌”，手机在互联网支持下，太容易揭开政府决策的神秘面纱！从神秘到被揭秘，这个过程中，政府决策往往处于非常被动的地位。从根源上解决政府决策的公开性，去除神秘性，则“互联网+手机”的快捷传播不仅不会成为政府决策的“天敌”，反而可以成为政府决策的强大助力。

其次，政府决策不宜一味追求效率。从世界范围看，很少有国家的政府能像中国政府这样“高效”。发达国家的政府决策要经历很多的决策过程和程序，反复商讨，多方博弈，最终才能完成一两项决策。发达国家的决策的效率常被人们诟病，但这种决策形式的最大优点是一旦决策完成，执行力很强。不管是什么形式的传播，对决策的最终影响都不会太大，“互联网+手机”的快捷传播形式也就不会成为决策的威胁。相反，中国地方政府的决策“效率”很高，甚至决策极为“神秘”，一些政策往往在一夕之间就出台，并往往强制执行。当然，许多决策就是为了实现公平而高效快速做出的，它适应了时势！但是，我们这种决策形式不能保护所有的决策都能实现“公平”目标，即使极少部分的决策偏离公平目标，并在“互联网+手机”快捷传播的冲突下失利，其造成的政治与经济两方面的损失仍然不小。决策失败所导致的损失，远非一个腐败分子的贪腐所能比拟！

再次，“互联网+手机”的快捷传播功能，既可以组织起反政府决策的集结行动，逆向思考，政府亦可利用“互联网+手机”的快捷传播功能，发动起维护政府决策的群体，采取支持政府决策的集体行动。现代社会更多地考虑公共利益的政府决策，并非总能兼顾所有人的利益，在利益分化的时代，政府官僚制有着强大的群体组织能力、动员参与力，政府亦可利用“互联网+手机”动员起支持政府决策的受益者正面深入传播和宣传符合公共利益的决策。当前，在受冲击而失利的政府决策中，很少看到政府运用“互联网+手机”这个重要的传播工具来传播正能量，有些公共决策常常受负面冲击而胎死腹中。

最后，政府决策行为要与维稳考核脱钩。政府决策或执行过程中，往往存在着多方利益的博弈，利益受损方采取维权行动，或认为自己的利益可能受损而采取“邻避”行动，这些都是现在社会中常见的现象。利益博弈中，也常常会出现多方的利益妥协，这些都属于“正常”的社会现象，不应该将这种利益博弈动辄与维稳挂钩，进而动摇地方政府官方的决策决心和动力。“互联网＋手机”时代的来临，将有越来越多的政府行为受公众集结行动的影响。“互联网＋手机”的快捷传播功能，将让公众集结行动越来越成为常态，政府要善于与常常出现的公众集结打交道，用法治手段正确处理公众与政府的矛盾冲突和利益博弈，这是一个全新的时代课题。

第十六章　新型城镇化过程中的拆迁风险及其防范
——以苏州为例

"新型城镇化"在相当长时间内仍将是中国经济的驱动力，而与之相伴而生的征地拆迁也依然成为摆在政府面前的棘手难题。暴力拆迁及其带来的一系列后遗症在降低民众对党和政府的信任度和认同感的同时，也带来令人深省的警示，"强制性拆迁"在貌似经济、高效的表象下，实质却要付出高昂的代价，对此中央政府也开始积极进行政策上的调整与修正，《国有土地上房屋征收与补偿条例》的重新修订便正式取消了行政强制拆迁，宣布"行政强拆退出历史"，与此相伴随的是基层政府"关系式迫迁"行为也悄然出现，新的拆迁方式仍不完美，需要纠偏。

第一节　新策略的生成：从"强制性拆迁"到"关系式迫迁"

伴随经济体制的转型，利益的多元化带来个人利益、个人价值的凸显，进而上升为个人进行选择与决策的依据。在政治经济体制与思想文化统合高度一元化的制度松动境况下，基层政府在行政决策时不得不将个人权利与利益纳入考量范围。以公共权力为后盾介入利益之争的"强制性拆迁"在损害公民正常的土地权益及连带而来的尊严权、工作权的同时，也带来政府信任危机与花样繁多的抵制方式，压力之下的基层政府不得不寻求拆迁策略的转变。

一　政府维稳与公民维权："强制性拆迁"的时代困境

自20世纪90年代以来，城乡一体化进程加速推进，拆迁矛盾日益凸显。究其本质，拆迁乃是土地所有权的变更，作为资源的土地本身具备多重属性："在意识形态上，土地是政权国土化的载体，中国共产党领导下的人民政府建立和巩固本身就与对土地权属的改造密不可分，国家及其代理人也因此对土地享有至高的意识形态合法性。其次，在市场交换上，土地是被商品化的空间，激发地方政府参与到市场逐利，以此推动其向绩效合法性的转型；再者，在日常生活上，土地是个人具体的居住空间，承载着被国家和市场双重挤压下的私人生活。"① 政权、资本与个人生活的高度融合、交织使得其构成转型期大量复杂冲突的来源。尽管已有立法在赋予政府征收权的同时也规定了政府的补偿义务，但从实践看来，大量拆迁矛盾的根源仍是补偿标准未获得统一，进而演化成政府、开发商、拆迁居民的利益博弈。

基于协商、听证等方式的烦琐耗时，"强制性拆迁"相对成为一种经济、高效的选择。而事实上这种方式并没有收到理想的预期效果，并且其所带来的一系列后果却让基层政府难以承受，山东枣庄特警护航拆迁、河南郑州贾灵敏抗拆被捕等拆迁事件，不仅严重影响了社会的稳定，还带来恶劣的社会影响。尽管从短期看"强制性拆迁"削减了基层政府本该支付的行政成本，但实质上这种成本却已被外部化和社会化，需要用更多的时间、精力甚至金钱来消弭。身处现行政治生态下的基层官员，其职位晋升依赖于一些可测量的经济指标，与此同时，作为重中之重的维稳工作又常常有着"一票否决"的功效。无论是从行政成本还是维稳重任来考量，"强制性拆迁"都已不能成为基层政府拆迁的首选。

从拆迁补偿来看，拆迁户得到的拆迁补偿与他们所承担的风险往往是不成正比的。一方面，在由政府主导的拆迁补偿格局下，拆迁款多采用的是一次结清的方式，拆迁户并不能以土地作为生产要素参与到生产中，享

① 施芸卿：《自我边界的"选择性固化"：公民运动与转型期国家—个人关系的重塑——以B市被拆迁居民集团行政诉讼为例》，《社会学研究》2013年第2期。

受收益成果。与政府和开发商从中获得的巨额级差地租相比，拆迁户无法从地价与房价的飞涨中获益；另一方面，失去了生产资料的拆迁户在融入城市的过程中常因失去谋生手段和缺少工作技能而无所适从，离开熟人社会而对新环境难以适应。所有这一切都会给拆迁户的内心带来强烈震撼，加剧心中的不平衡。随着基层民众权利意识的提升，对于内心的不满与愤懑不再保持沉默，而是寻求情绪释放与利益保护。

同时，网络的普及又让普通公民接收讯息的渠道越发多样，对于身处信息海洋中的普通公民而言，被夸大的事实与谣言往往通过更吸引眼球的方式招致更多的关注与效仿，信息的不对称导致对政府的不信任，更加剧了拆迁中基层民众更倾向于通过“闹大”的方式来引起关注。传统的管控方式显然已无法适应维权方式的多样，且易招致更多反感。强权与威压在权利意识至上的时代只会带来更大的反抗，孕育更多不稳定因素。压力之下的基层政府也不得不寻求拆迁策略的转变。

二　情况复杂与适用有限：“关系式迫迁”的策略选择

在基层拆迁行为所形成的特定“场域”之中，包括中央政府、基层政府、开发商、拆迁户四类利益主体，“已有的拆迁制度往往是他们为实现利益目标进行讨价还价的知识或策略，但制度并不完全限制他们的行动选择，拆迁制度的不断完善并没有从根本上改变拆迁中的矛盾和冲突”。[①] 因为已有的制度规范针对的都是常规问题，而对于不断涌现的新情况却往往解释力有限。被寄予厚望的《国有土地上房屋征收与补偿条例》将原有的行政强拆与司法强拆并行的二元体制调整为仅能依靠司法强拆，其建立的基础是在相信司法机关能够在拆迁事件中处于中立地位并能够作出客观公正的判决之上，然而在实践中却未取得预期效果。基层社会往往具有“高程度的复杂性、情境依赖性和不确定性，以至于无法事先在想象中被充分认识，也无法事后在规范上加以最后确定”。[②] 因此在现阶段寄希望于制度的完善来解决基层拆迁的种种问题在短期内是难以达成的。

---

① 李怀：《城市拆迁的利益冲突：一个社会学解析》，《西北民族研究》2005 年第 3 期。

② ［德］哈贝马斯：《在事实与规范之间：关于法律和民主法治国的商谈理论》，童世骏译，生活·读书·新知三联书店 2003 年版，第 533 页。

在基层治理实践中需要注意的是，根植于传统文化的乡村社会治理受宗族自治、乡绅权威影响颇深，构成除国家正式制度之外另一股乡村治理力量。“这种力量一方面来自于宗族长者的道德权威，另一方面则来自于熟人社会人与人之间的道德约束，它甚至构成了传统乡村社会稳定的治理基础。传统乡里道德教化的实施，对造成醇厚民风、强化乡里统治确曾起过十分重要的作用。”① 对于刚性制度的过分强调，在某种程度上易导致政府与公民的关系紧张，致使基层治理陷入困境。以亲缘关系、血缘关系、地缘关系为纽带的基层社会更易接受传统文化价值观，从中得到慰藉与服从。因此在基层拆迁过程中，基层政府往往会采取诸如“做工作”（通过当地或家族中有威望的人进行劝说）、“责任连带”（如将拆迁户亲属中有在公职部门工作的暂留薪停职，什么时候做通工作什么时候回来上班）等方式来劝说拆迁户接受拆迁方案，在伦理本位的基层社会，社会关系往往发挥着十分重要的作用，既能构建起利益主体间的信任关系，也能通过道德机制约束利益主体的行为。或基于人情、脸面的妥协，或囿于切身利益的牵连，在多数情况下只得被迫接受拆迁方案。本书将其统称为“关系式迫迁”，主要指统筹整合各种社会资源，通过利益或情感等方式输送，迫使拆迁户接受拆迁方案。在发展与维稳的双重压力下，基层拆迁实践的复杂性与正式制度的适用有限，“关系式迫迁”成为基层政府的策略选择。

第二节　功能与隐患：“关系式迫迁”的实施效应

基层社会的民众并非完全意义上的经济人，同时也是生活在熟人社会中的道德人，其思维习惯、行为选择不仅仅基于利益判断，也受到传统社会价值判断的影响。与基层民众心理文化结构相契合的“关系式迫迁”在基层拆迁实践中往往能起到正式制度难以起到的作用，其广泛应用在带来成本节约与效率提升的同时，也因行政权力对社会领域的嵌入将风险转移

① 桑玉成、孙琳：《论政治运行中的人伦关系与道德基础》，《南京师大学报》（社会科学版）2012 年第 3 期。

到基层社会内部而为腐败滋生培植了温床。

一　功能：成本节约与效率提升

“关系式迫迁”在基层的广泛应用有着深厚的社会根源和价值基础。“传统社会中的社会关系构造模式及其礼俗规范依然部分残留于当下的农村社会中，无形中指引着农民生活化和非正式化的行动逻辑。同时，现代社会中的各项法律、政策和制度等新公共规则对乡村社会的逐步渗透，也对农村的社会关系和社会规范起着一定的形塑作用，一些新的公共规则也成为乡土社会中农民价值认同和行为规范的来源之一。正是两者之间的合力和张力，构造了当前乡土社会不规则和多元化的特征，使基层治理单纯依靠正式制度和非正式制度中的任何一种都会失效，而是需要将两者有效地结合和平衡。”① 一方面，制度的完善与程序的公正在短期内难以取得实质性的突破，作为已有拆迁条例的补充，“关系式迫迁”更重视人本关怀，以思维习惯、传统文化为切入点，注重与拆迁户的情感交流、心理沟通，这些柔性特点能让拆迁户感到被尊重与重视，会相应减少很多矛盾爆发点；另一方面，作为非正式制度的“关系式迫迁”，其行为往往被控制在法律许可范围内，与现行法律规范并不冲突。因此在拆迁事件中被广泛使用。

在传统观念影响深远的基层社会，宗族意识、人伦关系往往构成了除了国家正式权力外的另一种非正式权力。从心理学角度来看，在“关系式迫迁”中，拆迁户的行为往往“不是一种理性的随机选择，而是一种习惯心理在特定环境刺激下所做出的行为复制。它没有缜密的逻辑推理形式，仅仅靠一种稳定的心理定势和人类长期实践活动形成的习性及取向，来判断主体与对象存在的关系”。② 对于拆迁户而言，在行为选择时，会相应减少理性的成本与收益的考量，而更多的则是遵从价值观上的判断，对于基层政府而言，则减少了中间讨价还价的环节，也就相应节省了经济与时间成本。同时有了人情、道德的约束，拆迁户一般也不会选择通过“闹大”

① 陈锋：《连带式制衡：基层组织权力的运作机制》，《社会》2012 年第 1 期。

② 张雄：《习俗与市场——从康芒斯等人对市场习俗的分析谈起》，《中国社会科学》1996 年第 5 期。

的方式来达成目的，也降低了政府维稳风险。相对稳定、高效，从情感上易接受的方式成为当前基层拆迁的常见方式。

二　隐患：风险转嫁与腐败滋生

与早期发达国家城镇化进程多是专业分工与要素集聚的结果相比，中国的城镇化往往是一种自上而下的行政命令或领导决策。在财政分权体制下，迫于地方经济压力与竞争需求，地方政府只能寄希望于从土地财政中获得收益。在这一过程中，公司化特征愈加明显的基层政府遵循的是成本最小化、收益最大化的市场逻辑。"关系式迫迁"通过"做工作""责任连带"等方式对拆迁户施加压力，实质是行政权力对社会领域的嵌入。在极端发展主义思维下，这种嵌入有着某种为了公共利益的潜在合理性。

相对而言，失地农民却承担着由此带来的双重风险转嫁：其一，发展风险的转嫁。一次性结清的拆迁款发放方式使拆迁户无法享受土地增益，却承担着市民化过程中面临的情感剥离、经济基础薄弱、职业发展困境等一系列挑战。其二，维稳风险的转嫁。迫于亲情、关系、人情等一系列因素而不得不作出妥协的拆迁户，实质上权益并未得到有效维护，这种妥协只是将维稳压力传导给乡土社会内部，并逐渐向城市蔓延，增加了社会系统中次生风险出现的可能性。

在带来相对稳定与效率提升的同时，"关系式迫迁"的高效、柔性也在一定程度上弱化了正式制度的刚性，动摇了基层政府的制度权威与社会的规则基础，助长了机会主义行为的高涨。关系与人情在传统文化中的长期沉淀已经深刻影响了人们的行为选择，甚至已成为思维定式，奉为处事良方。而正是这种观念的盛行与蔓延，正在弱化政治制度尤其是法律制度的刚性，进而损害政府权威与社会规则基础，并助长了机会主义行为。信息不对称与监督机制的疲软为政府官员的徇私行为留下巨大的制度空间，权力与资本的强势合谋，导致了土地开发中大量腐败行为的滋生。

第三节　效度与纠偏："关系式迫迁"的治理有效性与合法性危机

"现代政治学表明，过分倚重政绩合法性的政治系统，远不如法治和民主基础上的政治系统有效。"[①]"关系式迫迁"在有效整合各种社会资源，高速有效地推进政府拆迁工作进程的同时，也因对公民权利的忽视而带来"合法性危机"。从长远来看，"关系式迫迁"仅是当前政治经济文化条件下基层政府拆迁工作中所采取的权宜之计，如不纠偏任其发展易导致次生风险的加剧与腐败的滋生，危害基层政府执政的合法性基础。

一　"关系式迫迁"存在的合理性与治理有效性

"从政治必须满足社会发展的需求出发，任何政治体系的稳定与有效运行，需要两大基本要件：一是政治体系是否能够为经济与社会发展创造条件；二是政治体系的特性与作为是否能够得到绝大多数民众的认同，从而被人们视为应该接受并自觉服从的权力与制度。"[②]前者谓之政治的有效性，后者谓之政治的合法性。任一国家的稳定发展都是将二者有机结合起来。

政治有效性主要是指"政治权力在为提高共同体和集体利益时的有效运作"。[③]伴随经济社会的飞速发展，基层社会也逐渐步入到开放化、异质化、碎片化的时代，觉醒的权利观念以及纷繁的利益诉求，传统政治施压显然已难以适应当前需要甚至带来不稳定因素。"大量事实表明，由于中国基层政府没有将其治理机制附着在社会脉络中，使之成为强制力、影响力和引导力兼备的社会性行为，因而造成其治理能力碎片化。"[④]"关系式迫迁"有效整合社会资源，以相对高效、灵活的方式进行拆迁动员，充分利用可能的公私关系及地方性智慧，因人因事制宜，以拆迁户心理上较能接受的柔性的方式，弱化了抵抗与不满情绪，相较于强拆，在现阶段无疑有其存在的合理性。

于中国社会基层治理而言，对传统观念与人伦关系的忽视往往会导致工具理性超越于价值理性，而陷入刚性与对抗的治理困境。对于运作于压

---

① 黄永鹏：《当代中国政治系统合法性的构建》，《社会科学》2015 年第 5 期。

② 林尚立：《在有效性中累积合法性：中国政治发展的路径选择》，《复旦学报》（社会科学版）2009 年第 2 期。

③ Muthiah Alaggapa, *Political Legitimacy in Southeast Asia—The Quest for Morol Authority*, Stanford University Press, 1995.

④ 周根才：《走向软治理：基层政府治理能力建构》，《学术界》2014 年第 10 期。

力体制与乡土社会之中的基层政府而言，正式制度并无法消弭非正式制度的运行空间，“关系式迫迁”便是将正式制度的运作嵌入到非正式制度的文化土壤中，两者的相互融合、互相补充，也有助于合作、开放的基层治理空间的形成。

二　“关系式迫迁”存在的合法性危机

仅有有效性的存在并无法保证政治体系的稳定运行，“关系式迫迁”存在合法性危机。利普塞特曾指出，“从短期眼光来看，效率很高但缺乏合法性的社会，要比效率相对低但合法性高的政权更不稳定”。[①] 事实上，从革命战争年代到改革开放现代化建设以来，随着社会、政治、经济、文化的变化，其合法性基础也随之发生变化，面临着从传统到现代的嬗变，“在转型社会中，市场经济的驱动力否定了传统社会完全由政治力量实现社会整合的状态，思想文化领域也开始逐渐摆脱从属于政治领域的状况”。[②]

在由传统的个人魅力型威权统治向现代法理型统治转型过程中，面对民众民主意识的觉醒与日益复杂的变化，任一政权稳固合法性的获得都难以靠某一方面支撑。经济发展处于周期性波动之中，而经济发展成果难以惠及每个民众，政绩有效性已无法构成长期稳固的合法性基础。在当代社会，统治合法性的构建途径主要在于以下三条，“一是意识形态基础，即从人们的认知、信仰、价值观等理念方面获得支持；二是规则基础，即政治权力的获得与运作遵循公认的程序与规则；三是我们前面已经分析过的有效性基础”。[③] 而无论哪条，最终目的都是要得到民众的认同。

“关系式迫迁”虽然暂时缓解了拆迁矛盾，却并非拆迁户主动认同，而是被迫接受，被动地置于城镇化转型之中，原有拆迁中的各利益主体的矛盾并没有得到彻底解决，而是通过行政嵌入社会的方式将风险转移到乡

---

① ［美］利普塞特：《政治人：政治的社会基础》，刘钢敏、聂蓉译，商务印书馆 1993 年版，第 57—58 页。

② 倪星：《政府合法性基础的现代转型与政绩追求》，《中山大学学报》（社会科学版）2006 年第 4 期。

③ 龙太江、王邦佐：《经济增长与合法性的“政绩困局”——兼论中国政治的合法性基础》，《复旦学报》（社会科学版）2005 年第 3 期。

土社会内部，或是将矛盾暂时搁置。这些都易酿成新的不稳定因素。利普塞特就曾指出，“稳定的民主要求在对立的政治力量之间保持比较缓和的紧张局势，要求政治制度有能力分期分批地解决问题。如果让宗教问题、公民权问题和集体谈判问题积累起来，政治势力之间的矛盾就会在一大堆问题上日益激化，分裂和冲突的基础愈雄厚，牵连愈广，政治上容忍的希望也就愈小”。[①]

生活技能的缺失，加之心理归属感的剥夺，使得失地农民在城镇化进程中逐渐被弱势化、边缘化，进而成为最易引发社会冲突的最敏感群体。在利益摩擦与不公平感加剧的境况下极易引起大规模的社会冲突。同时传导至乡土社会内部的压力成为新的社会矛盾的诱因，进而对社会稳定与发展和经济平稳运行构成极大负面影响。在“关系式迫迁”中，非正式规则的推行进而对正式规则造成侵蚀，动摇正式规则的权威性，也增加了利益主体的机会主义行为，政府权威的丧失和社会规则的破坏，严重地影响基层政府合法性的“规则基础”，降低基层民众对基层政府的信任基础，对宏观的国家治理也构成了巨大的威胁。

第四节 合法性重构：基层政府拆迁策略优化

任何政治系统的有效运行都离不开合法性的支持，基层拆迁也不例外。当前，“关系式迫迁”在过渡期有效地缓解了政府追求绩效与维持稳定这对矛盾，但从长远来看，“政治体系积极追求有效性的过程，也应该同时伴随着合法性的累积过程。这两个过程要形成相互促进的关系，政治体系必须把自身的有效性建设和积累与合法性的累积结合起来，使有效性建设包含有合法性的追求”。[②] 拆迁工作中基层政府需摆脱对单纯“有效性”的依赖，谋求意识形态、制度与有效性的有机结合，只有民众真正接受与主动认同，才能构建长久稳固的合法性基础。

① 转引自白钢、林广华《论政治的合法性原理》，《天津社会科学》2002 年第 4 期。

② 林尚立：《在有效性中累积合法性：中国政治发展的路径选择》，《复旦学报》（社会科学版）2009 年第 2 期。

一　认同塑造：民主协商与公共利益的回归

随着市场经济的发展，人们权利意识的萌芽，文化与观念越来越趋于理性化与世俗化，传统社会与战争年代通过意识形态与魅力领袖所积累起来的强大凝聚力及给予政权的广泛合法性能力正逐步受到削弱，而韦伯所认为的现代国家所必需的法理性合法性基础在中国尚不成熟，新的价值认同体系尚未建立起来。“人们对于权威的认同程度在不断下降；……对抗政府政策法令的技巧已达到炉火纯青的地步；中央政府关于国计民生的重大决策无法顺利施行；怀旧心理在一些地方滋生蔓延。更普遍存在的是一种逆反现象，凡是来自上边的意图、决定，都会引起一种出自本能的反感和自发的抵制。”①

缺少认同感的失地农民，在面临赖以生存的生产资料丧失时，对自身身份的困惑与对前途的迷茫，加剧了深层次的价值缺失与不安全感。不断滋长的期望挫折感或对社会现实的不满心态，造成思想上的逆反与行为上的不配合。而认同感的塑造首先需确保公共政策的公共利益回归，这就要求基层政府官员抛弃过去的“唯发展论”的政绩观，树立公共服务型政府观念。

对于拆迁事件而言，需充分尊重拆迁户的真实意愿，在坚持整体利益的基础上强调个体价值内容的差异。让拆迁中各关涉主体都参与到拆迁方案的征询、讨论与制定中来，而政府应当从社会领域中适当退出，仅作为利益表达的维持者与利益分配的协调者存在，给予拆迁中各利益主体充分的自由协商的空间，确保拆迁户的利益表达机制得以有效运行。任何制度安排只有契合民众的利益需求，才能内化为基层群众的行为准则，植根于日常实践之中。政府应从社会领域适当退出，仅作为利益协调者，公正回应拆迁户的利益需求与权利表达，促使利益表达机制正常运转。

二　制度完善：保障体系构建与权力规制

被学术界所广泛认为维护社会稳定最可靠的权威形式的法理型统治，

① 孙立平：《集权・民主・政治现代化》，《政治学研究》1989年第3期。

它建立在被统治者对制度、规则的认同之上。能够获得广大群众对其制度认同与支持的政治体系无疑将是合法性基础最稳固的政府。当前，基层民众对于拆迁的抗拒大部分基于担心自身利益受损或对未来生活的担忧与恐惧，因此拆迁制度不仅需着眼于拆迁条例本身，还需着眼于拆迁户保障体系的构建：

其一，利益表达机制的构建。在征地拆迁程序中增加听证程序与参与程序，改变过去的因为信息不对称所引发的不信任，让拆迁户作为行为主体能够参与到方案设计中来，尽管仍然会有矛盾与纷争，还需要更多的行政成本不断地去对不同意见进行整合，但从长远来看，这是对矛盾的彻底解决最为根本的途径。

其二，让基层民众以土地作为生产要素享有收益成果，改变过去一次结清的方式。在拆迁实践中我们不难发现这样的现象，一夜暴富的拆迁户面对突然而至的财富无所适从，因缺少长远的打算而沉迷于眼前的享受型消费，挥霍一空后又面临生活上的困窘，因此对拆迁户而言，让其以土地作为生产要素参与收益分配，逐年获得收益，更有利于长远保障。

其三，再生活的关怀与保障。远离故土之后面临着与过去熟人社会的告别与对新环境的融入，面临着从村民到市民身份的转换，难免会遇到种种不适应，基层政府对此应引起重视，及时组织专职人员关怀与开导，并可开展各种联谊活动帮助拆迁户尽快融入新群体，同时也需对拆迁户进行职业技能培训，以便他们更好地适应工作与生活。

其四，还需基层政府对权力进行规制。防范行政权力对基层社会的过度僭越，培育基层社会以伦理道德、风俗人情、文化习惯等为主要内容的自治空间，激发基层组织与居民自治的主动性与积极性，同时应从制度层面保障基层社会治理的民主化、规范化。

三　发展有效：能力提升与成果共享

中国的改革开放就是基于提高人民生活水平这一发展有效而展开的，其成效将直接关系到民众的生活水平与对制度的信念，创造有效发展不仅是现代化建设的本质要求，也是当前政治发展的首要任务。发展有效不仅仅在于单一的经济增长，还在于关系到诸如环境保护、公民安全、权利保障、社会公平等一系列的公共政策的绩效。而这些仅靠政府的公共利益取向是难以达成的，还需要政府执政能力的提升。

对于基层拆迁实践而言，基层政府需从长远着眼，应杜绝形象工程等无益于长久民生的短视行为，这一方面在于基层政府绩效考核制度的改革，行政成本的付出及收益在短期内都难以计量，因而不能以短期内成效简而代之，应结合当地政治经济具体发展情况从长远考虑、科学评估。同时政府绩效需侧重于行政客体的需求，其主要体现在利益需求、公正需求、发展需求三个方面，政府绩效的评估也应综合考虑以上元素，进行全面考量、整体评估。另一方面则在于政府科学决策能力的提升，“行政主体在实施行政行为时应该有一种成本意识，应该着眼于社会整体利益来计算行政得失。经济上不合理、外部性成本过高、存在浪费的行政行为显然是不成比例的”。[①] 于基层拆迁而言，基层政府在做建设规划时就应将尽可能给民众及社会带来最小损失纳入考虑因素，而不仅仅着眼于经济发展需要。

发展的有效针对的主体应当是广大民众，而不是少数特权者，现代化经济建设给民众带来的并不是平等意义上的共同富裕，而是贫富差距进一步增大，这应引起决策者充分重视，每项经济改革措施在推行之初，就应预先考虑到其成果及可能伴随的联动效应是否惠及大多数民众而非少数特权者。同样，城镇化建设也应当符合大多数人的利益，且建设成果为大多数人所能共享。

---

①　左高山：《论公共领域中的行政理性及其限度》，《马克思主义与现实》2011 年第 6 期。

第十七章　新型城镇化过程中的生态风险及其防范

近年来，苏州市政府通过对低碳生态型城市建设的支持助推、参与引导、宏观调控与有效监管促使低碳生态型城市建设取得了阶段性的显著成果，生态环境保护与低碳节能建设效果显著，绿色环保机制与生态法规制度日趋完善。但同时政府主导下的低碳生态型城市建设也存在着诸多问题。一方面，政府功能局限于城市环境保护致使作用范围过窄。苏州的低碳生态型城市的构建尚停滞在环境保护的阶段。而低碳生态型城市追求的是一种社会化的复合系统，将自然环境保护与循环经济、人居理念、低碳社会、绿色交通等多因素相糅合。另一方面，政府在控制环境污染源头上发挥力量不足，城市环境污染现象难以根治。苏州老城区和农村地区的局部河流的脏、黑、臭问题亟待解决，低碳生态型城市建设也面临着私家车增多的困境。针对苏州低碳生态型城市建设过程中的诸多问题，需要我们从政府管理机制缺陷和政府功能运行低效两个维度来深刻剖析苏州低碳生态型城市建设中的政府功能发挥的困境。

第一节　苏州低碳生态型城市建设中政府面临的社会风险

既有政府管理体制不清的原因，也表现为城市政府功能运行低效。

一　低碳生态型城市建设中政府管理体制不清

（一）政府职能失误难以把握多元主体的边界

我们可以从已有的理论中概括出政府与社会多元治理主体边界的一般原则。即凡属政府应当履行的职能，必须由政府履行。凡属于市场和社会能够单独解决的问题，则必须交由市场与社会负责。但是能够严格划清政府与其他参与主体职能边界的并不多见，尤其在低碳生态型城市构建过程中，政府引导城市建设与经济转型的职能与其他多元主体的职能界限划分存在客观上的难度。具体的划分标准在实际操作过程中由于政府过多参与和本身划分存在的难度，导致苏州低碳生态型城市建设日渐陷入政府职能与社会多元主体职能模糊化的困境。政府引导功能也日渐扩大，形成生态治理过程中政府过多插手的局面。政府对于生态治理的一手包办致使政府承担的环境压力与治理成本的极大上升。

盛洪认为，“市场交易在两两人的交易不存在直接的外部性的情况下更有效率，政府则在两两人的交易存在直接的外部性的情况下更有效率，市场与政府的边界位于两两人的交易与两人以上的交易之间”。[①] 但是两两人交易理论具有理论上的正确性，而实际操作起来以两两人交易为政府职能边界划分标准则显得过于绝对。而且在生态公共物品供给模式下，市场作用的发挥也毕竟有限。确实需要政府发挥引导作用。在苏州低碳生态型城市建设过程中，“可能会由于政府和市场的不完善，或者是本身难以克服的缺陷导致政府与市场的双失灵现象。只能通过‘第三部门’这个社会自组织来进行弥补”。[②] 但是由于政府职能的扩张、社会自组织发育的不成熟等因素，苏州低碳生态型城市建设过程中的政府功能发挥存在着“模糊地带”，政府与多元主体在低碳生态型城市建构中边界的模糊性导致生态治理由政府一肩挑的结局，同时也越发催生市场机制的不完善性。

（二）公众消极参与导致城市建设主体的单一

罗茨（R. A. W. Rhodes）认为：治理意味着“一种社会控制体系的治

① 盛洪：《市场化的条件、限度和形式》，《经济研究》1992 年第 11 期。

② 杜人淮：《论政府与市场关系及其作用的边界》，《现代经济探讨》2006 年第 4 期。

理，治理一般是指政府与民间、公共部门与私人部门的合作”。[①] 我们可以将城市公共治理视作城市政府与其他参与方关于公共事务决策与执行的一种博弈过程。对于苏州打造低碳生态型城市而言，一方面，地方治理的利益群体内部存在个体利益表达的组织规则；另一方面，苏州低碳生态型城市建设需要站在中央与地方的维度下，重点考虑组织层面的公共治理参与主体，即与生态城市建设息息相关的中央政府、城市政府、企业、社会之间的博弈。

一方面，由于苏州市民社会、非政府组织发展薄弱，传统思想根深蒂固，导致市民社会对城市生态环境保护与治理的使命感与责任感不强烈，使得低碳生态型城市建设过程中公众参与生态建设的积极性并不足。另一方面，政府将生态环保的资金投入、环保监控、措施处罚、生态意识普及等的责任和具体落实全部一肩挑。政府表面上是把微观领域的服务职能交给了社会，但是没有做到“费随事转”，反而加重了社会负担，让原来的社会自组织无偿承担社会职能，打着政府旗号，看似精简了机构，实际上政府功能边界反而扩大。例如，很多环保协会承担了业务主管单位转移出来的业务，却没有获得相应的项目经费，导致社会自组织机构承受很大压力，而政府却无所事事。公众与社会组织主观上的消极参与和政府部门在城市生态治理中功能的扩张导致了城市建设主体单一的现状。这是目前低碳生态型城市出现问题的重要原因。

（三）地方政府在城市建设中角色定位的缺陷

苏州低碳生态型城市政府管理体制的不健全主要是指由于政府职能界限的不清晰导致的政府管理角色的越位与提供角色的缺位现象突出，低碳化的生态城市建设管理体制不顺。对于苏州低碳生态型城市建设而言，政府越位现象表现比较突出，主要体现在政府对社会和市场的管制过多过滥。在苏州低碳生态型城市建设过程中，政府引导作用尽管很重要，但是政府角色的越位将会导致耗费公共支出，干预市场公平竞争以及提供生态产品的低效。政府事必躬亲导致的结果必然是政府压力巨大，成本上升。

---

① Rhodes, R. A. W., “The New Governance: Governing without Government”, *Political Studies*, Vol. 44, No. 4, 1996, pp. 652 - 667.

而且缺乏社会监督，事实上生态治理效果却不理想。民间资源的不足必然使得公共服务水平失衡。政府引导功能的无限延伸，侵蚀了社会自治的后果就是生态环境治理的乏力。老城区河道污染的治理便是一个好的例子，一方面政府职能扩张，包揽了河道治理的所有事项，河道治理压力大。而另一方面，政府监管职能的失职，导致污水排放到现在无法根治。

政府在低碳生态型城市的建设中发挥引导作用是基于政府角色的合理化的定位。苏州政府的生态治理过多地发挥了政府职能，不该政府发挥作用的地方政府也来参与。无形中降低了生态治理的效率，同时为政府生态治理工作带来了一定的难度。在苏州建设低碳生态型城市过程中，政府管理角色的“越位”与提供角色“缺位”是同时存在的。这种缺位体现在应该由政府部门承担的生态治理责任，政府却没有充分发挥应有的作用。近年来，中国各级政府的许多部门开始把承包制引入公共服务，如青岛等城市就把街道清扫服务通过竞标的方式承包给个人。但是，在苏州低碳生态型城市建设过程中，大规模的合同承包在环境治理中还没有实现。公众作为消费者的生态产出服务仍然还是由政府直接提供。针对这种政府部门提供角色的缺位现象，合同承包、补助与凭单三种制度安排有助于将政府从直接的公共低碳生态物品的生产中解脱出来，政府可以通过付费从竞争市场中的生产者手中购买生态产品和服务提供给公众。政府应当更多地承担构建市场交易规则、监管城市生态安全体系漏洞以及规范生态城市制度体系上的责任，通过这种方式来补缺。

二　低碳生态型城市建设中城市政府功能运行低效

（一）政府部门协调合作机制欠缺带来低效率

城市政府内部的协调与制约影响了低碳生态型城市的整体建设。在地方政府内部，规划、建设和管理中往往有多个职能部门权责相重。部门之间的信息也往往相互封锁，严重制约了地方政府的执政能力。中国城市规划的中央直管部门是住房和城乡建设部，但是在地方城市政府层面，这个行政职能却由多个行政管理机关（建设局、规划局、房管局等）分摊。此外一个城市的低碳生态化建设必不可少地会涉及发展部门和财政等综合部门，以及土地、农业、园林、环保、交通、林业等多部门。这些部门在构建低碳生态型城市过程中常常职能重叠，矛盾或缺位现象严重。苏州低碳生态型城市建设过程中各部门分管职能的交错和责任的相互推诿必然带来低碳生态型城市建设的低效率和高成本。环保部门和其他职能部门的职责范围界定与协调机制的顺畅建立是协调政府内部合作机制的重要前提，而政府内部不同部门在构建低碳生态型城市过程中出现合作上的矛盾与责任推诿现象后的解决机制则是提升政府部门合作效率的核心内容。这些问题都是我们在构建低碳生态型城市过程中应该深思的。

（二）外部激励制度缺失导致生态治理低效率

通过激励机制，我们可以剖析宏观制度环境为地方治理主体的城市政府提供了怎样的政治与财政激励机制。从政府管理的体制上看，当前，政绩考核机制的经济偏向性也是苏州低碳生态型城市建设遇到瓶颈的重要原因之一。现有的政绩考核机制体系激励城市政府重视经济发展、轻视资源节约和环境保护，缺乏推动低碳、生态的可持续城市规划的激励机制。政绩考核倾向于哪儿，往往地方政府官员的关注点也就在哪儿。中国目前对党政领导干部选拔的标准主要考察德、能、勤、绩、廉，注意考察工作实绩。在经济发展优先的国家战略下，这种考核机制就变相成为对城市 GDP 与政府财政税收的考察。政府官员的政绩导向如果不偏向于生态环境保护方向，低碳生态型城市建设所面临的桎梏将无法解除。虽然《节约能源法》规定“国家实行节能目标责任制和节能考核评价制度”，但是毕竟所涉及调节范围过窄。节能仅仅只是低碳生态型城市建设的冰山一角。

此外，事权与财权不统一导致地方财政压力较大。虽然苏州地方政府的财政收入较高，但是“分税制”增强了地方政府推动经济增长和扩张式尝试发展动机，却未能为地方政府探索可持续城市发展模式提供足够的财政激励。中央政府只有把城市的生态环境和可持续发展作为对在任官员的考核标准之一，在政策上倡导和支撑地方政府自发性的低碳环保城市机制的建立，并予以政策与财政资金的支持，政府发展的导向才会改变。而现在包括苏州在内的众多城市地方政府在生态保护方面的财政激励不够。

针对低碳生态型城市建设过程中政府功能发挥所面临的困境，笔者认为，可以从改进低碳生态型城市管理体制与提升政府生态治理效率两个角度进行化解。

第二节　苏州低碳生态型城市建设过程中政府对社会风险的应对

一　改进低碳生态型城市管理体制，完善城市建设中地方政府功能

（一）转变低碳生态型城市政府职能，把握政府功能的边界划分

政府引导功能界限的把握是低碳生态型城市建设的核心。低碳生态型城市建设需要确立发挥地方政府的引导功能，强化有限政府在低碳生态型城市建设中的规制作用。政府规制在生态治理领域具有经济学上的合理性，是政府对于公共需要的一种反应。我们知道，在纯粹的私有产权市场下，“非竞争性、非排他性”与“外部性”两大原因会导致市场调节机制的失效，生态产品的价格无法按照边际成本进行最优定价。此外，受到生态治理领域产权的模糊性、生态领域交易成本高昂、生态治理领域的不确定性与信息的不对称等因素的影响，苏州政府作为低碳生态型城市的引导者成为必然的选择。

但是苏州城市政府引导低碳生态型城市建设需要把握引导的边界。政府作用的发挥在城市建设过程中是有限的，把握引导功能的界限是解决苏州目前低碳生态型城市建设瓶颈的重要举措。这里的边界划分是指政府应当把握与非政府组织、企业、社会在低碳生态型城市建设中的边界。一般来说，“针对政府与其他多元参与主体模糊地带的职能，政府与非政府组织、公众参与等多元主体职能边界的划分主要体现在各主体履行职能的方式不同。社会组织的职责在于提供具体的管理或服务，直接面向管理对象或服务对象。政府履行社会管理和公共服务的职能是通过这些社会组织间接实现的。即政府在低碳生态型城市建设方面的重点是通过制定公共政策，培育、规范、监管这些社会组织，而不是直接提供服务”。①

在划清政府功能边界的基础上，苏州低碳生态型城市建设过程中的政府职能应当向如下几个方面转变：首先，加强领导和组织协调，完善环境

---

① 徐宇姗：《政府与社会的职能边界及其在实践中的困惑》，《中国行政管理》2010 年第 4 期。

经济政策。苏州政府应当继续深化环境保护目标责任制，完善政府部门负责，环保部门统一监管、有关部门监管协调的综合管理体制。其次，政府应加大对生态环保领域的资金投入，确保财政上由于低碳环保的资金增加幅度应高于同期财政增加幅度。政府应当鼓励民间资本与社会资本向城市环境保护领域汇集，可以尝试政府引导、市场运作的多种资金筹集方式。逐步完善差别化环境收费政策，建立并完善生态环境保护财税激励机制，进一步创新财政转移支付制度与生态补偿制度。最后，政府应当完善低碳生态型城市的规划评估、考核与修订机制。政府应当引入生态指标政绩考核机制，向同级人大、政协报告工作进展，自觉接受法律的监督与民主的监督。

（二）构建政府引导多中心治理模式，鼓励城市建设的公众参与

构建低碳生态型城市是苏州经济转型时期重大的城市发展战略，需要政府发挥功能，促进多元社会治理主体提供生态公共服务，并使之成为相互补充、相互支持的系统化整体。对于苏州政府而言，低碳生态型城市建设中公共治理模式的变革需要把握下面几点：

首先，城市管理的手段、方式需要转变，引导型政府强调的就是政府职能的重新定位。低碳生态型城市的构建需要多中心的生态治理主体的参与。仅仅依靠政府的管理远远不够，低碳生态型城市的构建机制应该是以政府主导的多中心主体参与的治理网络。苏州市应当鼓励民间自治组织的发展，培养市民的生态保护志愿精神，对官办色彩严重的行业协会进行改革，政府需要提供非政府组织在生态治理与维护方面的资金，同时又要保证非政府组织的独立发展。在规范第三部门运行的法律法规基础上，对非政府组织在低碳生态型城市建设中发挥的作用进行监督。

其次，构建低碳生态型城市除了需要发挥政府规制作用外还需要发挥市场作用，优化生态产权市场制度，促进企业与市场制度的改革完善，具体而言，需要识别低碳生态型城市构建过程中的利益相关者，如区域、政府、企业、群众等，建立城市环境利益相关者的“买方”与“卖方”之间的市场机制和监督协调机制，使市场环境中的每一个利益相关者明确自己的任务与职责，考虑到苏州经济发展的现状，按照“谁开发谁保护，谁破坏谁恢复，谁受益谁补偿，谁排污谁付费”的原则，我们可以完善生态补偿政

策，建立生态补偿机制。2011 年，苏州市、区两级财政仅用于基本农田的生态补偿就达到了 10 亿元；105 个生态湿地村、29 个水源地村，每村又分别补贴了 100 万元及 50 万元。生态补偿在低碳生态型城市建设中的效果初显。

最后，低碳生态型城市的建设不能忽视企业在其间所发挥的作用，企业是促进低碳经济转型的重要参与主体，也是构建低碳生态型城市的推动力量，企业作为低碳经济中的核心单元要素，企业节能减排、绿色产品的生产、绿色供应链管理、低碳节能技术的创新等直接关系到苏州城市的整体低碳转型。工业型企业是城市环境污染的主要来源，企业在构建低碳生态型城市过程中环保意识的增强以及低碳生态技术的创新直接关系到低碳生态型城市建设的最终效果。苏州重工业企业数量较多，企业进行低碳转型，需要从研发、绿色产业链合作、创造低碳产品、履行环境责任四个方面来进行。

（三）区分政府引导与市场调节关系，准确定位政府的功能角色

在低碳生态型城市建设过程中，城市政府的角色定位存在缺陷导致政府职能的权限边界模糊。权力边界不分正是苏州低碳生态型城市建设出现问题的重要原因之一。政府应当改变政府在低碳生态型城市建设中管制过多的现状，调整政府角色，政府对生态环境的管制需要站在政策调节高度进行，能够由公民和市场自发调节的领域，政府应当促使环境利益相关者之间建立友好的合作关系，降低政府生态治理职能的干预，通过健全城市内部环境利益相关者之间的经济、贸易政策，完善生态补偿的资金机制、交流对话会议机制、城市内部优惠投资机制来达到充分发挥市场作用，从而有效治理生态问题，构建低碳生态城市的目的。[①] 这样能够减轻政府的管理负担，提高管理效率，节约政府成本。针对政府公共生态产品提供角色缺位的现象，政府应当充分利用合同承包、补助与凭单的方式，将政府从直接的生产中解脱出来，利用市场更有效地提供原本由政府提供的服务。比如城市绿化、城市干道清理、新能源交通工具等生态产品的提供可以由市场来生产，政府来提供。

---

① 李小云、靳乐山等：《生态补偿机制：市场与政府的作用》，社会科学文献出版社 2007 年版。

二　提升低碳生态政府工作效率，完善城市建设中政府运作模式

（一）加强政府部门职能分工与协调，打破政府内部的条块限制

首先，各级政府与部门管理的空间界限划分和各相关部门之间的分管职能划分是打破政府内部条块限制的重要前提。如果是以建成区为边界，那么进行规划和建设时就涉及与土地、农业等相关部门进行协调。每一个部门的低碳建设功能需要在所辖空间范围内进行发挥。因为苏州城市本身区域空间生态差异性较大，针对不同的空间区域需要采取相应的低碳生态建设措施。比如在循环经济领域，农业部门的相关措施需要林业部门与园林部门配合的需要在明晰各自职权范围的基础上进行协调，杜绝职能错位与缺位现象。低碳生态型城市规划与国家发展改革委负责的国民经济与社会发展五年规划如果出现不一致的地方也需要各部门之间进行有效沟通与协调。

其次，加强政府部门协调，完善城市管理决策机制是低碳生态型城市建设的重要手段。最大化发挥政府在构建低碳生态型城市过程中的作用，必须使各级政府对本辖区的生态环境质量负责、各部门对本行业和本系统内的生态环境保护负责。通过严格的奖罚与考核制度明确资源开发单位的生态环保责任，把低碳生态型城市建设的内容进行量化与分割，纳入城市各级政府各级部门的长远规划与年度计划之中。因此只有通过加强职能部门之间的相互制约，明确权责，实现地方政府的内部监管，才能提高政府引导功能在低碳生态型城市建设中的最大限度发挥。苏州市政府应当探索实行“职能有机统一的大部门体制”，健全部门间的协调配合机制。

最后，当低碳生态型城市建设过程中部门之间的协调失效，部门之间矛盾产生之后如何通过法定程序来解决矛盾，也是低碳生态型城市建设需要重点关注的内容。以往一般部门之间产生矛盾，往往是依靠行政和社会协调机制。但是缺乏明晰的部门协调与问责机制的城市治理模式不符合低碳生态型城市建设的需要。苏州低碳生态型城市建设的部门协调可以借鉴重庆市政府推行的建设项目领域行政审批制度改革，实行“五大环节有限并联（合并）审批”。重点明确主协办部门的权责，加强各职能部门的相互监督与制约，实现地方政府的内部监管，有助于提高低碳生态型城市建设过程中的政府运行效率。

（二）变革经济导向的政绩考核指标，引入生态保护政绩指标

城市政府在推进低碳生态型城市建设过程中首先需要改革政绩考核指标。它并非技术操作层面的生态城市建设途径，但是却决定低碳生态型城市建设的进度与成败，决定政府部门引导生态型城市建设的力度与态度。站在“有限理性人视角”，政府公职人员往往都在一方面追求地方财政收入的增加和城市生态环境的平衡，另一方面又在追逐着自己的政治升迁空间和个人政治利益。改革开放以来城市发展的好坏主要以 GDP 为代表的硬性经济指标为评判依据，而经济导向的政绩考核指标直接影响了城市政府在低碳生态型城市建设中所发挥作用的大小以及基本的态度取向。“一些地方的政府职能部门不科学的发展观和不科学的政绩观、非绿色的公共政策，单一的以经济增长为导向的价值追求，以及政府行为的越位、错位和失位，如对生态环境这一重大的关系到国计民生的公共问题，放弃自己的管理职能而出现的失位，管了一些不应该管，不能管理的事情而导致的越位和错位，都是产生生态环境危机的直接原因。”①

所以，低碳生态型城市建设需要在政策导向上予以转变。中央政府政策影响地方治理的制度环境及具体的激励和制约条件。市场经济背景下，中央政府应当完善行政考核体系，丰富对地方政府的监管和激励手段。改变以 GDP 为核心的考核指标，引入资源、能源节约和生态保护的指标。对于苏州地方政府自身而言，需要对不同区域的主体功能进行合理的差异化定位，对各功能区域的负责官员的考核机制需要根据具体情况来进行有针对性的设定。此外，低碳生态型城市建设需要完善可持续城市发展的财政激励机制。通过建立地方政府的生态环保的财政激励机制引导城市化和低碳生态发展目标的结合，并与中央对地方的约束性指标挂钩。笔者建议，可以考虑建立以促进低碳生态型城市发展为目的的中央专项基金。在苏州低碳生态型城市规划与发展的实践创新过程中予以中央财政专项基金的支持。地方财政也需要向低碳生态型城市建设所涉及方面倾斜。政府财政激励资金更多地需要放在政府提供生态产品、与社会组织的沟通协调、创建社会与政府共建生态治理机制、区域低碳生态合作上面。

① 方世南：《环境友好型社会与政府的环境责任》，《马克思主义研究》2007 年第 7 期。

结 论 篇

党的十八届三中全会提出要推进国家治理体系和治理能力现代化，至于如何推进，西方学者的研究可以借鉴。现代化源自西方，中国人不甘于西方化，中国人要走一条符合中国国情的现代化道路，在政治领域更是要走符合马克思主义的国家治理现代化道路。自清末以来，中国有很长一个阶段处于落后挨打中，备受欺侮的中国仁人志士也做着奋发图强的现代化之梦，学习西洋科技成了最重要的选择，洋务运动就是一例。但中国并未能成为现代化强国，相反，国家治理却实现了“现代化”。西方学者认识到，当今中国实现国家治理现代化主要依赖三方面的条件：中国人坚守中华文明；实行中国共产党领导的多党合作和政治协商制度；中国实现国家治理现代化，不仅依赖科学，还依赖高效的国家权力结构。

第十八章　新型城镇化背景下实现国家治理现代化

党的十八届三中全会提出，要全面深化改革，其总目标是完善和发展中国特色社会主义制度，推进国家治理体系和治理能力现代化。“现代化”源自西方，它是西方国家工业化进程的一种表象与结果。国家现代化包含着国家治理的现代化。国家治理体系和治理能力的现代化，既是国家治理现代化应有之义，又是其重要组成部分。现代化的“西方”特点，给了西方学者观察和分析中国国家治理现代化以“便利”和“优势”，而中国人追赶西方的工业化、现代化过程中，从未放弃过从中国传统及其文化来建设“现代化”。中国国家治理现代化与西方的现代化过程和内容既冲突又互补，海外中国国家治理现代化的研究，对中国如何才能实现国家治理现代化大有裨益。

第一节　西方视域下中国实现新型城镇化的国家治理现代化

正如马克思所说，资产阶级“迫使一切民族——如果它们不想灭亡的话——采用资产阶级的生产方式；它迫使它们在自己那里推行所谓的文明，即变成资产者。一句话，它按照自己的面貌为自己创造出一个世界”。[①] 工业化造就了西方的现代化，处于优势地位的西方现代化国家通过坚船利炮轰开了中国的大门，从此中国经历了西方国家所强加的苦难。历

① 《马克思恩格斯选集》第一卷，人民出版社2012年版，第404页。

经斗争，中国人最后达成共识，摆脱苦难的出路是走西方的现代化道路。但中国人不甘于西方化，中国人要走一条符合中国国情的现代化道路，在政治领域更是要走符合马克思主义的中国国家治理的现代化道路。由此，中西方有关中国国家治理现代化道路的研究，碰撞不止，火花不断！

一 国家治理现代化的中国叙事

中国有关国家现代化及其治理现代化的宏大叙事，一般是从1840年的鸦片战争开始的。鸦片战争之前，中国是一个传统的封建帝国，鸦片战争打破了这个帝国的平静。从鸦片战争以来中国170多年的历史，经历了刻骨铭心的磨难，中华民族进行了感天动地的奋斗。“鸦片战争以后，中国逐步成为半殖民地半封建社会，列强对中国的侵略步步进逼，封建统治日益腐败，祖国山河破碎、战乱不已，人民饥寒交迫、备受奴役。救亡图存的民族使命迫在眉睫。”①

鸦片战争及之后西方国家多次强加给中国的战争，逼迫骄傲的中国的仁人志士反思，如何才能改变中华民族的命运？太平天国运动、戊戌变法、义和团运动，中国人民经历了抗争与失败；直至辛亥革命，结束了统治中国几千年的封建君主专制制度。然而，中国的苦难并未结束。1919年的五四运动总结出要靠“科学”和“民主”救中国，以科学发展民族工业(走向现代化)，以民主建设先进的国家治理体系。走向现代化鲜有人反对，因为现代化能带来先进的技术（包括军事武装)，其效果是显而易见的；对如何实现民主建设、实行什么样的民主建设，则仁者见仁、智者见智。经过不断革命的事实说明：“不触动封建根基的自强运动和改良主义，旧式的农民战争，资产阶级革命派领导的革命，照搬西方资本主义的其他种种方案，都不能完成中华民族救亡图存的民族使命和反帝反封建的历史任务。要解决中国发展进步问题，必须找到能够指导中国人民进行反帝反封建革命的先进理论，必须找到能够领导中国社会变革的先进社会力量。”② 这个先进的社会力量就是在马克思列宁主义同中国工人运动相结合

① 胡锦涛：《在庆祝中国共产党成立90周年大会上的讲话》，人民出版社2011年版，第2页。

② 胡锦涛：《在庆祝中国共产党成立90周年大会上的讲话》，人民出版社2011年版，第2—3页。

的进程中应运而生的中国共产党。

百余年来，在中国共产党领导下中国人民建立起独立的比较完整的工业体系和国民经济体系，积累了在中国这样一个社会生产力水平十分落后的东方大国进行社会主义建设的重要经验，中国正逐步实现现代化。中国共产党十八届三中全会将国家治理体系和治理能力的现代化作为改革开放的总体目标。这就预示着中国国家制度体系和制度执行能力将出现全面的变革与转型。

二　西方学者研究中国国家治理现代化的逻辑

当我们解读国家治理现代化的中国叙事时，常有这样的体会：高屋建瓴，总揽全局！其优点是能让国人对中国治理现代化有一个总体的、方向性的把握。但是，除了宏大叙事以外，我们还需要如何实现国家治理现代化的具体路径研究。有关中国国家治理现代化的西方研究，给予中国人很多启示。西方对中国国家治理现代化的认识往往从微细之处乃至个案着手，以之分析中国如何一步步地走向现代化，又是如何一步步地实现国家治理的现代化的。“用现代化的方法研究中国是一种手段，而不是目的，是一种只能证明有用便操作的工具，而不是一种意识形态。”① 西方人眼里，现代化并非必然地激动人心，也并非必定是光彩夺目的。

（一）中国享受现代化的成就，却拒绝进入西方现代化体系

西方人眼中的中国现代化，“指的是从一个以农业为基础的人均收入很低的社会，走向着重利用科学和技术的都市化和工业化社会的一种巨大转变。按发展和成熟的几乎任何一项标准来衡量，中国至少在 2000 年内如果不是唯一领先的文明社会，也是领先的文化社会之一。中国人在治理一个幅员辽阔而人口众多的社会方面，既无堪与平，更无出其右者，中国人此前在同化域外异族及其观念方面，也表现出他们是变通灵活的”。② 中国的国家治理经历 2000 多年的封建社会，基本没有太大的变化，中国封

① ［美］吉尔伯特·罗兹曼主编：《中国的现代化》，国家社会科学基金“比较现代化”课题组译，江苏人民出版社 2003 年版，第 5 页。

② ［美］吉尔伯特·罗兹曼主编：《中国的现代化》，国家社会科学基金“比较现代化”课题组译，江苏人民出版社 2003 年版，第 1 页。

建社会长期受官僚政治影响，国家治理受制于官僚体系，这一点与西方国家有很大的差别，欧洲中世纪的封建王国“在形式上，封建的阶级，由最高级教皇、皇帝、国王或君主到公爵、主教、僧院长、子爵、男爵和小领主，以致最下级的骑士或侍从，俨然是一个颇有层序的金字塔。但因为豁免权（Immunity）及其他的惯例，这每一个单位，差不多都形成一个准独立的政治体，它的属地或地产，不受国王管辖。大小贵族或僧侣却分别担任着治理的工作。在这种情形下，一个特殊的官僚阶层，自然是无法产生的”。①

在稳态的中国封建社会的基础上的现代化是如何实现的呢？西方学者对中国国家治理现代化的考察又是从何时开始的呢？中国人习惯于从1840年鸦片战争后国门大开开始，考察国家现代化及其治理的现代化，西方学者则认为，必须回溯到清代中期，甚至在某些政治问题上必须追寻到晚明时期，才能弄清中国在与现代国家接触之前的现代状况和变化模式。罗兹曼认为，“我们可以证明，现代化过程开始之前业已呈现的内部状况，基本上能说明现代化的各种速率和模式，就此而言，探索变化发生的历史背景乃是十分迫切的任务。此外，我们有必要借助史料来考察一下中国很早就具有的那些现代特征”。②

在西方学者眼中，中国封建的官僚阶层以其文明的先进，拒绝认同西方现代文明，哪怕自己也在吸纳和享受西方现代化的文明成果。他们认为，“近代早期经济史的一些事实证明，关于中国经济和文化自给自立的传统设定是站不住脚的。近代早期世界经济对中国所起的影响就是最佳地表明了这一点”。③ 例如，从美洲引进甘薯和玉米，对近代早期中国的经济和人口增长起到了重要作用；从美洲和日本新开发出来的涌入世界贸易体系的白银，通过贸易大多流入了中国，并成为中国明末及清王朝的重要货币，大大改变了中国流通中主要依赖铜币的局面，白银流通体系的扩张是

① 王亚南：《中国官僚政治研究》，中国社会科学出版社1981年版，第22页。

② ［美］吉尔伯特·罗兹曼主编：《中国的现代化》，国家社会科学基金“比较现代化”课题组译，江苏人民出版社2003年版，第6页。

③ ［美］吉尔伯特·罗兹曼主编：《中国的现代化》，国家社会科学基金“比较现代化”课题组译，江苏人民出版社2003年版，第22页。

促进明清经济发展的基本媒介物；日本的黄铜早在15世纪中叶就是足利幕府与明朝贸易的主要成分，自清初禁矿以来，日本黄铜就成了清王朝铜币的主要原料。

西方研究认为，近代以来，中国其实已经在世界贸易体系中吸纳了大量的现代化成分，如通过商品贸易以利于本国的现代经济的发展，但是清王朝始终认为中国文明优胜于西方现代文明，“天朝无所不有”。对清王朝自大引证最多的一个故事是1793年乾隆皇帝答复乔治三世使节的一段话：“英国派员来华实属无益之事，因为他们语言不通，且天朝所管地方至为广远……天朝抚有四海，惟励精图治，办理政务，奇珍异宝，并无贵重……其实天朝德威远被，万国来王，种种贵重之物，梯航毕集，无所不有……然从不贵奇巧，并无更需尔国制办物件。”

封建王朝对待现代化的逻辑是：中华文明无比优越，外来文明只可被同化，不能平起平坐。中华疆域无比广远，物产丰美，自给自足，西方现代化的奇巧淫技并不足贵。而西方学者对中国国家现代化的认识是，封建王朝已经接受了现代化的成果，且享受着现代化的成就，但拒绝进入西方现代的工业化、商品化的体系。因此，近代早期清王朝仅将世界贸易体系纳入正规的朝贡体系渠道。中国外贸生意做得很大，却不认同就是现代化的世界贸易，而是万国来王，梯航毕集。

（二）西学研究中国治理现代化的方法与中国迥异而结论常常接近

有关中国国家治理走向现代化的过程、途径，西方学者自称所使用的方法是“把现代知识的空前增长视为历史的原动力，并把现代知识造成的政治发展、经济增长和社会福利水准看作是关系到国内和国际状况的关键矢量”。[①] 西方学者的研究方法虽然与中国人迥异，但一部分学者也在不自觉地运用类似于历史唯物主义的方法。正如费正清所说，他采用的方法与马克思列宁主义主张的说法不同，“但是没有人能否认它在许多方面的说服力”。[②] 当然，中国人借鉴西方研究的成果，重点在于把握西方学者分析中国问题的独特视角，以之拓展我们的思想。

---

① ［美］吉尔伯特·罗兹曼主编：《中国的现代化》，国家社会科学基金“比较现代化”课题组译，江苏人民出版社2003年版，第12页。

② ［美］费正清：《伟大的中国革命》，刘尊祺译，世界知识出版社2000年版，第130页。

西方学者以科学技术及其引发的政治、经济和社会变革作为历史的原动力，以科技作为切入点，西方学者将西方的现代文明看作优于科技水平落后的东方儒家文明，前现代国家借鉴的科技文明越多，则自身体制更能适应现代化的治理任务。因此，西方学者不认为西方的侵略对中国影响巨大，罗兹曼说“殖民统治的影响是重要的，但也是有限的，总的来说，它既有积极的方面，也有消极的方面”。① 从西方学者的认识中，我们一眼就能看出，其中有美化西方入侵中国的成分。西方学者强调现代科技具有优势，如果中国人不能借鉴与学习，就不能发挥自身体制的优点。这一观点，当初清王朝并不认同。

清王朝始终认为，中华文明泽被万世，四夷臣服。因此，在朝在野，皆鄙视西方现代文明。哪怕是被西方现代化的武器击败而签署各种不平等条约，清王朝仍自大地将其看作以强力入主中原的蛮族不摧毁儒教国家统治结构而取得政权一样，“现今的条约体系，不过是作为把外夷融入儒家天子君临四海的一统王国之中的手段，取代了昔日朝贡体系罢了”。② 而事实上，闯入中国国门的英夷比过去任何时代的夷狄强悍得多，他们对中华民族的光辉帝国传统不感兴趣，而对从中国获取利益更感兴趣。时至今日，一部分中国学者从海外中国研究的研究中，终于看清了这个事实：“我们在现时代所面对的，决不再是过去那些粗蛮古朴、很快就将中华文明所同化的、马背上的战胜者，而是高度发达的、必将对我们的根本价值取向大大触动的文明。”③

清王朝没能认清西方现代化文明的威力，没有把矛头对准外敌，且一味地割地赔款以求和；对内则极尽其力推进国家治理现代化，将传统国家对乡村治理的无为变为有为，在乡村设置榨取农民剩余产品的机构，增加国家财政收入以支付赔款。其后，民国时期的各种政府亦如此。国家延伸机构至乡村，其目的是榨取农民剩余，以保证国家政权的运转。农民无法

① ［美］吉尔伯特·罗兹曼主编：《中国的现代化》，国家社会科学基金“比较现代化”课题组译，江苏人民出版社2003年版，第12页。

② John King Fairbank, *Trade and Diplomacy on the China Coast: The Opening of the Treaty Ports, 1842 – 1854*, Cambridge, Harvard University Press, 1953, pp. 464 – 465.

③ ［美］艾恺：《最后的儒家——梁漱溟与中国现代化的两难》，王宗昱、冀建中译，江苏人民出版社1996年版，“丛书序”第3—4页。

活下去了，起来造反，这是推翻清王朝及民国后各种腐败政权的内在动力机制。杜赞奇（Duara）在《文化、权力与国家——1900—1942 年的华北农村》一书中重点阐述了上述观点，他从政府财政的角度及方法分析所得到的结论。这一结论佐证了历史唯物主义的人民群众造成历史观，国家危亡时，仁人志士起而救国，共产党领导下人民群众就是推翻腐败封建国家政权的主力军。

第二节　中国走新型城镇化道路的国家治理现代化根源

自清末以来，中国长期处于落后挨打中，备受欺侮的中国仁人志士也在做着奋发图强的现代化之梦，学习西洋科技成了最重要的选择，洋务运动就是一例。结果并不乐观，中国未能成为现代化强国，国家治理却实现了“现代化”——国家全面控制社会。

一　清末拒绝西化前提下的国家治理权力结构向乡村的延伸

1840 年鸦片战争之后，中国向西方国家开埠，西方学者认为这应该是中国开放并西化的最好时机。1860 年开始的 40 年是中国革命孕育的时期，西洋的方法在中国得到运用，但是旧的制度仍在运转，中国的进步比较起来如此迟缓，以至于变成一只在更多的外国侵略者面前坐以待毙的鸭子，直至 1900 年八国联军占领北京。在这 40 年中，中国错失了发展良机，费正清认为在此段时间日本实现了全盘西化，“日本终止了她的闭关锁国政策，巧妙地开始西化，废除了不平等条约，准备变成一个世界强国……”① 西方学者比较中日学习西方现代化道路的不同结果后认为：中国对外固守文明的优越，拒绝西化；对内，推行国家治理的现代化，进一步强化国家对社会的控制，并汲取社会资源，以供王朝运转及战争赔款所需。西方学者研究后得出结论，中国国家治理现代化根源于国家控制社会。

在封建中国，皇权不下县，县之下由乡绅自治。清初直至康乾盛世，

---

① ［美］费正清：《伟大的中国革命》，刘尊祺译，世界知识出版社 2000 年版，第 130 页。

政权稳定，并在休养农民上成就斐然。自鸦片战争后，社会发生了剧变，义和团起义、战败赔款都迫使清王朝国家政权建设实现现代化，即打破皇权不下县传统，在县之下设置国家机构，委托“营利型经纪人”从乡村社会榨取更多的资源。这种汲取乡村资源机制，并未让政府强大起来，孔飞力总结说：“19世纪的中国国家面临着一种令人烦恼的畸形现象：农民们因为不堪忍受苛捐杂税而揭竿而起，而国库收入却依然不敷开支之需。”①

芮玛丽（Mary Wright）是第一个发现20世纪初膨胀的反帝民族情绪，是如何促使晚清王朝为挽救民族灭亡而走向强化国家权力并走向现代化道路的，“具有讽刺意味的是，这种要求‘现代化’的压力亦来自帝国主义方面”。② 内忧外患，都要求清王朝的权力机构向乡村延伸，并从乡村获取更多的财富，以支撑王朝的运转。这样，一个现代化的国家政权开始出现，独裁的王朝国家权力进一步扩张，乡村社会进一步衰弱，直至衰败。

二 20世纪上半叶不断更替的政权加速控制乡村社会

20世纪上半叶，国无宁日。清王朝被推翻，但并未建立起一个强有力的现代国家。孙中山空有强国之志，民国军阀林立，争权夺利，民不聊生。西方学者研究中国近代史后得出结论，在政权不断更迭的过程中，有一点是共同的，即国家政权为了能控制更多的资源，都会尽一切可能控制乡村社会。

杜赞奇在研究1900—1942年华北农村发生的事件后说：“在20世纪前期的中国政治舞台上，不论是中央还是在地方，政权都在急剧地更替，但在华北，国家政权扩张的一个重要方面——深入基层和吸收下层的财源——这在整个时期却基本上没有中断。所有的中央和地方政权，都企图将国家权力伸入到社会基层，不论其目的如何，它们都相信这些新延伸的政权机构是控制乡村社会的最有效的手段。”③ 由此可见，当时的国家治理

① ［美］孔飞力：《中国现代国家的起源》，陈兼、陈之宏译，生活·读书·新知三联书店2013年版，第86页。

② ［美］杜赞奇：《文化、权力与国家——1900—1942年的华北农村》，王福明译，江苏人民出版社2003年版，第2页。

③ ［美］杜赞奇：《文化、权力与国家——1900—1942年的华北农村》，王福明译，江苏人民出版社2003年版，第2页。

现代化过程就是控制乡村社会的过程，控制的目的是汲取下层社会的财源，以供从中央到地方的国家权力机关的需要。

三　20 世纪共产党人在乡村社会的动员及国家治理现代化

20 世纪，中国有了共产党，从此中国进入了一个红色革命的时期，费正清认为共产党人发动的革命，是一场既要消除国内的军阀，又要废除外国人的特权的双重斗争，“用马克思列宁主义的话说，国内的封建主义和外来的帝国主义是两个孪生的祸根。日本和北京腐败的当权者沆瀣一气，表现了这些祸根的互相作恶。建立一个强有力的现代中央政府是压倒一切的先决条件”。[①] 在半殖民地半封建的中国，建立一个强有力的现代化中央政府实为不易，而无数共产党人抛头颅、洒热血，最终做到了这一点，难能可贵。其秘密在于发动农民革命，武装夺取政权。

共产党人实现国家政权治理的现代化也采取了国家（政党）权力向乡村社会伸延的方式。共产党有自己的一整套革命的理论，共产党动员乡村社会，是为了乡村社会的发展，是为了农民利益，如“打土豪，分田地”、建立最广大的统一战线以赶走日本帝国主义、推翻三座大山成立新中国等。费正清概括这一思想为：“把农民组织起来为共同目标劳动并通过领导和宣传控制这些组织，使共产党找到了一条通向政治与军事权力的新路。”[②] 共产党人发动群众的能力是有目共睹的，农民信任共产党，“普通大众对革命理想产生了一种信仰，认为现代科技和新社会组织方式可以重塑和丰富农民生活。人民的坚定信仰激励了广大干部和军队。党的工作者必须住在村里，和农民一起劳动，吃同样的饭，过一样的日子，设身处地为农民着想，只有这样才能领导人民获得新生”。[③] 共产党人把自己与农民结合在一起，最大限度地发挥了中国农民革命的热情，这也是 1945 年之后，国共两党的争斗中，共产党军队可以是一支无后勤的军队的根本原

① ［美］费正清：《伟大的中国革命》，刘尊祺译，世界知识出版社 2000 年版，第 247 页。

② ［美］费正清：《中国：传统与变迁》，张沛、张源、顾思兼译，吉林出版集团有限责任公司 2013 年版，第 440 页。

③ ［美］费正清：《中国：传统与变迁》，张沛、张源、顾思兼译，吉林出版集团有限责任公司 2013 年版，第 444 页。

因，因为共产党解放区的农民都是部队的“后勤”乃至“哨兵”和“尖兵”。在这样的治理现代化条件下，共产党人取得革命胜利成为必然。

1949年，当毛泽东在天安门城楼上宣布旧体制寿终正寝之时，孔飞力认为：共产党的“新政权实际上已经成为民国时期一些创新现象的继承者，其中包括由国民党所留下的县以下的政府更为完善的网络，以及采取行政措施把几个村庄连在一起，从而将土地和居所连接起来，等等”。① 孔飞力认为共产党人沿用了民国时期的行政体制，同时通过集体化道路，解决共和国的财政收入问题，“第一，它面临着我们已经很熟悉的那种挑战：让政府能够保持掌控农民的剩余产品的通道，而不受到那种贪婪及自我保护的中介掮客们的阻挡。第二，这涉及到了一个很大程度上为共产党掌权前的20世纪历届政府所忽略的问题：通过资本投入或者对于社会的重新改组，在实际上使得农业的产出得到增加”。②

1978年后，中国实行了改革开放，如何建立一个强大的现代化国家，西方学者认为如下几个方面是必须讨论和解决的问题，它包括“如何确定政治参与的边际、如何界定公共和私人利益之间的恰当关系，以及如何协调中央政府和地方社会之间的需求这些老问题”。③ 这些涉及国家治理现代化的问题，西方学者谨慎地认为，以前没有解决好，现在能否解决难以预见，这是因为这样一个人口众多并如此丰富多样性的国家，在人类历史上是没有先例的。

第三节　中国走新型城镇化道路实现国家治理现代化的秘密所在

中国共产党人乐观地认为，中国应该也必然能完成国家治理体系和治理能力的现代化。那么，中国共产党人的信心源自何处呢？从西方学者的

---

① ［美］孔飞力：《中国现代国家的起源》，陈兼、陈之宏译，生活·读书·新知三联书店2013年版，第93页。

② ［美］孔飞力：《中国现代国家的起源》，陈兼、陈之宏译，生活·读书·新知三联书店2013年版，第93页。

③ ［美］孔飞力：《中国现代国家的起源》，陈兼、陈之宏译，生活·读书·新知三联书店2013年版，第121页。

研究成果中，我们可以发现他们已经有比较成熟的解答。

一　实现国家治理现代化的中国范式

中国人坚守中华文明以实现国家治理现代化。像中国一样只有少数几个国家在西方国家的范例影响下开始现代化，但未受到外国的直接控制，汤森和沃马克认为，“它们的传统政府足以有效地抵制公开的殖民化，从而在实质性地延续民族传统、领土和人口的基础上开展了现代化。这种延续性保护了这些国家，使之避免了其他转型社会所发生的那种个人和民族认同的危机……”① 五千多年的中华文明，既可能是中国人的包袱，也可以成为中国人的财富。

明朝建立后，执政者对汉唐宋推崇备至，而对蒙古族统治深恶痛绝，而这种对非汉族统治的憎恶更导致了对外来事物的普遍排斥，进而发展为对外来任何事物的漠然态度，在逃避外界的同时，明朝统治者日益内转，将本国事务当作注意力的焦点。明之后，“中国对外部世界的憎恶和轻蔑，以及一味关注本国事物的狭隘视野，逐渐演变成为一种民族中心主义思想。这种心态操纵了中国与外界交往时的做法，使之面对外界的刺激时，无论在思想上或心理上都无动于衷”。② 明清两代，中国人将文明与政治结为一体，这使中国统治者对外来事物抱有一种冷漠、有时甚至是憎恶的态度，这就将中华文明引入了自大和闭塞中，缺乏学习其他文明的积极性。西方人认为中国人顽固不化，执着于争执中西文明的“体”与“用”。

这种坚守也有其优点：不失本心。兰德斯认为，这种坚守的最终结果是，“中国人将来有机会，而且将会融入其他主流文明。但是，来自其他文明的人们融入中国文化的机会则更少。而且可以说，他们永远也无法真正融入这个文明——除非他们是汉族移民的后代”。③ 历史上中华文明一枝独秀，自明清坚守中华文明以来，中国人以其特有的文明优势与西方文明

① ［美］詹姆斯·R. 汤森、［美］布兰特利·沃马克：《中国政治》，顾速、董方译，江苏人民出版社 2003 年版，第 15 页。

② ［美］费正清：《中国：传统与变迁》，张沛、张源、顾思兼译，吉林出版集团有限责任公司 2013 年版，第 157 页。

③ ［挪威］乔根·兰德斯：《2052：未来四十年的中国与世界》，秦雪征、谭静、叶硕译，译林出版社 2013 年版，第 265 页。

抗礼，乃至西方一些后现代主义都认为，那些处于边缘地带的文明（如东亚的儒家思想）也可能成为未来人类主流思想。“尽管中国并不是唯一一个具有影响力的国家，但中国文明将是最为独特的，并且受到本国身份和思维逻辑的影响。这种影响来自国家内部，还有中国悠久的历史。”[①] 由于经济总量庞大，中国将在全球经济中占据重要地位，在全世界都展现出强大的经济技术实力以及文化软实力。

对中国国家治理的现有范式，有的西方学者表现出了极为乐观的态度，甚至预测未来中国国家治理模式将成为世界主流，如兰德斯认为，“2052 年的中国政府将积极地从中国传统中汲取有益的营养。传统上，中国一直倾向于中央集权和精英政治（儒家思想）。这种思想在解决 21 世纪重要问题上将非常有效，可以将目前的资源密集型、污染严重的生产方式，转变为对全世界都能产生长期福利的产业”。[②] 未来的中国政府甚至可能输出其治理现代化的模式，“到 2052 年，中国将成为系统性抗击气候变化的国家中最为有效、最有组织的国家（不考虑一些处理失当的事件）。中国还将证明，自己有能力避免大规模的不稳定现象，并采取建设性的、有效的方法，将资源用于适应工作。因此，2052 年的中国将拥有强大的气候适应能力，在不断发展的全球市场中占据主导地位。中国还会积极地向‘伙伴国家’以及缺乏有效管理机制的发展中国家提供双边气候适应援助”。[③]

二　实现国家治理现代化的中国权力

实现现代化既依赖科学，也依赖国家治理体系。

对待科学，西方研究认为中西之间终成一致，这是因为科学有“效率”，它能直接带来富强。共产党领导下的中国工业化目标、实现“四个现代化”目标、科学发展观等，将科学推至崇高的地位，中华民族的复兴

---

① ［挪威］乔根·兰德斯：《2052：未来四十年的中国与世界》，秦雪征、谭静、叶硕译，译林出版社 2013 年版，第 268 页。

② ［挪威］乔根·兰德斯：《2052：未来四十年的中国与世界》，秦雪征、谭静、叶硕译，译林出版社 2013 年版，第 265 页。

③ ［挪威］乔根·兰德斯：《2052：未来四十年的中国与世界》，秦雪征、谭静、叶硕译，译林出版社 2013 年版，第 267 页。

离不开科学。正因如此，国家现代化过程虽然艰难，中国人绝不放弃。罗兹曼认为，“现代化是人类历史上最剧烈、最深远并且显然是无可避免的一场社会变革。是福是祸暂且不论，这些变革终究会波及到与业已拥有现代各种模式的国家有所接触的一切民族。现存社会模式无一例外地遭到破坏，现代化总是一种目标，尽管搞现代化的决心在程度上大小不一。现代化的效应或者其某些方面的效应已遍及世界，当然这并不意味着所有国家都已经现代化了。……资源不能充裕到足以支撑一切社会都实现高度的现代化”。① 实现了现代化的西方国家的学者认为要反思科学技术所带来的现代化，而未实现现代化的中国则坚定地要实现现代化。

国家治理体系现代化是实现现代化的题中应有之义。在追赶西方的现代化过程中，中国国家治理走了一条与西方完全不同的道路，其结果仍然是稳定地走向现代化。这一点，对大多数西方人来说很难理解，只有一部分西方研究者做了部分解答。他们的解答侧重于国家治理现代化所需的权力结构上。

西方学者以其社会分权与自治传统看待中国国家治理现代化，常常对中国现代化过程中的集权表示困惑。他们对中国现代化过程中的实现集体化道路不理解，孔飞力认为，“为了通过对粮食的控制而保证城市的供给，国家摧毁了旧有的农村集市系统，并将商业集镇转变为政府的地方行政中心所在地”。② 他们对中国强政府、弱社会体制也不理解。中国人以其大一统的传统在实践国家治理现代化时，更重视集权制度的优点，即在集权之下，国家可以干大事、成就大事业，中华民族伟大复兴取决于中国有一个统领全国的政党和强有力的国家。

① ［美］吉尔伯特·罗兹曼主编：《中国的现代化》，国家社会科学基金“比较现代化”课题组译，江苏人民出版社 2003 年版，第 3 页。

② ［美］孔飞力：《中国现代国家的起源》，陈兼、陈之宏译，生活·读书·新知三联书店 2013 年版，第 120 页。

参考文献

一　中文图书

《马克思恩格斯全集》第三十一卷，人民出版社 1998 年版。

《马克思恩格斯选集》第一卷，人民出版社 2012 年版。

《马克思恩格斯选集》第四卷，人民出版社 1995 年版。

《马克思恩格斯文集》第一卷，人民出版社 2009 年版。

《列宁全集》第四卷，人民出版社 2013 年版。

《列宁全集》第二十四卷，人民出版社 2017 年版。

《邓小平文选》第二卷，人民出版社 1994 年版。

《习近平谈治国理政》第一卷，外文出版社 2018 年版。

《习近平外交演讲集》第一卷，中央文献出版社 2022 年版。

《习近平总书记系列重要讲话读本（2016 年版）》，学习出版社、人民出版社 2016 年版。

《习近平总书记系列重要讲话读本》，学习出版社、人民出版社 2014 年版。

习近平：《决胜全面建成小康社会　夺取新时代中国特色社会主义伟大胜利——在中国共产党第十九次全国代表大会上的报告》（2017 年 10 月 18 日），人民出版社 2017 年版。

习近平：《高举中国特色社会主义伟大旗帜　为全面建设社会主义现代化国家而团结奋斗——在中国共产党第二十次全国代表大会上的报告》，人民出版社 2022 年版。

《十六大以来重要文献选编》（中），中央文献出版社 2006 年版。

《中共中央关于全面深化改革若干重大问题的决定》，人民出版社、中国盲文出版社 2013 年版。

中共中央宣传部：《习近平新时代中国特色社会主义思想学习纲要》，学习出版社、人民出版社2019年版。

本书编写组编著：《中国共产党简史》，人民出版社、中共党史出版社2021年版。

曹沛霖：《政府与市场》，浙江人民出版社1998年版。

陈振明主编：《公共管理学：一种不同于传统行政学的研究途径》，中国人民大学出版社2003年版。

胡锦涛：《高举中国特色社会主义伟大旗帜 为夺取全面建设小康社会新胜利而奋斗——在中国共产党第十七次全国代表大会上的报告》，人民出版社2007年版。

胡锦涛：《在庆祝中国共产党成立90周年大会上的讲话》，人民出版社2011年版。

金观涛、刘青峰：《兴盛与危机——论中国社会超稳定结构》，法律出版社2011年版。

金观涛、刘青峰：《中国现代思想的起源——超稳定结构与中国政治文化的演变》第一卷，法律出版社2011年版。

金太军等：《区域治理中的行政协调研究》，广东省出版集团、广东人民出版社2011年版。

孔繁斌：《公共性的再生产——多中心治理的合作机制建构》，江苏人民出版社2012年版。

李红艳：《非政府组织管理研究》，知识产权出版社2011年版。

李小云、靳乐山等：《生态补偿机制：市场与政府的作用》，社会科学文献出版社2007年版。

梁漱溟：《梁漱溟全集》第一卷，山东人民出版社2005年版。

刘爱基等编著：《公共服务组织的卓越管理之路——"CAF"的理解、实施与案例》，中国质检出版社、中国标准出版社2011年版。

刘宪法：《"南海模式"的形成、演变与结局》，北京天则经济研究所编《中国制度变迁的案例研究（土地卷）》第八集，中国财政经济出版社2011年版。

陆学艺主编：《内发的村庄》，社会科学文献出版社2001年版。

罗炳锦：《创新社会管理 实施城镇化发展战略》，厦门大学出版社 2012 年版。
马斌：《政府间关系：权力配置与地方治理——基于省、市、县政府关系的研究》，浙江大学出版社 2009 年版。
毛寿龙、李梅：《有限政府的经济分析》，上海三联书店 2000 年版。
苗力田编：《亚里士多德选集》（伦理学卷），中国人民大学出版社 1999 年版。
潘维：《农民与市场——中国基层政权与乡镇企业》，商务印书馆 2003 年版。
世界银行：《世界发展报告合订本：公平与发展》，胡光宇等译，清华大学出版社 2013 年版。
唐兴霖：《国家与社会之间：转型期的中国社会中介组织》，社会科学文献出版社 2013 年版。
王名：《社会组织论纲》，社会科学文献出版社 2013 年版。
王亚南：《中国官僚政治研究》，中国社会科学出版社 1981 年版。
谢宇、张晓波、李建新等：《中国民生发展报告 2014》，北京大学出版社 2014 年版。
徐顽强编著：《非营利性组织管理》，科学出版社 2013 年版。
曾维和：《当代西方国家公共服务组织结构变革——基于服务需求复杂性的一项探讨》，中国社会科学出版社 2010 年版。
张岱年：《文化与哲学》，中国人民大学出版社 2006 年版。
张劲松：《生态型区域（苏南）治理中的政府责任》，广东人民出版社 2011 年版。
张康之：《社会治理的历史叙事》，北京大学出版社 2006 年版。
张维为：《中国震撼：一个“文明型国家”的崛起》，上海人民出版社 2011 年版。
[美] 艾恺：《最后的儒家——梁漱溟与中国现代化的两难》，王宗昱、冀建中译，江苏人民出版社 1996 年版。
[美] 曼瑟·奥尔森：《国家的兴衰：经济增长、滞胀和社会僵化》，李增刚译，上海人民出版社 2007 年版。

［美］V. 奥斯特罗姆、［美］D. 菲尼、［美］H. 皮希特编：《制度分析与发展的反思——问题与抉择》，王诚等译，商务印书馆 1996 年版。

［德］乌尔里希·贝克、［英］安东尼·吉登斯、［英］斯科特·拉什：《自反性现代化：现代社会秩序中的政治、传统与美学》，赵文书译，商务印书馆 2014 年版。

［美］布赖恩·贝利：《比较城市化》，顾朝林译，商务印书馆 2010 年版。

［美］罗伯特·达尔：《论民主》，李柏光、林猛译，商务印书馆 1999 年版。

［美］杜赞奇：《文化、权力与国家——1900—1942 年的华北农村》，王福明译，江苏人民出版社 2003 年版。

［美］理查德·C. 菲沃克主编：《大都市治理——冲突、竞争与合作》，许源源、江胜珍译，重庆大学出版社 2012 年版。

［美］朱莉·费希尔：《NGO 与第三世界的政治发展》，赵秀梅译，社会科学文献出版社 2002 年版。

［美］费正清、赖肖尔主编：《中国：传统与变革》，陈仲丹、潘兴明、庞朝阳译，江苏人民出版社 2012 年版。

［美］费正清：《伟大的中国革命》，刘尊祺译，世界知识出版社 2000 年版。

［美］费正清：《中国：传统与变迁》，张沛、张源、顾思兼译，吉林出版集团有限责任公司 2013 年版。

［英］尼尔·弗格森：《文明》，曾贤明、唐颖华译，中信出版社 2012 年版。

［美］乔治·弗雷德里克森：《公共行政的精神》，张成福等译，中国人民大学出版社 2003 年版。

［美］爱德华·弗里曼、［美］毕克伟、［美］马克·赛尔登：《中国乡村，社会主义国家》，陶鹤山译，社会科学文献出版社 2002 年版。

［德］哈贝马斯：《在事实与规范之间：关于法律和民主法治国的商谈理论》，童世骏译，生活·读书·新知三联书店 2003 年版。

［美］郝大维、［美］安乐哲：《先贤的民主：杜威、孔子与中国民主之希望》，何刚强译，江苏人民出版社 2004 年版。

［英］安东尼·吉登斯：《第三条道路及其批评》，孙相东译，中共中央党

校出版社2002年版。

［美］曼纽尔·卡斯特：《认同的力量》，曹荣湘译，社会科学文献出版社2006年版。

［美］R. 科斯、［美］A. 阿尔钦、［美］D. 诺斯：《财产权利与制度变迁——产权学派与新制度学派译文集》，刘守英译，上海三联书店、上海人民出版社1994年版。

［英］罗纳德·哈里·科斯、王宁：《变革中国：市场经济的中国之路》，徐尧、李哲民译，中信出版社2013年版。

［美］孔飞力：《中国现代国家的起源》，陈兼、陈之宏译，生活·读书·新知三联书店2013年版。

［挪威］乔根·兰德斯：《2052：未来四十年的中国与世界》，秦雪征、谭静、叶硕译，译林出版社2013年版。

［美］李侃如：《治理中国：从革命到改革》，胡国成、赵梅译，中国社会科学出版社2010年版。

［美］利普塞特：《政治人：政治的社会基础》，刘钢敏、聂蓉译，商务印书馆1993年版。

［美］列文森：《儒教中国及其现代命运》，郑大华、任菁译，中国社会科学出版社2000年版。

［英］伊恩·伦诺克思：《设计结合自然》，黄经纬译，天津大学出版社2006年版。

［美］约翰·罗尔斯：《正义论》，何怀宏、何包钢、廖申白译，中国社会科学出版社1988年版。

［美］吉尔伯特·罗兹曼主编：《中国的现代化》，国家社会科学基金“比较现代化”课题组译，江苏人民出版社2003年版。

［美］戴维·S. 梅森：《美国世纪的终结》，倪乐雄、孙运峰译，上海辞书出版社2009年版。

［英］J. S. 密尔：《代议制政府》，汪瑄译，商务印书馆1982年版。

［英］G. E. 摩尔：《伦理学原理》，长河译，商务印书馆1983年版。

［美］道格拉斯·C. 诺思：《经济史中的结构与变迁》，陈郁、罗华平等译，上海三联书店、上海人民出版社1994年版。

[英] 罗伯特·D. 普特南:《使民主运转起来：现代意大利的公民传统》，王列、赖海榕译，江西人民出版社 2001 年版。

[美] 莱斯特·M. 萨拉蒙:《公共服务中的伙伴——现代福利国家中政府与非营利组织的关系》，田凯译，商务印书馆 2008 年版。

[美] 莱斯特·M. 萨拉蒙等:《全球公民社会：非营利部门国际指数》，陈一梅等译，北京大学出版社 2007 年版。

[美] E. S. 萨瓦斯:《民营化与公私部门的伙伴关系》，周志忍等译，中国人民大学出版社 2002 年版。

[美] 迈克尔·桑德尔:《自由主义与正义的局限》，万俊人译，译林出版社 2001 年版。

[法] 阿尔贝特·施韦泽:《敬畏生命——五十年来的基本论述》，陈泽环译，上海人民出版社 2017 年版。

[美] 斯蒂格利茨:《政府为什么干预经济——政府在市场经济中的角色》，郑秉文译，中国物资出版社 1998 年版。

[英] 亚当·斯密:《国富论》下卷，郭大力、王亚南译，商务印书馆 1972 年版。

[美] 梭罗:《瓦尔登湖》，王家湘译，北京十月文艺出版社 2009 年版。

[美] 约瑟夫·泰恩特:《复杂社会的崩溃》，邵旭东译，海南出版社 2010 年版。

[美] 詹姆斯·R. 汤森、[美] 布兰特利·沃马克:《中国政治》，顾速、董方译，江苏人民出版社 2003 年版。

[德] 马克斯·韦伯:《儒教与道教》，洪天富译，江苏人民出版社 2008 年版。

[德] 马克斯·韦伯:《新教伦理与资本主义精神》，龙婧译，群言出版社 2007 年版。

[美] 艾伦·沃尔夫:《合法性的限度》，沈汉译，商务印书馆 2005 年版。

[美] 海伦·英格兰姆、[美] 斯蒂文·R. 史密斯编著:《新公共政策——民主制度下的公共政策》，钟振明、朱涛译，上海交通大学出版社 2005 年版。

二 中文期刊

白钢、林广华：《论政治的合法性原理》，《天津社会科学》2002 年第 4 期。

白平则：《论我国国家与社会关系改革的目标模式："强社会、强国家"》，《科学社会主义》2011 年第 3 期。

包心鉴：《以制度现代化推进国家治理现代化》，《中共福建省委党校学报》2014 年第 1 期。

蔡岚：《府际合作中的困境及对策研究》，《行政论坛》2007 年第 5 期。

陈锋：《连带式制衡：基层组织权力的运作机制》，《社会》2012 年第 1 期。

陈辽：《理论界对改革开放 20 年的深层思考——"纪念党的十一届三中全会 20 年"理论研讨会述评》，《学海》1999 年第 1 期。

陈易、袁雯：《Desakota 地区的结构性渐进更新——以汕头市潮南区为例》，《北京规划建设》2014 年第 4 期。

丁年、胡爱兵、任心欣：《深圳市低冲击开发模式应用现状及展望》，《给水排水》2012 年第 11 期。

丁年、胡爱兵、任心欣：《深圳市光明新区低冲击开发规划设计导则的编制》，《中国给水排水》2014 年第 16 期。

杜人淮：《论政府与市场关系及其作用的边界》，《现代经济探讨》2006 年第 4 期。

方世南：《环境友好型社会与政府的环境责任》，《马克思主义研究》2007 年第 7 期。

方中华：《乡村振兴如何破解人才瓶颈》，《人民论坛》2019 年第 9 期。

高娟、吕斌：《"生态规划"理论在城市总体规划中的实践应用——以唐山市新城城市总体规划为例》，《城市发展研究》2009 年第 2 期。

何精华：《府际合作治理：生成逻辑、理论涵义与政策工具》，《上海师范大学学报》（哲学社会科学版）2011 年第 6 期。

何显明：《政府与市场：互动中的地方政府角色变迁——基于浙江现象的个案分析》，《浙江社会科学》2008 年第 6 期。

贺雪峰：《关于实施乡村振兴战略的几个问题》，《南京农业大学学报》（社会科学版）2018 年第 3 期。

贺雪峰：《论中国村庄结构的东部与中西部差异》，《学术月刊》2017 年第 6 期。

胡鞍钢：《治理现代化的实质是制度现代化——如何理解全面深化改革的总目标》，《人民论坛》2013 年第 S2 期。

胡润忠：《美国政治学“政策决定政治”的代表性理论比较》，《国外理论动态》2013 年第 2 期。

黄璜等：《“后乡村城镇化”与乡村振兴——当代德国乡村规划探索及对中国的启示》，《城市规划》2017 年第 11 期。

黄永鹏：《当代中国政治系统合法性的构建》，《社会科学》2015 年第 5 期。

江春泽：《评中国改革开放 20 年》，《世界经济与政治》1998 年第 12 期。

姜耀明、邓毅新：《基于反规划思想的生态园规划设计——以天津市武清区运河沿岸生态园概念性规划设计为例》，《规划师》2010 年第 S2 期。

焦文峰：《论我国国家与社会的关系》，《江苏社会科学》1995 年第 4 期。

接栋正、庄剑顺：《快速城市化地区土地利用变化的人文因素分析——以泉州市为例》，《亚热带资源与环境学报》2008 年第 2 期。

金太军、袁建军：《政府与企业的交换模式及其演变规律——观察腐败深层机制的微观视角》，《中国社会科学》2011 年第 1 期。

孔有利、王荣：《农村集体经济组织产权结构分析》，《财经问题研究》2004 年第 4 期。

李博、黄梓茜：《“反规划”途径：理论、应用与展望》，《景观设计学》2016 年第 5 期。

李晨、樊华：《Desakota 地区城乡空间统筹路径探讨》，《规划师》2013 年第 9 期。

李怀：《城市拆迁的利益冲突：一个社会学解析》，《西北民族研究》2005 年第 3 期。

李郇：《珠江三角洲城市间竞争的模式探讨》，《广东社会科学》2002 年第 4 期。

李培林：《我国社会组织体制的改革和未来》，《社会》2013 年第 3 期。
李人庆：《国际视野的城乡发展一体化：理论溯源与现实操作》，《重庆社会科学》2013 年第 2 期。
李松：《城镇化进程中乡村文化的保护与变迁》，《民俗研究》2014 年第 1 期。
李新慧、李冰：《推进中国特色社会组织发展的政治路径》，《石家庄铁道大学学报》（社会科学版）2013 年第 3 期。
廖小军：《乡镇党政领导与乡镇发展》，《中共福建省委党校学报》2012 年第 10 期。
林德山：《从“治理能力现代化”的角度深化对党的执政能力的认识》，《当代世界与社会主义》2014 年第 1 期。
林尚立：《在有效性中累积合法性：中国政治发展的路径选择》，《复旦学报》（社会科学版）2009 年第 2 期。
林尚立：《重构府际关系与国家治理》，《探索与争鸣》2011 年第 1 期。
林志勇：《浅议经济新常态下房地产经济在国民经济中的地位作用》，《现代经济信息》2016 年第 20 期。
刘昂：《新乡贤在乡村治理中的伦理价值及其实现路径》，《兰州学刊》2019 年第 4 期。
刘馨：《关于乡村人才振兴的研究》，《农场经济管理》2018 年第 10 期。
刘志广：《权力资源、生活机会和财政体制——论我国“三农”问题及农村税费改革思路》，《经济学家》2003 年第 5 期。
龙太江、王邦佐：《经济增长与合法性的“政绩困局”——兼论中国政治的合法性基础》，《复旦学报》（社会科学版）2005 年第 3 期。
罗小龙、何瑞雯、刘豫萍等：《新型城镇化背景下镇村布局规划的江苏新实践——以扬州市市区镇村布局规划为例》，《中国名城》2016 年第 3 期。
罗小龙、田冬、孙浩浩等：《健康城镇化视角下的农村集中居住点建设研究——以江苏省东台市为例》，《城市发展研究》2012 年第 6 期。
马永庆：《孝文化对农村家庭道德建设的意义》，《齐鲁学刊》2006 年第 3 期。

倪星：《政府合法性基础的现代转型与政绩追求》，《中山大学学报》（社会科学版）2006 年第 4 期。

潘晓栋、田莉：《半城市化地区土地利用的经济绩效与生态环境效应评价——以长三角和珠三角的十三个区（县）为例》，《城市建筑》2018 年第 18 期。

任鹏：《新时代主要矛盾的新变化与协调发展的新要求》，《山东社会科学》2017 年第 12 期。

桑玉成、孙琳：《论政治运行中的人伦关系与道德基础》，《南京师大学报》（社会科学版）2012 年第 3 期。

盛洪：《市场化的条件、限度和形式》，《经济研究》1992 年第 11 期。

施芸卿：《自我边界的“选择性固化”：公民运动与转型期国家—个人关系的重塑——以 B 市被拆迁居民集团行政诉讼为例》，《社会学研究》2013 年第 2 期。

孙立平：《集权・民主・政治现代化》，《政治学研究》1989 年第 3 期。

孙群郎：《20 世纪 70 年代美国的“逆城市化”现象及其实质》，《世界历史》2005 年第 1 期。

滕明君、周志翔、王鹏程等：《快速城市化城市生态基础设施结构特征与调控机制》，《北京林业大学学报》2006 年第 S2 期。

汪洋、赵万民、段炼：《生态基础设施导向的区域空间规划战略——广州市萝岗区实证研究》，《中国园林》2009 年第 4 期。

王纪武、蒋婧：《基于生态基础设施规划的酸雨污染防治策略——以台州为例》，《城市规划》2014 年第 5 期。

王钧林：《近代乡村文化的衰落》，《学术月刊》1995 年第 10 期。

王开泳、陈田等：《对我国大城市行政区划调整的思考——以广州市近年来行政区划调整为例》，《城市问题》2006 年第 7 期。

王尚银：《中国区域性公民社会新探———以温州模式为例》，《新视野》2007 年第 5 期。

王诗宗、宋程成：《独立抑或自主：中国社会组织特征问题重思》，《中国社会科学》2013 年第 5 期。

王振海：《社会与国家关系的现实选择》，《政治学研究》1996 年第 3 期。

魏立华、刘玉亭、黎斌：《珠江三角洲新农村建设的路径辨析——渐次性改良还是彻底的重构》，《城市规划》2010 年第 2 期。

魏立华、阎小培：《快速城市化中城市规划和行政区划的关系研究——以珠江三角洲为例》，《城市规划》2004 年第 2 期。

文斌：《农村综合改革背景下基层政府职能转变问题探析》，《辽宁行政学院学报》2012 年第 9 期。

吴理财：《政府间的分权与治理》，《马克思主义与现实》2003 年第 3 期。

徐宇姗：《政府与社会的职能边界及其在实践中的困惑》，《中国行政管理》2010 年第 4 期。

许学强、李郇：《珠江三角洲城镇化研究三十年》，《人文地理》2009 年第 1 期。

颜德如、岳强：《中国府际关系的现状及发展趋向》，《学习与探索》2012 年第 4 期。

杨冠琼、刘雯雯：《公共问题与治理体系——国家治理体系与能力现代化的问题基础》，《中国行政管理》2014 年第 2 期。

杨丽：《推动政府与社会互动合作 加快形成现代社会组织体制——第三届中国社会管理论坛之“加快形成现代社会组织体制”分论坛综述》，《学会》2013 年第 6 期。

杨希：《日本乡村振兴中价值观层面的突破：以能登里山里海地区为例》，《国际城市规划》2016 年第 5 期。

姚金海：《农地三权分置改革与农民养老社会保障制度优化——基于主体利益耦合的视角》，《社会发展研究》2017 年第 3 期。

叶岳、万军、叶青等：《珠三角地区经济与环境协调发展政策研究》，《环境科学与管理》2018 年第 6 期。

于峰、张小星：《“大都市连绵区”与“城乡互动区”——关于戈特曼与麦吉城市理论的比较分析》，《城市发展研究》2010 年第 1 期。

于永达：《切实提升乡村振兴战略的领导力》，《人民论坛》2019 年第 6 期。

俞可平：《“城管式困境”与治理现代化》，《当代贵州》2014 年第 2 期。

俞可平：《衡量国家治理体系现代化的标准——关于推进“国家治理体系

和治理能力的现代化”的思考》，《党政干部参考》2014 年第 1 期。

俞可平：《推进国家治理体系和治理能力现代化》，《前线》2014 年第 1 期。

俞孔坚、李迪华、刘海龙等：《基于生态基础设施的城市空间发展格局——“反规划”之台州案例》，《城市规划》2005 年第 9 期。

俞孔坚、乔青、袁弘等：《科学发展观下的土地利用规划方法——北京市东三乡之“反规划”案例》，《中国土地科学》2009 年第 3 期。

俞龙生、符以福、喻怀义等：《快速城市化地区景观格局梯度动态及其城乡融合区特征——以广州市番禺区为例》，《应用生态学报》2011 年第 1 期。

张波、邹东涛：《消费与就业视角的贫富差距轨迹：自 2003—2013 年基尼系数解析》，《改革》2015 年第 3 期。

张帆、郝培尧、梁伊任：《生态基础设施概念、理论与方法》，《贵州社会科学》2007 年第 9 期。

张文礼：《合作共强：公共服务领域政府与社会组织关系的中国经验》，《中国行政管理》2013 年第 6 期。

张雄：《习俗与市场——从康芒斯等人对市场习俗的分析谈起》，《中国社会科学》1996 年第 5 期。

张云英、黄金华、王禹：《论孝文化缺失对农村家庭养老的影响》，《安徽农业大学学报》（社会科学版）2010 年第 1 期。

赵伯艳：《社会组织在公共冲突治理中的角色定位》，《理论探索》2013 年第 1 期。

赵华甫、张莉、吴克宁等：《北京城市生态基础设施建设之都市农业途径》，《资源与产业》2011 年第 4 期。

赵炎才：《中国传统孝文化的历史特征透析》，《南京社会科学》2009 年第 6 期。

甄峰、宁登、张敏：《城乡现代化与城乡文化——对城市与乡村文化发展的探讨》，《城市规划汇刊》1999 年第 1 期。

郑土有：《孝：中华传统文化的核心范畴》，《民俗研究》2015 年第 2 期。

郑晓笛：《工业类棕地再生特征初探——兼论美国煤气厂公园污染治理过

程》,《环境工程》2015 年第 4 期。

周根才:《走向软治理: 基层政府治理能力建构》, 《学术界》2014 年第10 期。

《周其仁: 城市化离不开农地农房入市》, 《农村金融研究》2014 年第 12 期。

周贤君、王愚:《中国孝文化的当代价值探讨》,《高等农业教育》2012 年第 3 期。

周一星:《"Desakota"一词的由来和涵义》,《城市问题》1993 年第 5 期。

朱恒槺、李锋、刘红晓等:《城市生态基础设施辨识与模型构建: 以广州市增城区为例》,《生态科学》2016 年第 3 期。

朱强、李迪华、方琬丽:《基于生态基础设施的格网城市模式——台州市永宁江中心段城市设计》,《城市规划》2005 年第 9 期。

朱旭辉:《珠江三角洲村镇混杂区空间治理的政策思考》, 《城市规划学刊》2015 年第 2 期。

竹立家:《着力推进国家治理现代化》, 《中国党政干部论坛》2013 年第12 期。

左高山:《论公共领域中的行政理性及其限度》, 《马克思主义与现实》2011 年第 6 期。

三 报纸

《社会公正是凝聚全体人民的关键所在——访中央党校吴忠民教授》,《学习时报》2014 年 9 月 22 日。

《全国社区社会组织超过 175 万家》,《人民日报》2023 年 7 月 17 日第 4 版。

《树立雄心壮志　攀登科学技术高峰　全国科协举办的学术讨论会》,《人民日报》1977 年 12 月 23 日第 4 版。

《政府将不再是居住用地唯一提供者, 意味着什么》,《北京青年报》2018 年 1 月 16 日。

《最新数据! 2017 年中国城镇化率达 58. 52%》,《经济日报》2018 年 2 月 28 日。

将京议：《国家与社会关系的自主创新》，《中国经济时报》2005 年 11 月 25 日。

蔺相才：《社会组织：依法独立是大势所趋》，《中国经济导报》2012 年 12 月 1 日第 B5 版。

田春华：《坚持最严格的耕地保护制度》，《中国国土资源报》2008 年 3 月 6 日。

王名、丁晶晶：《现代社会组织的五项体制创新》，《中国社会组织的改革发展及其趋势》2013 年 10 月 15 日。

王名、丁晶晶：《中国社会组织的改革发展及其趋势》，《公益时报》2013 年 10 月 15 日。

习近平：《在省部级主要领导干部学习贯彻党的十八届五中全会精神专题研讨班上的讲话》，《人民日报》2016 年 5 月 10 日第 2 版。

俞可平：《论维护和实现公平正义》，《北京日报》2007 年 5 月 28 日。

章寿荣、周春芳：《城乡一体化的国际经验》，《新华日报》2010 年 4 月 6 日。

赵兵：《中办国办印发〈关于推行地方各级政府工作部门权力清单制度的指导意见〉》，《人民日报》2015 年 3 月 25 日第 1 版。

四　英文文献

Ben Jupp, *Worker Together: Creating a Better Enviroment for Cross-sector Partnership*, Demos: the Panton House, 2000.

Bickers and Stein, "Interlocal Cooperation and the Distribution of Federal Grant Awards", *Journal of Politics*, August 1, 2004.

Coffman, L. S., "Low Impact Development Creating a Storm of Controversy", *Water Resources Impact*, Vol. 3, No. 6, 2001.

Cohen, J. and S. Peterson, *Administrative Decentralization: Strategies for Developing Counties*, Peterson Kumaran Press, 1999.

Forman, R. T. T., *Land Mosaics: The Ecology of Landscapes and Regions*, Cambridge University Press, 1995.

John King Fairbank, *Trade and Diplomacy on the China Coast: The Opening of the Treaty Ports, 1842 – 1854*, Cambridge, Harvard University Press, 1953.

Kenneth J. Meier, *Politics and the Bureaucracy: Policymaking in the Fourth Branch of Government* (4th edition), Fort worth: Harcourt College Publishers, 2000.

Klijn and Koppenjan, "Pubilc Management and Policy Networks: Foundations of a Network Approch to Governmence", *Public Management*, Vol. 2, 2000.

Liu, H. L., Li, D. H., Han, X. L., "Review of Ecological Infrastructure: Concept and Development", *City Planning Review*, Vol. 29, No. 9, 2005.

Marilynn B. Brewer, "The Many Face of Social Identity: Implications for Political Psychology", *Political Psychology*, Vol. 22, No. 1, 2001.

Muthiah Alaggapa, *Political Legitimacy in Southeast Asia—The Quest for Morol Authority*, Stanford University Press, 1995.

Prince George's County, *Low Impact Development Design Strategies: An Integrated Design Approach*, Maryland: Department of Environmental Resources, Programs and Planning Division, 2000.

Rhodes, R. A. W., "The New Governance: Governing without Government", *Political Studies*, Vol. 44, No. 4, 1996.

Wallace E. Oates, *Fiscal Fedralism*, New York: Harcourt, Brace, Jovanovich, 1972.

Weber, T. C., Sloan, A., Wolf, J., "Maryland's Green Infrastructure Assessment: Development of a Comprehensive Approach to Land Conservation", *Landscape and Urban Planning*, Vol. 77, No. 1 – 2, 2006.

五 网络文献

《华东"灯都"困局：大面积空置 拖欠租金负债高企》，中国经营网，2018 年 1 月 27 日，http://www.cb.com.cn/lingshouyuxiaofeipin/2018_0127/1222252.html。

《广东出台村土地利用规划编制三年行动方案》，中华人民共和国中央人民政府网站，2018 年 10 月 2 日，http://www.gov.cn/xinwen/2018-10/02/conte nt_5327564.htm。

《广东闲置土地已有 130 万亩　将加大力度处理闲置用地》，金羊网，2017 年 6 月 23 日，http://news. ycwb. com/2017-06/28/content_ 25139122. htm。

《惠州年度新增建设用地指标》，南方网，2018 年 9 月 7 日，http：//hz. southcn. com/content/2018-09/07/content_ 183221179. htm。

《江苏 18 万个自然村“内外兼修”　走好乡村振兴路》，人民网，2018 年 10 月 23 日，http：//js. people. cn/n2/2018/1023/c360301-32188387. html。

《江苏 18 万个自然村完成环境整治》，新华网，2016 年 4 月 10 日，http:// www. xinhuanet. com//politics/2016-04/10/c_ 128879231. htm。

《目前广东的深圳、东莞的国土开发强度已逼近 50%！》，房天下网，2017 年 8 月 24 日，http://sz. newhouse. fang. com/2017-08-24/26141522. htm。

《农民日报评论员：始终强化人才振兴硬支撑》，中国共产党新闻网，2018 年 3 月 10 日，http：//dangjian. people. com. cn/n1/2018/0310/c117092-29859676. html。

《去行政化是社会组织改革方向》，《南方日报》2013 年 10 月 28 日，http://epaper. nfdaily. cn/html/2013-10/28/content_ 7238620. htm。

《苏州市土地整治规划（2016—2020 年）》，苏州市自然资源和规划局网站，2018 年 12 月 30 日，http：//zrzy. jiangsu. gov. cn/gtapp/nrglIndex. action？ type = 2&messageID = 2c9082b564fe66dc01651352e46f0732。

《新增用地锐减两成！缺地的浙江该如何破局?》，浙江新闻网，2018 年 9 月 21 日，http://zjnews. zjol. com. cn/zjnews/201809/t20180921_ 8329389. shtml。

《用绿水青山绘就“美丽苏州”新蓝图》，苏州新闻网，2018 年 6 月 5 日，http：//www. subaonet. com/2018/0605/2238090. shtml。

《浙江清查处置批而未供和闲置土地》，浙江省自然资源厅网站，2018 年 8 月 31 日，http：//www. zjdlr. gov. cn/art/2018/8/31/art_ 1289955_ 20896585. html。

《浙江省湖州市“五未”土地处置纪实》，中华人民共和国自然资源部网站，2018 年 7 月 10 日，http：//www. mlr. gov. cn/xwdt/jrxw/201807/t20180710_ 2075465. htm。

《浙江省土地整治规划（2016—2020 年)》，浙江省自然资源厅网站，2017

年 10 月 17 日，https://zrzyt. zj. gov. cn/art/2017/10/17/art_ 1292470_ 12892802. html。

《中共中央 国务院关于实施乡村振兴战略的意见》，中华人民共和国中央人民政府网站，2018 年 2 月 4 日，http：//www. gov. cn/zhengce/2018-02/04/content_ 5263807. htm。

《中国基尼系数未来五年有望降至国际警戒线以下》，中国经济网，2016 年 1 月 21 日，http：//www. ce. cn/xwzx/gnsz/gdxw/201601/21/t20160121_ 8458822. shtml。